CHINA IN LATIN AMERICAN MEDIA:

A CASE STUDY OF
MEXICAN NEWSPAPER *REFORMA*

国际新闻书系

康秋洁 著

拉美媒体看中国

——墨西哥《改革报》中国报道研究

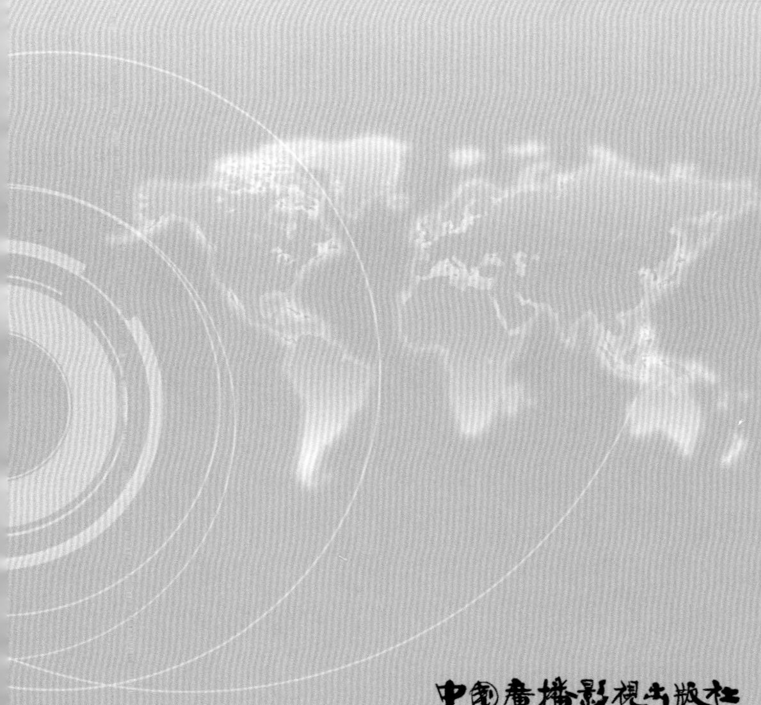

中国广播影视出版社

序 言

随着我国融入世界的进程的不断深入，国际新闻研究成为学术界一个研究的热点。自20世纪末国家形象的研究提出以来，我国的国际新闻与国际传播领域先后出现了国家形象研究、软实力研究、世界一流媒体研究、话语权和话语体系研究等研究热点。我们出版国际新闻研究书系，就是试图在国际新闻的基础理论、发展历史的研究之上，对国际新闻的各个方面继续深入地推进既有研究。目前，我们已经出版了《国际新闻学》《世界一流媒体研究》《兴盛与挑战：美国话语权研究》著作。本书题为《拉美媒体看中国——墨西哥〈改革报〉中国报道研究》，是国际新闻书系中的又一新成果，是国家形象研究的又一新收获。本书的作者也是我的学生，因此我非常乐意为本书作序。

中国的国家形象研究起步于20世纪的90年代。徐小鸽教授的《国际新闻传播中的国家形象问题》（新闻与传播研究，1996年2期），是我国学者探讨国家形象的最早一篇文章。作者认为，“国家形象是一个国家在国际新闻流动中所形成的形象，或者说是一国在他国新闻媒介的新闻言论报道中所呈现的形象”，并且提出“国际新闻传播在塑造国家形象中起着举足轻重的作用，不平衡的国际新闻流动会导致错误的或消极的国家形象和国际的误解。”[①]随后，研究国家形象的文章开始大量出现。甚至在进入21世纪以后，还出现了由刘继南教授等编著的《国际传播与国家形象：国际关系的新视角》（北京广播学院出版社，2002年）、张昆教授所著的《国家形象传播》（复旦大学出版社，2005年）、乔木所著的《鹰眼看龙：美国媒体上的中国报道和中美关系》（中央党校出版社，2006年）、张宁所著的《日本媒体上的中国：报道框架与国家形象》（吉林人民出版社，2006年）、段鹏所著的《国家形象建构中的传播策略》（中国传媒大学出版社，

① 徐小鸽：《国际新闻传播中的国家形象问题》，《新闻与传播研究》，1996年02期。

2007 年）等专门著作。经历了 20 年的发展，国家形象研究方面已经出版了数千篇论文、数十种著作，产生了很多的课题。至今，这依然是一个学术界的研究热点。

本书作者认为，中国对本国形象的关注有三个层次，国家形象有三重建构。在“中国形象”的主题框架之下，涵盖着——中国自己如何看待中国；其他国家如何看待中国；以及中国如何看待其他国家对自己的认知与评价——三个层次的问题。中国对于本国形象的关注，开始逐步由第一个层次升发到第二个，乃至第三个层次的研究阶段。本书就是第三个阶段的研究成果。而且我们看到，在中国的国家形象研究中，发达国家，尤其是美国如何看待中国，成为长期以来研究的重点，这类研究有时也延伸到了周边国家。但是对于发展中国家，尤其拉美如何看待中国，或者说在拉美媒体上的中国形象呈现，则是我们研究的一个薄弱环节。

实际上，近年来，中国与拉美的关系发展在突飞猛进。正如书中所引用的阿根廷学者贡萨洛·塞瓦斯蒂安·帕斯所述：“中国崛起并作为一个重要大国出现在拉丁美洲，是 21 世纪初拉美地区的重大事态发展之一。”而“两个相距遥远的‘他者’，在彼此互不了解的前提下，以如此迅捷的速度‘亲密接触’”也是世界历史的奇观。迅速接近但是彼此的了解却非常不够，所以非常值得研究。本书以“拉美媒体看中国”为主题，试图解决拉美媒体如何报道中国，以及为什么这样报道的问题。所以，本书的选题是很有意义的。

概而言之，本书的特色有如下几个方面：

首先，是本书的视野庞大，结构合理，资料丰富，研究比较扎实。本书分为三篇九章，分别以理论的搭建、遥远的目光和眼光的解析作为三篇的题目，在上篇中分别设置了研究背景、核心概念、理论支撑三章，在中篇中设置了拉美媒体的纵向历史与横向体制研究，尤其是墨西哥《改革报》的中国报道，在下篇中研究了形成这种报道的媒体因素、环境因素与国际关系因素。全书视野比较宽阔，结构合理。本书的文献引用很多，参考了大量前人的研究成果和第一手的资料。而且，本书的另外一个突出特点是文献综述比较充分，无论是中国对拉美及拉美媒体的研究，还是拉美学者的中国研究，甚至欧美学者对拉美媒体的研究及对中拉关系的认识，阐述和总结的都比较到位，显示作者花了大量的心血。

其次，是本书采用的理论与方法也比较恰当。在本书中，作者采用了三种理论：新闻叙事学，即新闻话语的文本分析；媒介生态学，即媒介与周边环境的系统关系理论；媒介比较体制理论，即从不同维度研究媒介模式，来指导本书的研究。在此基础上，作者从微观和宏观两个层面，深入研究了拉美的媒体及媒体报道。

再次，是本书有一些自己的观点，也有研究的亮点。比如，书中对拉美的媒体发展及其传播体系的特点研究较深入，几乎可以说就是拉美的媒体发展史。因为中国关于拉美的媒体研究不多，所以这一部分内容有一定的价值。与此同时，对拉美媒体上的中国形象，尤其是对墨西哥《改革报》的涉华报道，进行了详尽的数据和内容分析，对我们了解拉美媒体上的中国报道，提供了一个样本。而且，在本书中，作者对中国形象的来源及概念解析也比较深入。在对中国形象的既有研究进行梳理和总结的基础上，提出了自己的看法。

最后，是本书对拉美媒体看中国背后的环境因素，进行了比较深入的研究，解决了为什么的问题。作者从媒介因素、环境因素、国际关系因素等不同的角度，解析了在拉美中国形象的生成及其背后的原因。

当然，本书也存在一定的问题——一是尽管对墨西哥《改革报》涉华报道的分析十分详尽，但是仍然还是案例较少，如果能再增加其他一两家媒体的报道，将更有权威性；二是本文的线索比较多，有拉美的历史发展、中拉关系、拉美的媒体发展与媒介体制、中国形象、中国在拉美的媒体形象，等等，容易出现研究的分散化。再有就是有些论述在内在逻辑性上还不够强，在背景和原因的分别论述中，也不免一些重合之处。以上所述，都是需要在以后的深入研究中加以弥补的。但瑕不掩瑜，本书还是值得一读。

中国正在全面的接近世界舞台的中央。拉美也将在发展中呈现出越来越多的独立性，在世界舞台上发挥更大的作用。当代世界正在进行着权力的转移。毫无疑问，中拉关系还将更深入地发展。所以，无论是中国对拉美的认知，还是拉美对中国的认识，无论是中国对自己形象的认识，还是在拉美的国际形象塑造，都还需要进一步的深入。关系的迅速接近却彼此了解不多，毕竟不是一个正常的现象。所以，我向读者推荐这本书，以便我们更多、更深入地了解拉美，更好地走向世界。

中国传媒大学传播研究院教授，博士生导师　刘笑盈
2017 年 10 月于北京定福庄

目录 CONTENTS

上篇

理论的搭建

第一章

背景阐释

在全球化时代，作为一个以改革开放姿态走向世界的大国，中国与世界之间的联系和交往日益紧密频繁。随着中国近年来在政治、经济、军事、文化等各方面综合实力的快速稳步提升，尤其是在“走出去”的战略大背景下，中国与世界之间的接触越来越多、距离越来越近，中国与世界之间的利益交融不断增多，同时摩擦面也不断扩大。一方面，中国正在以更为积极自信的姿态融入世界体系、参与世界事务；另一方面，世界对中国的关注也逐渐加强，对中国的期望也与日俱增。然而，中国走向世界的步履匆匆，两者相遇之际的接触，除了促成期望之中的交流合作、友好积极，也间杂着难以避免的冲突摩擦、防范戒备。敞开大门的中国，必须要面对世界不同文明、国家、民族的审视。

美国学者雷默在其专论中国研究观点的文章《淡色中国》中指出，本国的形象问题是中国当前所面临的最棘手的战略难题。他认为，在相当时期内，本国的形象不仅将是中国需要面对的主要问题，同时“在某种意义上将决定中国改革发展的前途和命运”①。不同国家、人民对中国的认知，主要基于彼此间在历史文化、发展方式、国家制度等方面的交流与了解，是各个国家、人民对中国形象的整体认识、理解以及由此而生的评价体系。它不仅关涉中国以及国人在世界上展现的形象、在他国获得的评价，形象认知是产生价值认同、情感接近的前提和基础，因此世界各国及其人民对中国及中国人的认知，会直接影响到中国“走出去”的步伐，影响各国政府及人民对中国的政策制定、亲疏交往，进而关涉到中

① ［美］乔舒亚・库珀・雷默，沈晓雷译：《中国形象——外国学者眼里的中国》，北京：社会科学文献出版社，2008年，第7页。

国自身的进一步发展、中华文明的复兴。

在“中国形象”的主题框架之下，涵盖着——中国自己如何看待中国；其他国家如何看待中国；以及中国如何看待其他国家对自己的认知与评价——三个层次的问题。对于如何认识自身、看待自己的问题，中国从近代以来一直孜孜不倦地在寻求答案，不论是清末的“中西体用之争”、五四的“主义与问题”，还是改革初期的“姓资姓社”之辩、近年仍不绝于耳的“左右”之论，都是在探索中国的自我定位，并试图由此寻找符合中国的前进路径。20 世纪 80 年代以来，国内新闻传播学界掀起了一轮“中国形象”研究的热潮，同时也将中国对于本国形象的关注，开始逐步由第一个层次升发到第二个，乃至第三个层次的研究阶段。在此前提之下，对于“拉美媒体看中国”研究的问题缘起，一方面是基于现实需要的推动，另一方面也是出于相关理论发展的题中之意。

一、中国与拉美：越来越紧密的关系

随着“走出去”国家大战略的逐步展开，中国与世界之间的接触，不再仅仅局限于欧美为主导的西方发达世界。以非洲、东南亚和拉美为代表的非西方国家、地区，已经逐步成为中外接触的主体。根据世界贸易组织的统计，到 2012 年年底时，中国就已经成为世界最大的贸易国，是全球范围 128 个国家的最大贸易伙伴，其中绝大多数都是发展中国家。近些年来，中国政府一直秉持“全方位外交”为核心的外交政策思路，强调与发展中国家之间“共同发展、互利合作”的“命运共同体”关系。包括拉美地区在内的发展中国家以及新兴市场国家，已经越来越成为中国全方位外交的重点。

在进入 21 世纪之前，中国与拉美之间的关系一直处于稳妥而缓慢的发展之中。对于彼此来说，中国或拉美，都只是一个边缘化的贸易伙伴。近十年间，世界格局进入了大变动、大调整的时期，中国和拉美成为世界上最具增长活力的国家地区，中拉之间的关系也发生了量与质的变化。双方已经逐渐从彼此对外交往地图的边缘角落走向了中心位置，形成一对“利益交融的共同体”。2008 年 11 月 5 日，中国政府发布《中国对拉丁美洲和加勒比政策文件》（简称中国对拉美政策的“白皮书”），第一次以中央政府正式文件的形式提出了对拉美的战略性政策规划。白皮书指出，“中国政府从战略高度看待对拉关系，致力于同拉丁美洲和加勒比国家建立和发展平等互利、共同发展的全面合作伙伴关系。”① 同年底，时任国家主席胡锦涛在访问拉美期间发表讲话《共同构筑新时期中拉全面合作伙伴关系》，将中拉明确定位为“全面合作伙伴关系”。2009 年年初出版的社科院《拉美黄皮书》（2008—2009）也明确指出：拉丁美洲作为中国‘走出去’的新机遇，“对中国而言，拉美地区的重要性已与改革开放前期不可同日而语。”② 由此，中拉关系开启全面发展的新时期。

2012 年以来，国家主席习近平前后三次访问拉美，推动中拉关系迈进飞速发展阶段，全面提升同拉美国家的战略伙伴关系。2013 年 6 月 5 日，习近平在墨西哥参议院发表讲话称，“当前，中拉关系正处于快速发展的重要机遇期。我们应该登高望远、与时俱进，巩固传统友谊，加强全方位交往，提高合作水平，推动中拉平等互利、共同发展的全面合作伙伴关系实现新的更大发展。”③ 访问推动了中拉关系的进一步发展，使得建立以中拉论坛为核心的中拉整体合作机制水到渠成。2014 年 7 月再次访问拉美，习近平在巴西出席中国—拉美加勒比国家领导人会晤，其间举行 70 多次双多边活动，与 20 多位国家元首或政府首脑会晤。在此次会晤之后，双方还共同宣布建立包括“中拉合作论坛”在内的中拉整体合作机制。2016 年 11 月，习近平主席出访拉美三国并出席在秘鲁利马举行的亚太经合组织（APEC）会议。在秘鲁国会发表题为《同舟共济、扬帆远航，共创中拉关系美好未来》的演讲中，习近平深刻阐述了中拉合作的发展大势，指出“为适应新形势、战胜新挑战，中拉务实合作必须实现新飞跃”，并且提出“高举和平发展合作旗帜”“推动发展战略对接”“推进合作换挡加速”以及“实现合作成果共享”的中拉共同体发展倡议。④ 习近平时代的中国对拉政策主张可以高度概括为“构建政治上真诚互信、经贸上合作共赢、人文上互学互鉴、国际事务中密切协作、整体合作和双边关系相互促进的中拉关系五位一体新格局”。⑤

在中拉整体关系飞速发展的进程中，可以看到中国与拉美国家高层之间的双

---

① 中国对拉丁美洲和加勒比政策文件，中国政府外交部网站：http://www.fmprc.gov.cn/mfa_chn/ziliao_611306/tytj_611312/zcwj_611316/t521016.shtml,2012－10－12。

② 苏振兴：《拉丁美洲和加勒比发展报告》（2008～2009），北京：社会科学文献出版社，2009 年。

③ 习近平在墨西哥参议院的演讲（全文），新华网，http://news.xinhuanet.com/world/2013－06/06/c_116058743.htm,2013－06－08。

④ 习近平在秘鲁国会的演讲（全文），新华网，http://news.xinhuanet.com/politics/2016－11/22/c_1119962937.htm，2016－11－22。

⑤ 王毅：《谱写全方位外交新篇章》，《人民论坛》，2014 年 8 月上期，第 10～12 页。

边、多边协商会晤日益频繁。中国领导人几次对拉美的出访，包括了北美洲（墨西哥）、中美洲（哥斯达黎加）、加勒比（特立尼达和多巴哥、古巴）和南美洲（巴西、阿根廷、智利、委内瑞拉、厄瓜多尔和秘鲁），从地理上说覆盖了整个拉美地区的不同区域，从国家体量上看既有大国也有中小国家，而就国家性质来说则有社会主义国家也有资本主义国家。这样的出访目的地安排，充分表明了中国同拉美国家的交往是以平等互利、共同发展为基点，寻求促进共同利益、实现合作共赢的新型国家关系。到目前为止，中国已经同9个拉美主要国家建立了战略伙伴关系，其中7个已经升级为全面战略伙伴关系。

表1－1　中国同主要拉美国家建立伙伴关系列表①

国家	关系类型	建立时间	关系提升	提升时间
巴西	战略伙伴关系	1993年	全面战略伙伴关系	2014年
委内瑞拉	共同发展的战略伙伴关系	2001年	全面战略伙伴关系	2014年
墨西哥	战略伙伴关系	2003年	全面战略伙伴关系	2013年
阿根廷	战略伙伴关系	2004年	全面战略伙伴关系	2014年
秘鲁	战略伙伴关系	2008年	全面战略伙伴关系	2013年
智利	战略伙伴关系	2012年	全面战略伙伴关系	2016年
厄瓜多尔	战略伙伴关系	2015年	全面战略伙伴关系	2016年
哥斯达黎加	战略伙伴关系	2015年		
乌拉圭	战略伙伴关系	2016年		

与此同时，对于拉美来说，中国的影响力也日益显著，正如阿根廷学者贡萨洛·塞瓦斯蒂安·帕斯所述："中国崛起并作为一个重要大国出现在拉丁美洲，是21世纪初拉美地区的重大事态发展之一。"② 中国开始被众多拉美国家视为"贸易天使""援助之手"和"发展引擎"，对中国的飞速发展寄予厚望：认为中国的发展和国内市场的繁荣，将为拉美国家带来长期的利益，形成带动拉美国家共同发展的"中国效应"③；认为"中国崛起是对拉美觉醒的呼唤"④，将对拉美

① 注：根据外交部网站信息整理。

② Gonzalo Sebastian Paz：Cambio y contitnuidad en las relaciones de China con América Latina a principios del siglo XXI. *Revisa Iberoamericana de Estudios de Asia Oriental*, 2007（1）：P2.

③ 里斯·詹金斯：《大宗商品价格和拉丁美洲出口收益的"中国效应"》，《拉美经委会评论》中文版特辑，2012年，第56～65页。

④ Javier Santiso：The Visible Hand of China in Latin America. *Development Center of the Organization for Economic Co－operation and Development*. www. sourceoecd. org/development/9789264027961，P10.

各国的发展起到积极的促进作用。2012 年，联合国拉丁美洲经济委员会发表了一份名为《中国和拉美与加勒比：共建战略性经贸关系》的报告，建议拉美国家将对华关系作为对外战略的优先方向，文章指出："中国和拉美加勒比地区是当前全球增长的两极，在未来一段时期中，其发展速度将是发达国家的两到三倍。"因此，"中拉之间的关系已经进入成熟期，并且有望在此基础上进一步实现质性飞跃，向互利共赢的战略联盟关系迈进。"①2015 年 1 月 8 到 9 日，中国—拉共体论坛首届部长级会议在北京召开，双方通过了北京宣言、五年合作规划、论坛运行规则等三大重要成果性文件。拉共体轮值主席国哥斯达黎加外长冈萨雷斯评价称，"开启了拉美和加勒比国家同兄弟般友好中国的整体合作，将促进拉中建立更紧密伙伴关系。"②

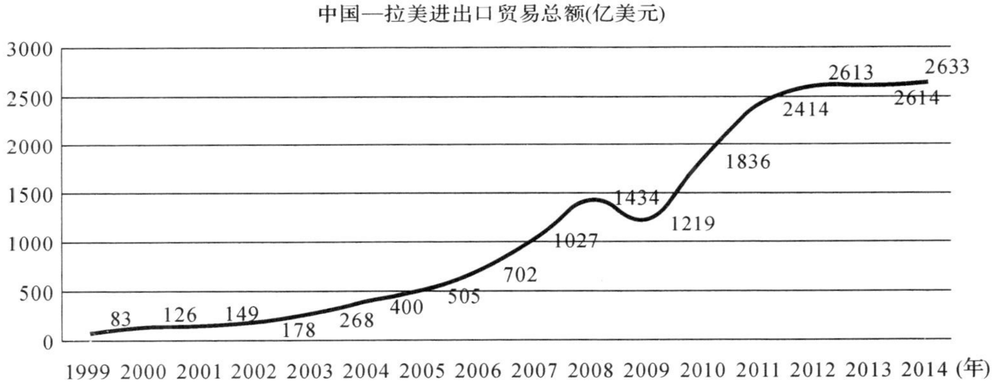

图 1－1　中国—拉美进出口贸易总额③

2000 年，中国对拉美贸易额首次突破 100 亿美元，2007 年超过 1000 亿美元。2011 年中国成为拉美地区的第三大贸易伙伴，仅一年后又再次跃升成为仅次于美国的拉美第二大贸易伙伴。从 2000 年到 2014 年，拉美地区与中国的商品贸易翻了 22 倍，从每年 120 亿美元增加到 2633 亿美元。相比之下，拉美地区同

---

① Oswaldo Rosales, Mikio Kuwayama: *China and Latin America and the Caribbean*, *Building a strategic economic and trade relationship*, Santiago: Economic Commission for Latin America and the Caribbean (ECLAC), April 2012, P11.

② 中国－拉共体论坛首届部长级会议闭幕，新华网，http://news.xinhuanet.com/world/2015－01/09/c_1113939483.htm,2015－1－15。

③ 相关数据来自国家统计局网站：http://data.stats.gov.cn/easyquery.htm? cn = C01，2016－10－29。

一时期总的对外贸易额仅翻了三番。拉美对中国贸易出口的增长尤为突出，在2000年到2013年间增长了27倍，从中国的进口额增长了20倍。[①]最近几年的统计数据显示，中国不仅是拉美地区的第二大贸易伙伴，同时是巴西、智利等拉美地区大国的最大贸易伙伴。[②]与此同时，自2008年起，中国对拉美国家的海外投资也呈快速增长之势。根据国家统计局的相关数据，中国对拉美直接投资净额从2008年的不到40亿快速增长至2013年的144亿，截至2013年年底中国对拉美直接投资存量达到860.96亿美元，占中国对外投资总额的13.03%。[③] 可以说，拉美已稳稳占据中国第二大对外投资目的地的位置，双方在金融领域的合作也逐步跟进。2005年到2012年，中国已经与拉美国家签署了750亿美元的信贷合同，其中2010年则以高达370亿美元的规模超过了世界银行、美洲开发银行和美国进出口银行的总和。[④] 对此，联合国拉美和加勒比经济委员会（ECLAC）专家认为，随着技术发展和产业升级，双方经贸投资领域将会以数倍速度迅速增长，从而推动中拉关系"更趋成熟以实现质性飞跃，并且进一步建立共赢互利的战略性发展关系"[⑤]。

与此同时，中拉双方在文化等其他领域的交流、合作也在不断深入，双边关系的发展开始由贸易、投资双引擎扩展向由多元化、多层次的复合动力驱动前进。到2015年年初，中国已经同拉美地区21个建交国中的19个国家签署了文化协议，与其中11个国家制订了文化交流执行计划，并在这些协议计划的基础上展开文化艺术、广播影视、文物保护、新闻出版、体育和旅游等领域的双边交流活动。[⑥] 自2013年开始，中拉之间建立了常规机制性的文化交流活动，包括每

① 联合国拉美和加勒比经济委员会：《第一届拉丁美洲和加勒比国家共同体（CELAC）与中国探索经贸和投资合作空间论坛》，圣地亚哥：联合国出版物，2015年，第19页。

② "2013年，中国是巴西、智利和古巴的最大单一出口国，是阿根廷、哥伦比亚、秘鲁和委内瑞拉玻利瓦尔共和国的第二大出口目的国，是巴拿马和乌拉圭的第三大出口目的国，是墨西哥和多米尼加共和国的第四大出口目的国。作为进口来源国，中国的地位更加显著。在2013年，中国是本地区所有国家的四大主要供应国之一。"联合国拉美和加勒比经济委员会：《第一届拉丁美洲和加勒比国家共同体（CELAC）与中国探索经贸和投资合作空间论坛》，圣地亚哥：联合国出版物，2015年，第23页。

③ 相关数据来自国家统计局网站：http://data.stats.gov.cn/workspace/index? m = hgnd,2015 - 03 - 04。

④ Kevin P. Gallagher, Amos Irwin and Katherine Koleski: *The New Banks in Town*: *Chinese Finance in Latin America*, Inter - American Dialogue Report, 2012, P1.

⑤ Osvaldo Rosales, Mikio Kuwayama: China and Latin America and the Caribbean: Building a strategic economic and trade relationship. UN - ECLAC, Santiago: 2012, P12.

⑥ An Ruixue: La cultura estrecha la mano de los pueblos, China Hoy, 2015 (1): http://www.chinatoday.mx/cul/CLACE/content/2015 - 01/23/content_664951.htm, 2015 - 03 - 04.

年4月、5月在北京举办的“拉美艺术季”和“加勒比音乐节”活动，此外还有面向拉美各国的“欢乐春节”“华艺新颜”等融民俗文化和艺术演出为一体的多种交流活动。2016年，双方还将开启“中拉文化交流年”，进一步促进中国与拉美之间在文化领域的深入交流。基于上述，“中拉之间的共同利益增多，合作内涵和合作平台不断扩大，合作层级从双边走向多边、从地区走向全球。”①

二、拉美看中国：理论视角的留白处

通过对近年来中拉双方交往的长期观察可以看到：尽管中拉之间在经济利益或商业利益层面的重要性上升到一种前所未有的高度，在经济、贸易以外的其他更多领域中，双方的交流与合作尚处于初始阶段。“两个相距遥远的‘他者’，在彼此互不了解的前提下，以如此迅捷的速度‘亲密接触’”②，中国带给拉美的印象更多是以“冲击”的形式呈现，以致拉美对中国的形象认识从长期以来的“稀薄”逐渐变为“局部突兀而总体含糊”。长此以往，不仅会影响中国与拉美之间的理解互信，更不利于双方在各领域交流合作的展开，也有可能会进一步影响中国在国际舞台上的其他活动。

中国与拉美之间关系的迅速发展，促使拉美对中国形象的认知成为必然，也促使中国了解拉美对自身形象的认知成为必要。然而，随着近些年“走出去”战略的实践发展，进一步凸显了相应理论研究却长期处于滞后与失衡境况的问题。作为跨文化交流传播中最为重要的主体之一，本国媒体对于国内受众对他国的认知具有至关重要的“把关”作用。对于远居地球另一边的拉美来说，对于中国形象的了解认知尤其依赖于媒体的新闻信息传播。作为把关人自身，拉美媒体报道中传播的中国形象是什么，具有哪些特点？这样的中国形象又是如何形成，受到哪些因素的影响？这些问题，成为现有理论视角中亟待填补的空白。

基于对此问题的认识，下面将从“中国的拉美研究”和“国外的相关研究”两个层次入手，展开对相关文献的梳理。其中，国外的相关研究中既涵盖拉美国家的相关学术成果，也包括来自其他国家的已有研究。

---

① 吴白乙：《拉丁美洲和加勒比发展报告》（2011～2012），北京：社会科学文献出版社，2012年，第57页。

② Ariel C. Armony: A View from Afar: How Colombia Sees China. *The China Quarterly*, 2012（3）－209: P179.

（一）中国的拉美研究

从学术发展历程来看，中国的拉美研究开始较晚。据学者考证，最早在明清时期开始有部分文献中出现涉及拉美的人文、历史等的介绍性内容，如林则徐所著《四洲志》中就有对于智利阿劳坎人抗击西班牙殖民统治的记述。①但在很长一段时期内，这些文献当中对拉美的论述基本都属于零星散记，而且多是对国外其他文献的转述，缺乏一手的资料，更谈不上研究。中国对拉美真正聚焦关注进而展开讨论，应该从20世纪50年代开始算起。随着国际形势转变，亚非拉国家民族解放运动的发展开始进入国内学术的视野，部分高校的世界历史教学中开始涵盖拉美史的内容。到1960年，北京大学历史系设立了专门的拉美史研究班，由罗荣渠教授担纲开设拉美史课程，随后其他很多高校也相继开设专门的拉美史课程。1961年7月，中国社会科学院的拉丁美洲研究所正式成立，成为国内首个以拉美地区为研究对象的专门学术研究机构。在这之后，国内一些高校也设立了拉美历史研究室，包括南开大学拉美史研究室、复旦大学拉美研究室以及武汉师范学院的巴西研究室（后改为拉美历史研究室）。这些研究机构，成为国内最早开始拉美研究的学术中心。目前，国内从事拉美研究的机构院校并不多，主要以社科院拉美研究所、中国现代国际关系研究院拉美研究所、上海国际问题研究院美洲研究中心为核心，同时还有北京大学、复旦大学、南开大学等院校设有专门研究机构。除此之外，近几年又有一些院校在中拉经贸关系发展的基础上，开设专门研究机构，课题设计往往应时顺势。例如，西南科技大学成立于2010年的拉美研究院，主要关注中拉在经贸合作、能源开发、物流供给等实际层面的研究；2011年成立的浙江外国语学院拉丁美洲研究所，立足浙江省自身的外向型发展特点，围绕经贸合作、跨国经营和农业合作等方向开设特色研究课题。分别成立于2013年8月和2014年3月的安徽大学拉丁美洲研究所和首都师范大学中国与拉丁美洲古代文明比较研究所，是目前国内最年轻的拉美研究机构，前者由安徽大学和苏里南大使馆合作共建，后者则是专注于建立在比较研究框架下的古代文明史和考古学研究，都体现了中国在拉美研究领域的发展进路。此外，还有四川大学依托西班牙语专业设立的拉丁美洲研究所（起初名为西班牙研究中心，后更名为拉丁美洲研究所），近年来在推进国内拉美研究交流方面较为活跃，主

① 王晓德，雷泳仁：《中国拉丁美洲史研究回顾》，《历史研究》，2000年（5）：第150页。

办及参与协办了多个相关学术会议和国际交流活动。[①]在此基础上，形成了三大主要拉美研究的学术团体：一为中国拉丁美洲学会[②]，二为拉丁美洲史研究会[③]，三为中国西班牙、葡萄牙、拉丁美洲文学研究会[④]。

从研究内容来看，国内的拉美研究主要涵括以下几个方面的内容——其一，以“拉美文学”为主的历史文化研究：与“拉美知识”的缺乏形成反差，国内长期风行一股“拉美文学热”，尤以1982年马尔克斯获得诺贝尔奖以来为盛。以文学为中心，国内学者对拉美的历史、文化作了很多相关研究；其二，以“中国—拉美”为核心的国际关系研究：其中，以中拉区域关系及中国与拉美国家双边关系为主体，兼有包括美国、欧洲等第三方国家在内的多边关系，是近年来国内研究机构主要关注的拉美研究课题；其三，以“发展问题”为主的政治、经济、社会研究：国内学者一直习惯于将拉美置于“问题他者”的定位，就其国

---

① 例如，2015年到2016年连续两年与中拉青年学术共同体（CECLA）共同举办学术研讨会，分别围绕“人文交流：中拉关系的新支柱”（2015年11月3日，成都）和“中国企业在拉美：问题与挑战”（2016年10月30日，成都）展开学术交流。

② 中国拉丁美洲学会，成立于1984年5月，由中国社科院拉美所主管。自成立以来，中国拉丁美洲学会举办20余次年会，就拉美民族民主运动（1984年）、拉美对外开放政策（1985年）、战后拉美政治进程和中拉关系（1986年）、拉美经济调整和发展（1987年）、跨入90年代的拉美（1988年）、尼加拉瓜革命和中美洲形势（1989年）、当前拉美关系（1990年）、世界新格局与拉美（1991年）、拉美国家当前形势与政策动向（1992年）、拉美的投资环境与市场（1993年）、中拉关系（1994年）、当前拉美发展模式（1995年）、拉美国家经济改革（1996年）、拉美经济区域化与一体化（1997年）、世纪之交的拉美及中拉关系（1998年）、当前拉美形势和国企改革（1999年）、中国“入世”后的中拉关系（2002年）、20世纪拉美变革与发展（2003年）、拉美国家经济与社会协调发展的经验教训（2004年）、中拉关系的回顾与展望（2005年）、拉美国家在社会和谐方面的经验教训（2007年）、中拉关系60年（2009年）、国际变局中的拉美（2013年）、展望中拉合作新阶段（2015年）、结构性转型与中拉关系的前景（2017年）等主题展开研究和探讨。

③ 中国拉丁美洲史研究会，成立于1979年11月（中国世界史学术讨论会期间成立），由中国社科院世界历史研究所主管，目前秘书处设在南开大学历史学院，出版会刊《拉美史研究通讯》。自成立以来，中国拉丁美洲史研究会举办十余次学会大会和学术研讨会，主题包括拉美独立战争的性质和拉美国家的社会性质（1982年）、拉美资本主义的发展和美拉关系的历史演变（1986年）、哥伦布航行美洲（1988年和1991年）、20世纪拉美的重大变革和21世纪拉美史的重点与方向（1999年）、20世纪拉丁美洲变革与发展（2003年）、拉丁美洲现代化进程研究（2007年）、拉丁美洲文化与现代化（2012年）、全球史视野下的拉丁美洲文明（2016年）等。

④ 中国西班牙、葡萄牙、拉丁美洲文学研究会，成立于1979年10月，作为中国外国文学学会的下属分会，目前挂靠中国社会科学院外国文学研究所。自成立以来，中国西班牙、葡萄牙、拉丁美洲文学研究会的议题主要有加西亚·马尔克斯与拉美魔幻现实主义（1983年）、拉美文学的崛起与发展（1985年）、从拉美新小说看20世纪拉美文学走向（1988年）、西葡拉美文学在中国（1994年）、面向新世纪的西葡拉美文学（2008年）、拉美“文学爆炸”后小说研究以及西葡拉美当代文学的发展趋势与走向（2013年）、加西亚·马尔克斯与中国（2014年）、当代西葡拉美文学创作的趋势与嬗变、西葡拉美文学作品翻译与研究（2015年）等。

内的各种制度、方法等方面进行剖析研讨，并作为探索中国道路的经验前提和对比参照；其四，随着近年“走出去”的领域前沿扩展至拉美地区，学界也出现了很多实践导向非常强的研究主题，涉及投资、贸易、金融等多个专业领域的“中拉合作”研究。到目前为止，国内拉美研究的主题偏向于两个极端—— 一边是文学、历史、制度中呈现的“抽象的、虚幻的”拉美，另一边是中拉交流合作所涉领域中的“实际的、方法的”拉美。对于现实的、生活的拉美，则一直鲜有涉及。

在新闻传播研究方面，拉美也是国内学界较少关注的边缘领域，鲜有以拉美为核心主题的新闻传播学研究著作。在新闻史研究领域，几乎所有的世界/全球新闻史专著中都有涉及拉美的部分，但通常都是以寥寥近千言作一简单介绍，往往安排在末端尾段的章节，而且不同著作间存在不少史实上互相矛盾的问题。此类著作中，陈力丹的《世界新闻传播史》[①] 对“美洲新闻传播业历史发展”的叙述相对较为详细，而刘笑盈的《中外新闻传播史》[②] 则是从“发展中国家新闻传播业”的角度对拉美新闻传播进行详细的史实介绍和历程分析。其次，还有些文章是从传播政治经济学的角度切入，探索拉美媒体与国家权力、经济利益之间的关系。如，张建中的《政治、权力与选举：大众媒介与墨西哥的民主转型》[③]，以墨西哥媒体与国家政治改革之间的关系为研究主题；闵勤勤的《试论拉美媒体在反腐败中的作用及其局限性》[④]，介绍了拉美媒体在权力监督方面的成效与问题；顾钢的《南欧和拉美国家的政治侍从媒体》[⑤] 一文，则探讨了南欧和拉美的7个国家在新闻传播业与国家政治制度之间的侍从关系。在新闻法制领域，专著《新闻舆论监督与全球政治文明—— 一种公民社会的进路》[⑥] 一书，以巴西、阿根廷、秘鲁、墨西哥、哥伦比亚五国为例，介绍并分析了拉美国家在社会发展、新

---

① 陈力丹：《世界新闻传播史》，上海：上海交通大学出版社，2002 年。

② 刘笑盈：《中外新闻传播史》，北京：中国传媒大学出版社，2007 年。

③ 张建中：《政治、权力与选举：大众媒介与墨西哥的民主转型》，【博士学位论文】，北京：中国传媒大学，2009 年。（注：该文是作者的博士学位论文，经修订后于 2013 年以《大众媒介与社会转型：墨西哥个案考》为名，由上海三联书店正式出版）

④ 闵勤勤：《试论拉美媒体在反腐败中的作用及其局限性》，《拉丁美洲研究》2007 - 29（6）：第 29 ~ 36页。

⑤ 顾钢：《论南欧和拉美国家的政治侍从媒体》，《辽宁行政学院学报》2010 - 12（12）：第 174 ~ 176 页。

⑥ 展江，张金玺等：《新闻舆论监督与全球政治文明：一种公民社会的进路》，北京：社会科学文献出版社，2007 年。

闻事业及新闻法制方面的情况。同时，展江教授还曾发表一篇题为《阿根廷记者与新闻法制改革》[①] 的文章，通过引介案例来论述阿根廷的新闻法制发展历程。

此外，还有其他一些相关文章，主要包括：1. 对拉美国家新闻媒体事业的简要介绍。例如，《墨西哥报业概况》[②]《巴西的新闻事业》[③]《阿根廷新闻业一瞥》[④]，等等。这类文章都发表较早，属于知识介绍性质，一方面信息已经比较老旧，另一方面内容较为浅显；2. 与拉美媒体及新闻业者的交流访问，包括：《拉美新闻界掠影》[⑤]《加拿大、墨西哥新闻出版业印象》[⑥]《管窥墨西哥媒体》[⑦]以及《记者需要不停战斗：访墨西哥全国记者协会联合会主席罗伯托·皮尼昂》[⑧]，等等。这些文章以访问者的主观感受和直观印象为主要内容，其中也有不少较新的业界信息，但总体上比较零散、不成体系。近年来，学界已经开始注意到拉美在世界新闻传播体系研究中的空缺，囿于语言屏障和信息缺乏等困难，相关研究一直未能积极展开。不过，还是可以看到已经开始有这方面的一些研究文章陆续刊发。李黎丹的《西班牙语电视市场的巨擘》[⑨] 一文，以墨西哥的电视垄断机构特来维萨集团（Televisa）为案例，说明墨西哥电视媒体的市场特点和发展情况；而李菡的《浅析拉美的另类媒体》[⑩]，则是以跨国公共电视机构南方电视台为研究对象，探讨拉美国家建立的另类“一体化”跨国媒体，尝试打破媒体市场和信息传播垄断的国际格局。

自 2014 年以后，随着以中拉论坛为核心的中拉整体合作的机制化和常态化，国内学界对拉美研究开始兴起前所未有的热忱。可以看到，关涉拉丁美洲的相关研究不仅在数量上有大幅提升，在包括政治、经济、外交、历史乃至文化等领域的研究中都呈现出对拉美的关切，长期以来较为分散的个体研究也开始表现出整

---

① 展江：《阿根廷记者与新闻法制改革》，《新闻爱好者》2005 -（12）：第 19 ~ 20 页。

② 刘晓陆：《墨西哥报业概况》，《国际新闻界》1984（1）：第 33 ~ 36 页。

③ 王泰玄：《巴西的新闻事业》，《国际新闻界》1984（3）：第 38 ~ 39 页。

④ 管彦忠：《阿根廷新闻业一瞥》，《国际新闻界》1988（1）：第 21 ~ 25 页。

⑤ 赵绍龙：《拉美新闻界掠影》，《新闻通讯》，1995（11）：第 58 ~ 59 页。

⑥ 任道远：《加拿大、墨西哥新闻出版业印象》，《出版发行研究》，2004（11）：第 70 ~ 75 页。

⑦ 佘家金：《管窥墨西哥媒体》，《新闻战线》，2009（6）：第 94 ~ 96 页。

⑧ 朱金平：《记者需要不停地战斗》，《军事记者》，2009（2）：第 22 ~ 24 页。

⑨ 李黎丹：《西班牙语电视市场的巨擘：行进中的墨西哥 Televisa 集团》，《中国电视》，2007（11）：第 72 ~ 75 页。

⑩ 李菡：《浅析拉美的另类媒体：以南方电视台为例》，《拉丁美洲研究》，2011 - 33（3）：第 49 ~ 53 页。

合为系统性研究的趋势。在新闻传播领域，对拉美的进一步深化研究也开始初露头角。首先是从中国形象/国家形象的研究视角切入，分析中国与拉美之间的文化传播和国际交往，例如《中国形象：拉美地区跨文化传播研究——以墨西哥、古巴孔子学院为例》①和《中国的国家形象构建：拉美的视角》②。其中，前者2014年复旦大学孟建教授指导的一篇硕士学位论文，以孔子学院为切入点，探讨通过语言文化传播提升国家形象的可能性与孔子学院的实践现状。本文较为难得的一点在于，是极少数能够在拉美国家展开实地调研的直接研究，通过访谈和问卷调查获得了大量的一手资料，但是问题在于研究主题不够明确聚焦，结论探讨局限于案例本身。而后者是由社科院拉美研究所郭存海老师承担的国家社科重大项目“中拉关系与对拉战略研究”的阶段性成果，通过对多个调查报告的整合分析，得出中国在拉美的形象不及非洲，而与其他国家相比也在正面认知上则不及美国和日本，同时针对国别的分析则呈现出明显的复杂性和波动性的结论。进而，文章提出拉美对华认知存在偏差主要源于：1. 中国对拉美的认知缺乏影响拉美对华态度；2. 历史原因造成拉美对外来者的怀疑和忧虑；3. 文化差异是产生认知偏差的核心根源；4. 西方媒体主导拉美舆论以及中国对外传播能力滞后。其次是从文化产业、软实力或公共外交的理论进路入手，探究中国与拉美之间的深层互动与交流合作。此类文章数量较多，比如《中国在拉美的软实力：汉语传播视角》③《中国在拉丁美洲的软实力建设》④《文化产业与国际形象：中拉合作的可能性——以影视产业合作为例》⑤《中国电影跨文化传播对国家形象建设的作用》⑥ 以及《中国对拉美公共外交的演进、活动与效果》⑦ 等。其中，《中国电影跨文化传播对国家形象建设的作用》一文发表于2017年，将电影作为文化产业乃至国家文化软实力的重要组成部分，通过调研分析了目前中国电影在

---

① 陈菁菁：《中国形象：拉美地区跨文化传播研究——以墨西哥、古巴孔子学院为例》【硕士学位论文】，上海：复旦大学，2014年。

② 郭存海：《中国的国家形象构建：拉美的视角》，《拉丁美洲研究》，2016－38（5）：第43～58页。

③ 马洪超，郭存海：《中国在拉美的软实力：汉语传播视角》，《拉丁美洲研究》，2014－36（6）：第48～54页。

④ 冉继军：《中国在拉丁美洲的软实力建设》，《拉丁美洲研究》，2014－36（3）：第35～39，55页。

⑤ 贺双荣：《文化产业与国际形象：中拉合作的可能性——以影视产业合作为例》，《拉丁美洲研究》，2015－37（4）：第40～44页。

⑥ 栾昀：《中国电影跨文化传播对国家形象建设的作用——以拉美市场为例》，《徐州工程学院学报（社会科学版）》，2017－32（1）：第89～93页。

⑦ 宋晓丽，韩召颖：《中国对拉美公共外交的演进、活动与效果》，《拉丁美洲研究》，2017－39（3）：第123～139页。

拉美市场跨文化传播所存在的问题，进而探讨中国电影跨文化传播对于促进中拉文化融通的作用和影响。此外，还有《拉美媒体在社会发展中的作用及中拉媒体合作》[①]一文在回顾拉美媒体发展历程、分析媒体在拉美国家社会发展中所起作用的基础上，明确提出了中国和拉美国家之间推进媒体间交流合作的可能性、迫切性以及切实可行的途径方案。

国际教育的发展大大推动了相关研究的发展，很多来自于拉美国家的留学生在国内接受高等教育的同时，也为国内学界带来了研究拉美的全新视角。由于这些留学生来自拉美国家的身份，也为传播效果、中国形象等领域提供了展开一手研究的便利。另外，复旦大学的墨西哥留学生乔西（Jossalberto Briceño Sáenz）在相关期刊上发表了两篇对本国新闻媒体的研究文章。其一是《墨西哥记者的成名之路及其探讨》[②]，以几位知名墨西哥记者为例，介绍墨西哥新闻从业人员的职业特点；其二是《中国在墨西哥〈劳动报〉上的形象呈现》[③]，以量化分析和问卷调查的形式，探讨中国形象在墨西哥的媒体呈现和受众印象。尽管该文的论证不尽严谨，论述也不甚细致，但它毕竟是国内（尽管作者本身是拉美国家人士，但是作为国内高校的研究生，该文也是以中文形式在国内期刊发表，故此视为“国内”）首个以“拉美媒体的中国形象”为主题的研究成果，其中还是有不少相关信息值得参考并借以深入展开相关课题的研究。另外，还有部分高校留学生以英文撰写的学位论文，也是同一主题范畴之内的具体研究。比如说，笔者所在的中国传媒大学新闻传播学部传播研究院承办了由商务部启动的“发展中国家国际传播硕士项目”，每年都有来自拉美国家的学生，他们所提交的英文学位论文大多都是此领域相关研究。例如，由《公共外交、文化和语言——提升中国国家形象的传播工具》[④]《中国在巴哈马的公共形象——以巴哈马信息部发布新闻为例》[⑤]《事实还是表象：中国在巴哈马的媒体形象——以巴哈马〈论坛报〉为案例》[⑥]，等等。

---

① 李阳：《拉美媒体在社会发展中的作用及中拉媒体合作》，《拉丁美洲研究》，2016－38（3）：第129～140页。

② 乔西：《墨西哥记者的成名之路》，《新闻界》，2008（6）：第167～169页。

③ 乔西：《中国在墨西哥〈劳动报〉上的形象呈现》，《新闻传播》，2011（4）：第201～203页。

④ Ruth Carmelia Jordan：Public Diplomacy，Culture and Language：Tools of Communication to advance the building of China's National Image【硕士学位论文】，北京：中国传媒大学，2014年。

⑤ Eric Demond Rose：China's Public Image in the Bahamas：A Case Study of Media Releases Produced by the Bahamas Information Services【硕士学位论文】，北京：中国传媒大学，2015年。

⑥ Temeka N. E. Lundy：Fact or Façade：Print Media Framing of China in The Bahamas，An Exploratory Case Study of The Tribune Newspaper【硕士学位论文】，北京：中国传媒大学，2016年。

在此过程中，作者的同事朱振明教授曾于2014年发表了《拉美报纸媒体中的“钓鱼岛”：谈中国的形象》[①] 一文，与本文的研究主题有所契合。在这篇文章中，朱教授选择了包括阿根廷《号角报》（*Clarin*）、墨西哥《至上报》（*Excélsior*）、智利《信使报》（*El Mercurio*）、哥伦比亚《时代报》（*El Tiempo*）、巴拿马《新闻报》（*La Prensa*）、委内瑞拉《国民报》（*El Nacional*）、古巴《格拉玛报》（*Granma Nacional*）、危地马拉《21世纪报》（*Siglo XXI*）、玻利维亚《日报》（*El Diario*）、秘鲁《共和国报》（*La República*）、哥斯达黎加《国家报》（*La Nación*）、厄瓜多尔《商业报》（*La Comercio*）、洪都拉斯《新闻报》（*La Prensa*）、尼加拉瓜《新闻报》（*La Prensa*）、多米尼加《里斯汀日报》（*Listín Diario*）在内的15个国家的15份主要报纸作为研究案例，通过对2012年4月到2013年5月间上述各报对“钓鱼岛”相关新闻的报道框架分析予以量化分析，进而讨论在“钓鱼岛争端”的新闻报道体现出来的中日话语特点以及传播策略。文章采用了大量来自拉美国家媒体的新闻报道，采样范围覆盖15个国家的主流媒体，数据翔实分析合理，但在结论部分主要侧重中国在“钓鱼岛争端”对外传播中应该采取的策略，而对于“中国形象”的探讨未及深入展开。

（二）国外的相关研究

以拉美各国的研究学界来看，其学术研究的“国际视角”关注重点长久以来一直为欧美所占据，对本地区内其他国家的研究居于次位。20世纪80年代间，随着日本经济的迅速膨胀，与日本的经贸投资关系拉近，拉美曾经短暂兴起一个亚洲研究和日本研究的小高潮，但很快就在1990年代间随着日本经济泡沫的湮灭而一同转入低潮。实际上，拉美国家具有中国研究的历史传统和学术积淀，曾经一度作为欧洲学者进行“东方研究”“中国研究”的中心基点。[②] 很多拉美国家很早就已开始与中国相关的学术研究，但这门学科始终处于边缘地位，未能引起足够的兴趣和重视。

进入21世纪以来，中国研究开始真正成为拉美学界的主流乃至热门。目前，拉美地区的多个国家都有从事中国研究的学术机构，以阿根廷、巴西、哥伦比亚、厄瓜多尔、墨西哥、智利等国为主。其中大多为从事亚洲、东方、亚太等区

---

① 朱振明：《拉美报纸媒体中的“钓鱼岛”：谈中国的形象》，《国际新闻界》，2014（09）：第92～107页。

② 早在殖民地时期，在长期、频繁的“中国—美洲”贸易背景下，欧洲殖民者同时也将大量的中国历史、社会、文化资料带往美洲殖民地。很多欧洲的“中国学”研究学者到美洲殖民地去建立研究中心进而展开相关研究工作，他们也将欧洲的研究著作和相关理论带到美洲殖民地。在这样的背景下，以欧洲殖民国家的研究论述为核心，建立起了早期的美洲的中国研究学术体系。

域研究为主，不过也有少数以中国为研究对象的专门研究机构，例如：巴西的圣保罗基督教会大学开设有专门的中国研究中心（Estudos Sobre a China，Pontificia Universidad Catolica de Sao Paulo），经常举行研讨会并刊发学术文章；秘鲁的几家高校联合开办了“秘华文化学院”（Instituto Peruano Chino，又译作“秘华文化体育学院”），教授汉语和中国文化课程。其中，尤以墨西哥国立自治大学（UNAM，Universidad Nacional Autonoma de Mexico）开设的中墨研究中心（CECHIMEX，Centro de Estudios China－Mexico）最为知名。该中心集合来自拉美、中国和欧美国家的学术力量，开展对中国政治经济、社会文化等领域的研究，并为拉美学生提供相关领域的课程，同时还经常与国内学界展开学术交流，并且有定期出版中国研究的专题刊物《门》（*Cuadernos de Trabajo del CECHIMEX*）。①

图 1－2　2010 年出版的第一期《门》②

近年来，拉美的中国研究发展较快，也有不少成果，研究主题主要集中于以

① 这份刊物的正式名称为“CECHIMEX 工作论文”，是由中墨研究中心自 2010 年开始出版的双月刊。刊发的论文涵括所有与中墨关系相关的话题，包括：理论、经济、历史、环境、科学、技术领域等等。同时，研究中心以大大的“门”字为刊物封面，寓意“打开一扇通往中国研究和中国知识的大门”，并且广邀同行展开交流研讨。刊物内容请见：http：//www.economia.unam.mx/cechimex/index.php/zh/cuadernos－trabajo，2016－10－29。

② 墨西哥国立自治大学中墨研究中心：http：//dusselpeters.com/CECHIMEX/CuadernosdelCechimex20101.pdf，2016－10－29。

下三个方面：其一，中国历史研究。这一主题的研究中，有很大一部分是来自欧美国家的理论译著，深受欧美学术体系的影响，但近年也有不少独立研究专著，尤其是中国当代历史研究方面。例如，埃俄尼奥·安吉亚编著的《当代中国：1949年以后的国家建设》①。其二，中国的经济发展与改革进程。这个主题是拉美学界长期以来在中国研究领域一直关注的一个热点，主要围绕介绍中国在经济发展方面的成就、分析中国的改革发展模式、比较中国在国情背景和发展模式上的特点为中心议题，探讨中国对拉美的经验性意义。代表著作有，何塞·萨尔瓦多的《中国经济改革时期工业大转型中的制度作用》②，以及胡安·冈萨雷斯·加西亚教授的《中国与墨西哥的经济政策比较》③。其三，中国与拉美关系，其中包括中拉关系的历史发展、中拉在具体领域的合作发展前景以及中国的发展对拉美的影响。此类研究成果包括恩利奎·杜塞尔的《中国与墨西哥：一种全新的关系前景》④，以及塞尔吉奥·赛萨林和卡洛斯·莫内塔合著的《中国与拉美：发展合作的新路径，新丝绸之路?》⑤，等等。

总的来看，在中国研究方面，拉美各国在机构、人员、著述方面都有很大的发展。但是，拉美学界的中国研究始终局限于以经济为核心的有限范围内，对于中国的社会、文化等方面关涉甚少。尽管有些院校已经开始发展有关学科并开设相关课程，但也只是以介绍中国社会文化基本情况为主，内容不免浮于浅显表面。因此，拉美对于中国仍是所知甚少，尤其是对中国的社会生活、人情风物方面，仅有的线索大多是来自欧美流行文化产品的反射碎片。尽管两国的关系如此之近，同时又是如此遥远。从对彼此的了解和认知的角度来看，依然是一对“利益相关的陌生人”。

对于“中国—拉美”相关研究，其他国家也非常重视，尤以欧美发达国家为主，相关著述颇为丰富。纵观他们的研究，主要集中于以下几个领域：首先，

---

① Eugenio Anguiano：China contemporanea：la construccion de un pais，desde 1949. Mexico：El Colegio de Mexico，Centro de Estudios de Asia y Africa. Programa de Estudios APEC，2001.

② Jose Salvador Meza Lora：El Rol de Las Instituciones en Las Grandes Transformaciones Del Sector Industrial en China Durante la Reforma Económica. Mexico：UABC，2006.

③ Juan Gonzalez Garcia：La Politica Economica en Mexico y China. Mexico：Porrula Miguel Angel，2009.

④ Enrique Dussel，Yolanda Trápaga：China y México：Implicaciones de una Nueva Relación. Mexico：La Jornada，2007.

⑤ Sergio M. Cesarin，Carlos Moneta：China y America Latina：Nuevos Enfoques sobre Cooperation Desarrollo，Una Segunda Ruta de la Seda? Buenos Aires：BID－INTAL，2005.

中国在拉美的硬实力扩张，即对中国与拉美各国在经贸、政治，乃至科技、军事等领域合作与发展的关切。西班牙学者哈维尔·桑蒂索的《中国在拉美的有形之手》[①]，就是其中的代表之作。再如凯瑟琳·克勒斯基为美中经济安全评论委员会撰写的报告《中国在拉美：2011 年背景报告》[②]，或瑞斯·詹金斯为德国发展研究中心所做的研究报告《中国与拉美：21 世纪的经济关系》[③]，都是以中国与拉美的经贸合作、金融投资以及政治交流为主要研究对象。其次，中国对拉美国家的软实力影响。随着“软实力”概念的风行与中拉关系的迅速发展，这类研究也处于持续升温中，研究成果日益增多，例如：伊文·埃利斯于 2011 年发表的《中国在拉美的软实力》[④]。美国的国际研究与战略中心于 2009 年发布了一个名为《中国的软实力及其对美国的启示：在发展中世界的竞争与合作》[⑤] 的研究报告，将中国在各发展中国家/地区的软实力影响逐一遍数，而国际媒体协助中心（CIMA）也曾发布一个类似主题的报告《东方来风：中国对非洲、拉美及东南亚国家媒体的影响》[⑥]。再次，中拉关系发展对区域、全球格局的影响。在这个层面，美国是最主要的关切者，欧洲大国紧随其后。例如，理查德·费恩伯格的文章《中国、拉美与美国：和谐利益抑或区域动荡?》[⑦]，探讨的主题就是中拉关系的飞速发展对于美国的美洲政策及美洲大陆局势的影响；德国的弗雷德里希·艾伯特基金会也曾于 2005 年发布报告《中国与墨西哥近期经贸发展的启示》[⑧]，探讨中国与墨西哥之间的经贸发展对于德国及欧洲对拉美经贸发展的启示意义。其中，关于中国软实力在拉美产生的影响力这部分研究与本文论题相

---

① Javier Santiso：The Visible Hand of China in Latin America. 2007.

② Katherine Koleski：Backgrounder：China in Latin America，2011. US – China Economic & Security Review Commission：May，2011.

③ Rhys Jenkins，Enrique Dussel Peters：China and Latin America：Economic relations in the 21st century. German Development Institute：2009.

④ R. Evan Ellis：Chinese Soft Power in Latin America：a case study. Washington：NDU Press，2011（60），PP. 85 ~91.

⑤ Carola McGiffert：Chinese Soft Power and Its Implication for the US：competition and cooperation in the developing world. Washington：Center for Strategic and International Studies，2009.

⑥ Douglas Farah，Andy Mosher：Winds from the East：How the People’ s Republic of China Seeks to Influence the Media in Africa，Latin America and Southeast Asia. Washington：Center for International Media Assistance，2010.

⑦ Richard Feinberg：China，Latin America and the US：congruent interest or tectonic turbulence? *Latin American Research Review*. 2011 –46（2）：PP. 215 ~224.

⑧ Enrique Dussel Peters：Implications of China’ s Recent Economic Performance in Mexico. Berlin：FES Breifing Paper，2005（7）.

关，国家在异域的形象是构成软实力影响的重要组成部分以及客观衡量标准。但是，就目前来看，这类研究通常都是从政治经济学角度出发，在理论层面上探讨中国的外交政策、经贸联系和经济技术援助对拉美产生软实力影响的可能性，而没有太多涉及实际层面进而说明是否确实存在这样的影响力，以及这种影响力的呈现情况、影响因素等。

此外，国外学界在对拉美媒体的研究方面，主要是探讨拉美的新闻媒体与民主制度建设方面的关系，在分析拉美各国言论自由、独立自主程度的基础上，探索新闻媒体在推动国家制度民主化进程中应该起到的作用和影响，其中隐含着“趋于独立自由媒体的西方模式，进而推动国家制度民主化”的先决命题。例如，文集《拉丁美洲的媒体》① 共收录了14篇文章，来自不同国家的学者按照国别，通过各自的论述说明媒体在拉美国家政治转型中的发展与变化。另外一个常见的研究主题，围绕拉美国家作为“媒体非安全地区”为核心展开，实际则是以记者以及其他媒体从业人员面临的风险为事实依据，从而探讨拉美国家的社会动荡以及相关问题，包括毒品猖獗、武器泛滥、犯罪高企，等等，以及与此相关的贫困、疾病凡此种种。例如，约翰·萨利文的文章《针对记者的袭击与墨西哥毒品战争中的“新媒体”：一个权力与反权力的评估》②，或者莫尼卡·莫德尔的报告《威胁、审查与暴力并存时代中的新闻业》③。还有部分书籍专著以拉美新闻媒体事业的发展历程为主题，但通常还是与前两个议题交叉展开，以国家政治制度的衍变为线索说明媒体的发展，或以社会问题为维度探讨媒体发展的曲折与困境。此中著作诸如，里纳尔多·费雷拉的《世纪的沉默：拉美新闻业的故事》④，以拉美国家的政治制度发展趋向民主化为主线，叙述拉美新闻媒体发展的曲折历程。

近几年，在拉美和其他国家的新闻传播学界中，也开始出现一些对拉美媒体自身发展及其新闻报道的专门研究。不仅有从新闻传播学角度分析探讨拉美媒体及其新闻传播学发展的研究，也有采用跨学科研究方法研究拉美媒体新闻报道的

---

① Jairo Lugo - Ocando: The Media in Latin America. New York: Open University Press, 2008.

② John P. Sullivan: Attacks on Journalists and “New Media” in the Mexican Drup War: A Power and Counter Power Assessment. *Small Wars Journal*, 2011 (4). www. smallwarsjournal. com, 2012 - 12 - 30.

③ Monica Medel: Journalism in Times of Threats, Censorship and Violence. Austin: Knight Center for Journalism in the Americas, 2010.

④ Leonardo Ferreira: Centuries of Silence: the story of Latin American journalism. Westport CT: Praeger Publishers, 2006.

话语叙事、形象构建等方面的课题。前者有克劳迪亚·莫拉多·瑞兹的论文《拉丁美洲的新闻学：50 年间研究的历程回顾与分析模式》[1]，或德拉·蒙特拉·胡拉多·马丁的《墨西哥新闻学的学术研究：批评视角》[2]；后者诸如，《西班牙与墨西哥报纸新闻标题的话语行为特点分析》[3]，以及《拉美报纸新闻中的奥巴马》[4]。此外，2012 年 3 月号的《中国季刊》上发表了一篇美国学者阿里尔·阿莫尼教授的研究论文《遥远的视角：哥伦比亚如何看待中国》[5]。面对中国与拉美两个陌生“他者”间的“短时期、近距离”接触，阿莫尼教授提出了拉美如何看待中国、如何理解中国，进而将如何对待中国的问题。

阿莫尼认为，在对彼此的有限知识背景下，来自西方的“引进东方主义”是拉美产生中国认知的主要源泉。基于这样对中国所知匮乏而无以满足现实需求的困境，拉美实际上迎来一个全新的机遇，以尝试纠正西方引进的扭曲意识和自身历久以来的偏颇观点。那么，他们是否确实认识到这一点，并真正付诸实践？这是阿莫尼教授试图通过研究来查证的问题。他的研究以哥伦比亚两份主流报纸的中国报道为案例，分析拉美媒体报道中的中国形象。同时，他提出了几点可能适用于整个拉美地区的中国形象的规律性特点，至于能否在此基础上形成一个完整的理论框架，还需要在进一步研究中验证。到目前为止，这是国外学界第一次从中国形象的视角探讨相关领域研究主题。尽管文章在分析的基础上提出了拉美看待中国的“两面性视角”（a Janus – faced view）问题，即中国作为一面“带来盈利的贸易伙伴”而另一面是“麻烦不断的国际语境新成员”的存在，但文章也仅仅停留于此，没有深入探讨这样一种两面性视角的生成机制和动态因素。同时，对研究样本的分析过程中，在划分类别的方式和维度方面，难免囿于西方学术理论和以往研究的框架限制，未能切实考察拉美媒体涉华报道的特点和机制。当然，这也凸显了作者阿莫尼教授作为拉美研究和国际关系领域的研究学者，在新闻传播和媒体研究方面稍显力有不逮。

---

① Claudia Melado Ruiz：Periodismo en Latinoamerica：Revision historica y propuesta de un modelo de analisis. *Comunicar*：2009 – 33（17），PP. 193 ~ 201.

② Dra. Montserrat Jurado Martin：La Investigacion Academica Sobre Periodismo en Mexico：una Mirada critica. *Revista de Communicacion*，2010（1）：PP. 141 ~ 157.

③ Silvia Hurtado Gonzalez：Prentsa espaicol eta hispanoamerikarraren titularren hainbat berezitasun. *Zer*：2009 – 14（27）：PP. 189 ~ 202.

④ Andres Valdez Zepeda，Rogelio Rivera Fernandez：Obama，en la Prensa Latinoamericana. *Revista Latin de Comunicacion Social*，2009（3）：PP. 120 ~ 126.

⑤ Ariel C. Armony：A View from Afar：How Colombia Sees China. *The China Quarterly*，2012（3） – 209：PP. 178 ~ 197.

第二章

概念阐释

本文的论述，主要围绕拉美媒体所在的自然及社会环境为研究背景，以探讨“拉美媒体报道中的中国形象”及其相关问题。因此，在开始正式的研究论述之前，有必要对本文所涉及的核心概念做出阐释限定，以便围绕此概念展开相关分析探讨。本文的研究范围划定为“拉美”，核心论点围绕对“中国形象”的研究展开，因而下面将分辟小节对这两个概念的指涉范围和学术含义做出阐释。

一、“拉美”概念界定

拉美是“拉丁美洲”（America Latina）的简称，即拉丁语中“美洲”和“拉丁的”两个词语的合成（在拉丁语，以及拉美地区主要使用语言西班牙语和葡萄牙语中，这个合成词汇的拼写构成均为 América Latina）。正如郝名玮、徐世澄在论著中所称，“拉丁美洲”是基于地理、政治、语言、文化、种族等诸方面综而观之，与撒克逊美洲相对而出现的概念。他们将这个词的起源追溯到 1836 年法国著名学者米歇尔·歇瓦利埃的《北美通信集》，在这本书的序言中首次出现“拉丁美洲”一词，用以指向“具有拉丁文化特性的美洲”。但是，这时的“拉丁美洲”还只是一个非确定性的词语组合，以形容词“拉丁的”来描述“美洲”的特性，用来表达一个文化与地理的复合概念。直到 1874 年，波多黎各的欧亨尼奥·马丽亚奥斯托斯发表了一篇名为《拉丁美洲》（*La America Latina*）的文章，不仅将“拉丁美洲”作为一个专有名词使用，并且提出要以这个词作为南美洲、中美洲、墨西哥和安地列斯群岛地区的统称。① 在随后的几十年中，很多国际组织和世界机构将这个名词接受并固定下来，开始成为这个地区的正式指

① 郝名玮，徐世澄：《拉丁美洲文明》，莆田：福建教育出版社，2008 年，第 7 页。

代名词。直到 20 世纪 70 年代，随着原英属安地列斯群岛中的多个岛国以及圭亚那掀起新一轮独立风潮，加勒比地区的发展变化引起了世界的广泛关注，这一地区在政治、社会、文化等领域的特点也开始受到重视。联合国等国际组织决定将拉美地区的名称正式修订为“拉丁美洲与加勒比海地区”，以涵括后来独立的加勒比诸岛，并体现这一地区的特色。不过，为便于表达，通常仍将这一地区简称为“拉丁美洲”，在中国则多用更为简化的“拉美地区”甚至“拉美”。

拉美位于西半球的南半部，北起墨西哥北部界河格兰德河，南至合恩角，东濒大西洋，西邻太平洋。根据联合国对这一地区的相关定义，拉丁美洲与加勒比海地区目前包括 39 个国家和地区，包括众多岛屿在内，总面积达 2070 万平方公里，有 6.3 亿人口（2015 年预计数字）①。在这 39 个国家和地区中，种族文化不一而足，彼此相邻相近相通但又并不完全相同。基于语言在文化当中的核心地位，通常按照官方使用语言的不同来给拉美国家划分类别。拉美国家使用的官方语言主要有：西班牙语、葡萄牙语、英语、法语及荷兰语。按照语言使用情况来看，拉美国家可以基本分为五个类别：首先是西班牙语系国家，以西语作为官方语言的国家共有 18 个；其次是英语系国家，共有 12 个国家以英语为官方语言；再次是葡萄牙语系，尽管只有巴西一个国家将其作为官方语言，但巴西是拉美第一大国，在人口上还是较下面两种语言为多；最后，法语系有两个小国，分别是海地和法属圭亚那；此外还有荷兰语系，仅有一个小国苏里南。

其中，西班牙语是拉美地区使用最多、覆盖区域最为广阔的语言。以西班牙语为官方语言的 18 个拉美国家，总面积达 1150 万平方公里，北起美国—墨西哥边境南至合恩角，绵延纵跨北美洲、中美洲和南美洲。从总体上看，西班牙语系的国家，在政治、经济、文化、社会等各领域的发展水平方面，都为拉美各国之先。这些国家历史上都曾经是西班牙殖民地，在政治制度、经济结构、思想意识、价值观念、文化传统、生活习惯等各方面都深受殖民宗主国的影响。在种族和人口方面，西班牙语系国家主要以本土印第安人和白种欧洲族裔为主，其中尤以西班牙移民及其族裔为主（这里族裔是指广义概念，不仅指欧洲移民的白种后裔，也包括欧洲移民在当地与其他族群通婚的混血后裔，包括：白人—印第安混血，称为“梅斯蒂索”，Mestizo；白人—黑人混血，称为“穆拉托”，Mullato）。在宗教信仰上，西班牙语系国家基本都是全民信教，以天主教为唯一信仰。

除了以西班牙语作为官方语言的 18 个国家之外，在其余的拉美国家中，大

---

① Economic Commission for Latin America and the Caribbean (ECLAC): Statistical Yearbook for Latin America and the Caribbean 2014. Santiago: United Nations publication, 2014: P19.

多数也都曾经是西班牙殖民地，具有西班牙殖民文化输入、西班牙语言传播的历史背景①。同时，由于几个世纪的移民输入历程，拉美各国的人口结构基本都属于“复合型”，不仅有本地土著、殖民主国后裔和断断续续因为各种原因偶然到来的亚、非移民后裔，还有在各国间迁徙流动的再次移民人口。因此，在非西班牙语系的其他拉美国家中，也有比例不等的西班牙裔人口以及众多西班牙语使用者，甚至不少国家的西语使用比例和范围要比官方语言更高、更广。例如：作为拉美人口最多的国家，巴西的官方语言是葡萄牙语，但国内仍有 1246 万人口以西班牙语为日常使用语言②；而对于其他人口基数不是很大的国家来说，西班牙裔人口的比例可以达到半数左右，如伯利兹的西班牙语人口可以占到人口比例的 60% 之多③。另一方面，随着拉美区域一体化的不断深入，各国之间的经贸联系日益紧密、合作交流日益频繁，作为区域内使用最广泛的语言，西班牙语的重要性也更加凸显。基于对这一点的清楚认识，其他非西语系国家也十分重视西班牙语的普及和应用。巴西政府于 2005 年颁布法令，将西班牙语作为基础教育的必修课程，不论私立、公立，所有学校都要执行。目前，巴西有 5000 万到 6000 万人口以西班牙语为第二语言④。由于西班牙语和葡萄牙语具有极大的接近性和相似性，大多数学习者都可以很好地掌握西班牙语。最后，由于西班牙语的广泛普及，很多拉美国家都有西班牙语媒体或兼以西班牙语发布信息。

基于以上几点，可以看到，西班牙语在拉美地区具有广泛的普遍性，为这样一个以拉丁美洲整体为单位的传播交流奠定了坚实基础。

二、溯源“中国形象”

什么是“中国形象”？

---

① 1493 年，教皇亚历山大六世颁布一条训谕，宣告在亚速尔群岛和佛得角群岛以西 100 里格处划一条南北走向的分界线，以西归属西班牙所有，而以东则归属葡萄牙所有，从而将拉丁美洲从行政上分配给了两个伊比利亚殖民者。因而，除巴西以外，拉丁美洲其他地区都曾多少经历过西班牙的殖民统治。尽管在接下来的两个世纪中，又有法、英、荷等殖民者纷至沓来，西班牙的势力范围逐渐减少偶有盈涨，但对整个拉美地区仍然保有较强的影响力。参考：［英］莱斯利·贝瑟尔，中国社会科学院拉丁美洲研究所译：《剑桥拉丁美洲史》，北京：经济管理出版社，1995 年，第 154 ~ 155 页。

② Instituto Cervantes. El Espanol：Una Lengua Viva，Informe 2012. 2012 – 9 – 15：P6.

③ 根据 ECLAC 发布的 Statistical Yearbook for Latin America 2011 及 Instituto Cervantes 所作 El Espanol：Una Lengua Viva，Informe 2012.

④ 注：Institute Cervantes 给出的数字为 500 万，而 Fundación Siglo 提供的数字是 612 万 . Instituto Cervantes：El Espanol：Una Lengua Viva，Informe 2012. 2012 – 9 – 15，P10.

从语言词汇的角度来看，“中国形象”是一个合成概念，由核心词语“形象”和限定性质的“中国”构成。这里的“中国”，作为形容词出现，表达空间和文化上的含义，划定“形象”的指向范畴。“形象”一词，作为名词的使用由来已久。在中国古代汉语中，通常作“形状相貌”解①。同时，管文虎通过研究指出，“象”字在古文的使用中还强调，尽管它是外部事物的性态特征总貌，但又具有实/假、义象/用象之分，既是一种寻求预兆并予以说明的方法，也是一种已经获得的认知图式或先验结构②。《现代汉语词典》中，“形象”词条下有两个名词释义：1. 能引起人的思想或感情活动的具体形状或姿态；2. 文艺作品中创造出来的生动具体的、激发人们思想感情的生活图景，通常指文学作品中人物的神情面貌和性格特征③。从古代、现代的词语定义中可以看出，形象首先依托一个“具体形状或姿态”作为客观载体，同时又包含由此产生的“思想或感情”成为主观含义。

在英文中，“形象”与“Image”相对，具有“人物或肖像”和“想象、虚构”的两重意涵。也就是说，Image 所能指代，除了具有实体指向的意涵之外，还包括“设想不存在的东西或明显看不见的东西”。同时，需要强调的是，不论是对实体存在的感知，还是对不存在物的虚构设想，其产生过程都属于心理活动，所以“Image”这个词汇属于“心理概念”的范畴④。

基于以上，“形象”并不是一个客观自在的本质实体，而是一种基于认知活动的意义产生。正如莎尔托夫在《形象论》中所指出的，形象是作用而非事物，或是在某种情况下的意识、感觉和知觉，并不是在脑海中简单投射出来的东西⑤。因此，形象是人们对于人或事物认知信息的综合，它不仅包括对于具体存在事物的认知，也包括基于知觉、经验、习得等产生的认知信息的综合。也就是说，形象是认知活动中生成和建构的结果。在形象生成的整个认知活动过程中，包含三个基本成分：1. 形象本体，即被认知的对象，可以是人、事、物或其他存在；2. 感知信息，即形象本体呈现出来并且被认知主体所接收、感知的信息；

---

① 徐复：《古代汉语词典》，上海：上海辞书出版社，2007 年。检索自中国工具书网络出版总库：http：//gongjushu. cnki. net，2012 - 12 - 14。

② 管文虎：《国家形象论》，成都：电子科技大学出版社，2000 年，第 21 ~ 22 页。

③ 中国社会科学院语言研究所词典编辑室：《现代汉语词典》（第 5 版），北京：商务印书馆，2005 年，第 1526 页。

④ ［英］雷蒙·威廉斯，刘建基译：关键词—文化与社会的词汇，北京：三联书店，2005 年，第 224 ~ 225 页。著者注：该书中将 Image 一词译为“意象”。

⑤ 转引自詹成大：《媒介形象的塑造与经营》，《当代传播》，2005（3）：第 72 页。

3. 认知主体，即接收与形象本体相关信息，并生成感知结果的行为主体。其中，感知信息就是形象本体与认知主体之间进行“形象产生”活动的媒介。这就构成了形象的三要素：形象本体—媒介—认知主体。据此，形象的产生过程可以简单地描述为：

形象本体——媒介——认知主体 ➡ 形象

图 2－1　形象产生的三要素

需要注意的是：其一，形象与形象本体之间的关系，两者并不是完全对等的。形象是由认知主体基于形象本体相关信息生成的主观产物，可能与形象本体高度接近，也可能与形象本体相距甚远；其二，形象的产生过程不是稳态的定向生产，而是一个较此复杂得多的动态环境。也就是说，形象本体或认知主体的行为和变化都有可能影响生成的形象，而作为媒介的信息系统本身也不是一个封闭的固态体系，可能有其他因素的介入并导致生成形象的不同；其三，形象的本质是认知信息，而非一个可见可感的客观实在。因而，对形象的探讨和研究，必须借由一定的媒介对其加以具化才能实现。并且，基于形象的动态性质，具化呈现的只能是一定时空维度（话语情境）之中的形象，脱离此时此地的形象又会与此不同，甚至可能完全相反。在现实操作中，形象的具化通常表现为数据、评价或倾向。

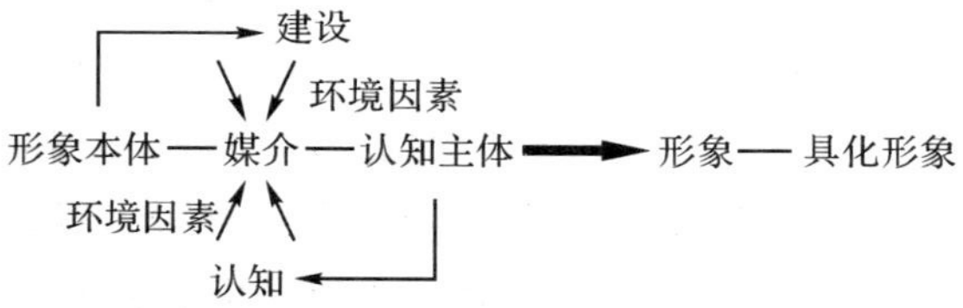

图 2－2　形象产生的媒介环境

由此可见，形象的产生是一个复杂多元的动态过程。形象本体出于使自身形象趋好的目的，可以采取各种方式手段干预形象的生成过程，称为形象的建设（包括后续的维护）；认知主体则出于获得有益信息的目的（有益于认知主体，不一定是正面/负面，也不一定是真实/扭曲），可能会通过不同方法和渠道以获悉所需的形象本体有关信息，可以称为认知主体发于主动的认知活动；形象产生的过程是一个动态的、开放的媒介系统，随时随地会有各种各样的信息加入到其中，即图 2－2 所示的环境因素。

基于对“形象”概念的理解和分析，形象的本体是一个很宽泛的概念，可以是人、事、物，也可以是其他形式的存在，当然也包括组织、机构、公司等。“中国形象”的形象本体，就是作为国家整体的中国。本章开头已经指出，这里的“中国”作为起限定作用的形容词出现，表达的是一个空间和文化的复合意义，既指向地理上作为“亚洲东部、太平洋西岸”的中国，也指向以“华夏文明”为核心的中国。以“形象”的概念定义为基础，中国形象就是：认知主体（可以是个人、群体或某个国家/地区，甚至国际社会整体）对作为形象本体的“中国”所产生的认知信息的综合。中国形象与中国的实际存在之间存在本体关联性，同时又与具体的认知主体有着直接属性。也就是说，某个认知主体认知的中国形象与中国的本体存在之间有关联，并且直接受到认知主体的特点和性质的影响。同时，中国形象是一个动态体系，不仅在时间维度上发生衍变，也在空间维度上呈现差别。或者说，不同时代范畴的中国形象会呈现出历史的衍变，不同地域范围的中国形象也会各呈异彩。

为什么是“中国形象”?

需要明确说明的一点是，本文的研究中采用了“中国形象”的表述方式，而非国内类似研究常见的“国家形象”一词。

在相关领域的研究论述中，国外学者倾向于使用“中国的形象”式复合词组，即“China’s Image”（根据表达需要，有时也会出现“the image of China”）。例如，前文提及美国学者阿里尔·阿莫尼教授的研究论文《遥远的视角：哥伦比亚如何看待中国》，文中使用“China’s image”作为关键词来阐述哥伦比亚媒体报道中的中国形象；再如，荷兰国际关系研究所于2010年发表的研究报告《中国软实力在欧洲的局限：北京的公共外交难题》，其中也以“China’s image”为核心来论述中国注重软实力和开展公共外交的战略起点和目的。[①] 很多国际专门研究机构，包括皮尤研究中心（Pew Research Center），在相关调查项目中都是以“China’s image”来开展对中国形象的论述。[②] 与此相应，经常出现在相关论述专著中的还有其他一些关联词组，诸如“view/perception/opinion of China”[③]，从另一侧面凸显了形象的主观意识性质，作为认知主体对形象本体所持

---

① D’Hooghe Ingrid: The limits of China’s soft power in Europe: Beijing’s public diplomacy puzzle. Netherlands Institute of International Relations, ‘CLINGENDAEL’. 2010.

② Pew Research Center: Global Opinion of Obama Slips. *InternationalPolicies Faulted.* June 13, 2012.

③ BBC World Service Poll: Views of Europe Slide Sharply in Global Poll, While Views of China Improve. May 2012.

的“观点/看法/意见”。

根据相关研究考证，国外学界也有对于“国家形象”的论述。最早始于经济学家肯尼思·博尔丁的《国家形象和国际体系》[①]一文，作者将国家形象定位为：一个国家对自己的认知以及国际体系中其他行为体对它的认知的结合。在他的定义中，博尔丁强调了形象具有自我认知与他者认知的区别。国际政治学者奥利·霍尔斯蒂提出，国家形象是感知一个国家所形成的“信念体系”的一部分，并进而影响到认知主体在与形象本体有关事务上的“行为决定”。[②] 专注于国际关系研究的罗伯特·杰维斯认为，国家形象是对国家的心理认知，并在此基础上探讨国家形象的传播策略，以及国家形象对于国际关系的影响。然而，尽管国外学界也偶有涉及“国家形象”，他们从来未曾就此建立一个明确的概念限定和理论框架。并且，在展开相关研究，尤其是深入到某一国家或地区的国家形象分析时，他们仍会回到“……的形象”的话语形式。

此外，近年间在国外学界中还有一种“国家形象”的研究趋势——由中国的相关理论体系和概念论述出发，以研究阐释中国的国家形象为核心内容。雷默在他最为知名的中国研究报告《北京共识》中，使用了“中国形象”（China’s image）一词来探讨相关主题。三年后，在他集中论述“中国形象”问题的《淡色中国》中，则转而采用了“国家形象”（national image）。不过，很明显雷默是从他的研究对象国引入了这个词汇以及相关概念体系，从而基于中国的学术框架和理论视角来展开自己的观点论述。[③]

在国内的学术语境中，“国家形象”是一个重要的跨学科性核心概念。有关国家形象的本体论述，及其定位、设计、构建（建构）、塑造、传播、推广、维护、调整和提升等方面的内容，成为包括新闻传播学、国际关系学、外交学，乃至文学等诸多学科领域的热门课题。纵观各个学科领域下的国家形象研究，主要围绕以下几个论述主题展开：首先，国家形象作为一个学术概念和理论体系的本体论研究；其次，作为软实力的构成部分，在国际关系和国际政治背景下的主题

---

① Kenneth E Boulding：National Image and International Systems. *Journal of Conflict Resolution*，1959－3（2）：P122.

② Ole R. Holsti：The Belief System and National Images：A Case Study. *Journal of Conflict Resolution*，1962－6：PP. 244～252.

③ Josua Copper Ramo：*Brand China*（淡色中国）. Foreign Policy Center（UK）. 2007，P7.

注：在报告中，雷默在采用“国家形象”概念的同时，特别注明自己所采用的是“guojiaxingxiang”，以此将自己的论述和观点置于中国国内的相关理论体系和概念框架中。

深化；再次，（中国的）国家形象在不同国家地区和文化语境中的具体呈现，及其与政治、经济、外交等现实领域的互动；以及，在信息传播视角下的国家形象建构方式与战略方法，并与话语权、传播力等内容相关联。

总体上，国内学界普遍认为，一国的国家形象是“其他国家（包括个人、组织和政府）对该国的综合评价和总体印象”①，同时又强调国家形象对于国家在稳定、发展等方面的重要作用。在此基础上，对国家形象的研究论述沿着内、外两个方向进一步深化：对内强调作为国家形象本体的中国（尤其是政府层面）可以并且应该对国家形象进行战略性的建设、塑造、传播等，对外则就国外（媒体/机构/学者等）认知的国家形象进行分析并产生评价。在对内层面，往往将国家形象与“声誉”“号召力”等联系在一起，强调国家形象的积极面作用。相反，对外层面则倾向于批判国外对中国国家形象的“误读”“扭曲”，甚至“妖魔化”的消极面影响。

以上对国家形象在内外两种不同向度的论述，其实都出自于同一个理论前提，即将国家形象视为一个具有客观形态的实体存在，通过国家主体采取具体的传播策略和应用机制将其呈现出去，并且由国外主体对其进行认知。进而，强调了形象本体在国家形象生成过程中的主导作用，以及国家形象与形象本体之间“反映与被反映”的对应关系。对于这一点，李智在其专著《中国国家形象：全球传播时代建构主义的解读》中称之为“本质主义的国家形象观”，并指出这种观点具有固态的实体性思维方式的缺点。② 更为重要的是，基于这类观点的相关研究论述还显示：国家形象不仅有其客观的实体存在，并且在不同主体的认知/建构下有着真实/虚假、正确/错误的性质差别。在批驳某个国外主体对于中国国家形象的扭曲、妖魔化的同时，实际上也就提出中国国家形象有其真实、正确的本体存在。然而，基于前文对“形象”“中国形象”的概述辨析，即便面对同一形象本体，不同认知主体产生的形象认知必然各有所异，不仅源于认知主体的个体差异，还有认知主体各自所处环境因素等多重影响。所谓对中国的“国家形象”的误解、扭曲，实际上是企图将一种主观意识置于客观实在的标准框架中进行价值评判。

本文采用“中国形象”作为研究的核心概念，而非“国家形象”及其相关

---

① 刘继南：《大众传播和国际关系》，北京：北京广播学院出版社，1999 年，第 25 页。

② 李智：《中国国家形象：全球传播时代建构主义的解读》，北京：新华出版社，2011 年，第 15 ~ 21 页。

理论框架。这样的做法，主要出于两方面考虑：一则，本文的研究对象是“拉美媒体报道中的中国形象”，相对与形象本体“中国”的联系，更多关注认知主体“拉美媒体”在认知、传播中国形象过程中的生成机制与影响因素。在长期的研究论述中，“国家形象”概念内含着偏重于“形象本体主动建构作用”的研究视角，不及中性的“中国形象”概念更显客观；其次，本文意在通过新闻叙事分析说明拉美媒体报道中的中国形象是什么，并基于媒介生态环境研究来探讨这个形象认知如何生成，而不产生任何价值或倾向上的评价与批判。

三、解析“中国形象”

对于“形象”的研究，归根结底是一个“自觉与认同”的问题，核心在于发现并定位“自我”。对于“中国形象”的关注与探索，从根本上来自于中国的“自觉意识”，进而寻求身份和情感上的“认同”。同样源于内在的“自觉与认同”出发点，众多研究者从不同切入点展开对“中国形象”的分析探讨，延伸出各自领域对于“中国形象”的观点和理论，并且在总体上形成一个分门别类而又彼此联通的“中国形象”研究学术体系。介入“中国形象”研究中的专家学者如此之多，而且往往来自各不相同的研究领域，几乎涵盖人类现代学术研究的绝大部分门类，其中多数具有跨学科的学术背景。尽管如此，从人类科学体系的学科分野来看，所有的“中国形象”研究都从属于人文和社会两大学科体系的统辖之下，又以人文学科的研究占多数，而社会学科的研究则于近年快速兴起。

首先，人文学科下的“中国形象”研究。

人文学科体系下的学术研究，以“人的社会存在”为对象，通常注重历史研究与哲学分析。在“中国形象”的研究方面，主要包括历史、文学、艺术、哲学、宗教等领域下（或者交叉领域内）的“中国形象”。国外对于“中国形象”的论述由来已久，甚至专注于“中国形象”的研究学科也早已自立。形象的认知活动，起始于接触与交流。因此，国外对“中国”的认知从中外最初的相遇就已经开始。随着彼此接触的频繁、深入，相关的认知开始逐渐积累并形成体系，进而以语言文字或艺术作品等形式产生了对“中国形象”的叙事和论述。作为一个“社会体系”（物质生产和生产方式）、“文明”和“思想体系”的代表，“中国”成为商人、传教士以及哲人进行叙事和论述的重要内容。这些叙事和论述本身，是国外早期对于“中国形象”的认知和探索，同时也是后来对于

“中国形象”展开研究的资料文本和前提基础。

直到19世纪初，作为以“中国”为关注对象的研究，汉学（Sinology）正式成为一门学科。与前汉学时代的“中国”论述相比，汉学的最大特点在于：其认知视野中的“中国”与现实世界，或者说中国的社会活动、发展变化，并无直接关联。汉学家们以中国的语言、文学、哲学、社会为研究对象，但是他们的关注点却聚焦在历史维度中的“中国”。汉学研究实际指向的是古代中国，或者说是纯粹文本中的中国、哲学理论框架中的中国。在这一学科体系下，大量的研究著述深入地分析探讨中国诸子先哲的思想体系、制度设想、文化理念以及古代文化艺术领域的流派与作品，诸如此类。由此出发，汉学发展为一套以“作为一种知识而存在的‘中国’”为核心理念的汉学主义思想体系和研究范式。“中国”被远离现实地“闲置”或“封闭”起来，彻底孤寂成一门深奥冷僻的纯粹学术。汉学作为关于“一种已经死去的文明”的知识，将对中国的认知简化为一个停滞在历史中、没有现实性的概念。

进入20世纪，随着世界权力体系的改变，学术与思想的中心也由欧洲转向美国。原本以欧洲为中心基点的汉学研究步向式微，逐渐由美国为中坚力量的中国研究（China Studies）所取代。与汉学相类，中国研究的关注核心也是中国，两者区别在于：中国研究强调其研究对象是一个变化的、现实的国家，是当代中国。在中国研究的学科体系下，学者开始注重经验实证的研究方法，趋向以社会现象和文化问题为分析探讨的对象。尽管，与汉学相比，中国研究跳出了“停滞、静止的中国”的认知窠臼，却从反方向割裂了古代中国与当代中国的文明延续性，将当代中国作为一个脱离了古代中国背景的客观对象，另起炉灶进行全新的观察和分析。中国研究的学术体系，实际上归流于意识形态为核心的思想体系，建立在“冲击—反应模式”之上，将“中国”视为在西方“革命”冲击下产生的“当代中国”——不仅是不同于“汉学中国”的另一个中国，而且是“西方现代化”体系下的中国。正如其代表学者费正清所指出，中国研究对中国的认知“或者是一厢情愿、主观主义、感情用事，或者干脆就是一无所知”，不过是不同版本的“我们的中国传说”。①

在对这两者进行批判研究的基础上，形成了第三种“中国形象”研究框

① 费正清是“中国研究”的代表学者，在专著《美国与中国》1948年版中，他将美国对中国形象的认知（中国观）分为“离奇的、理想化的、幻灭的或社会学的”四种类型，统称为“我们的中国传说”。John King Fairbank：The United States and China. Massachusetts：Harvard University Press，1948，PP. 310～312.

架——以萨义德为代表的东方学，即：东方并非一种自然的存在，它所体现的是“西方一部分人希望东方所呈现的样貌，而不是东方的真实面目”①。严格说来，东方学并非是以中国形象为研究内容的学术理论，而是就“西方的中国形象叙事”为对象的批判文化研究，关涉的是“西方”表述“东方”的理论与实践。或者说，东方学不是对中国的认知，而是就西方对中国的认知所产生的认知，是前述两种“中国形象”研究的更进一步。尽管东方学并不真正属于“中国形象”的研究体系，但是它却为中国形象的研究提供了一个批判性的理论视角。

前述两种中国形象认知的主要研究路径——汉学与中国研究，虽然都曾经历在世界学术体系中的高潮与低落，以及来自东方学等理论研究的批判质疑，但来自其理论框架与学术理念的影响一直绵延至今。现时国外学界对中国的研究考察往往仍然难以完全脱离汉学式的古代中国研究视野或中国研究式的西方中国理论框架。更为重要的是，不论是早期国外认知中国的叙事论述，还是汉学/中国研究的理论框架，都在学术交流的语境中再次回流到中国，一方面成为国内人文学科下“中国形象”研究的资料文本和主体内容，另一方面对国内相关领域的学术研究和思想体系产生了极大的影响。

而国内学界在人文学科下对“中国形象”的研究，主要包括文学原型研究、思想史研究和文化研究等。不同方向的研究，又在总体上互相影响、融会贯通，构成国内学界的“中国形象”研究人文学科体系——以对国外文学艺术及其他文本中“中国形象”的叙事解读为核心基础，探讨“中国形象”在异域国家的思想史、文化史中的变迁与一致以及“中国形象”在异域国家的思想文化历史流变中所具有的作用。

其次，社会学科视野下的“中国形象”研究。

与自然学科相对，社会学科以“人类社会的各种现象”为研究对象，在方法上突出实证研究和定量分析的使用。在社会学科体系中，“中国形象”作为一个跨学科概念，广泛地进入不同领域的研究视野。一方面，对“中国形象”的探讨分析涵括了对不同社会学科领域的考量，作为考察“中国形象”的各个衡量维度；另一方面，在不同社会学科领域的研究中，“中国形象”作为一个切入视角或者研究问题，已经成为各领域学者的重点关切。

作为一个理论概念，对“中国形象”的本体研究已经在社会学科中展开。在国内学界的研究论述中，“中国形象”是他国的个人、组织及政府对中国的综

---

① ［英］齐亚乌丁·萨达尔，马雪峰，苏敏译：《东方主义》，长春：吉林人民出版社，2005年，中文导言。

合评价和总体印象，包括物质、制度和精神三个层次。[①] 在具体考察“中国形象”的构成时，则进一步划分为政治、经济、军事、外交、文化、环境、社会、教育、科技、体育、国民等要素。[②] 其中，每个要素都与社会学科的研究领域相对应，在对“中国形象”进行深入探讨、具体分析时，必然要引入各个领域的理论框架和研究方法，并且在适当的体系下展开交叉研究。与此同时，不同的社会学科领域也都已经开始以“中国形象”作为问题入口的研究，从各自的学科框架中探寻“中国形象”的构成、意义与作用。1. 政治经济学：一个国家的存在方式，主要是基于一个以政治、经济为核心的制度体系。同时，政治经济制度体系也是决定一个国家的性质、地位和权力的核心要素。在政治经济学的“中国形象”视角下，中国的政治经济制度不仅关乎国内的状况与发展，更涉及中国在世界政治经济体系中的位置与状态，进而形成“软实力”的概念和理论。2. 国际关系学与外交学：当“中国形象”将中国置于世界体系之中，必然牵涉中国与其他国家之间的交流互动，也就自然进入了国际关系学和外交学的研究视野。在国际关系学和外交学的关涉中，“中国形象”首先是中国与他国之间国际关系的一个衡量维度，同时也是外交战略的一个考量维度，其次又是影响中外国际关系和外交战略的变量因素。在国际关系学和外交学的“中国形象”研究，形成公共外交理论和战略的基础。3. 新闻传播学：在国际社会中，国家间的交往和互动在很大程度上处于大众传播的过程中。尤其在信息技术的推动之下，对于一个国家的形象认知往往是在大众媒介的参与下，以大众媒介为信息中介来实现。“中国形象”成为新闻传播学研究的题中必有之义，其中尤以国际新闻学和跨文化传播学为重。相关的研究论述，成为制定对外传播战略、分析世界传播体系的重要理论。4. 其他社会学科领域：包括社会学、心理学、语言学等在内的其他多门社会学科领域，也在积极探讨“中国形象”问题在本领域内的研究导向。

综上所述，人文、社会两大学科下的“中国形象”研究各有侧重，但是两者又是有机相连不可分割的。人文学科下的“中国形象”研究偏重于历史和哲学层面的分析，探讨异域国家在中国形象认知中的“无意识”；社会学科则注重案例和现象的分析，探讨异域国家在中国形象认知中的“有形体”。从历时的角度来看，“无意识”是基于长期的、持续的、共性的“有形体”而形成；在共时

① 刘继南：《大众传播和国际关系》，北京：北京广播学院出版社，1999 年，第 25 页。

② 刘继南，何辉：《中国形象：中国国家形象的国际传播现状与对策》，北京：中国传媒大学出版社，2006 年，第 10 页。

的层面，“有形体”中暗含着“无意识”的因子，又体现着“无意识”在现实语境中的形态。

然而，展开来看这样一幅“中国形象”的研究体系，无论是人文学科还是社会学科的研究视域中，始终存在着一种“西方中心”的失衡现象。这一方面体现在西方国家在“中国形象”以及相关研究领域中具有的话语霸权；更重要的是，国内学界的“中国形象”研究也长期处于唯西方为中心和重点的误区。

西方在“中国形象”研究中的话语霸权，是一个具有学术源流和历史衍变的动态过程和权力结构。关于中国的叙事论述，并不是从西方开始，也不是西方所独有，但是关于中国的叙事解读却是由西方最早完成并形成体系。基于资本主义经济的发展，西方最早开始了现代化进程，并且在这个过程中建立起了现代的世界观念秩序，包含着知识体系与价值立场两个层次的内容——古代与现代、东方与西方的二元对立，形成具有权威意义的知识体系；以进步与发展、自由与民主、理性与文明为核心的价值立场。在这个世界观念体系中，西方将“中国”为代表的东方置于自身的对立面，构成彼此对立的二元以确认西方自身的现代性。于是，“中国”作为一个古代的、东方的国家，成为进步发展、自由民主、理性文明的对立面。从而，形成了现代世界观念秩序中对中国形象认知和评价的核心理念体系。

以西方的现代化为始，世界各国在不同阶段开始各自的现代化进程。对于非西方国家来说，这个过程在很大程度上意味着进入西方已经划定好的世界格局中，进而开始一个“自我东方化—去东方化—彼此东方化”的寻求自我认同的过程。在这个基础上，非西方国家对中国形象的认知，始终处于西方的“中国形象”理论框架体系的阴影之中，甚至极有可能成为西方“中国形象”的折射。这一方面是由于非西方国家在表述“中国形象”时缺乏知识与价值的自我奠基①，而另一方面则是因为西方现代性观念体系本身具有覆盖性与宰制力量②。正如萨义德所指出，东方主义文化批判的意义，不仅在于揭示东方学的学术谱系、质疑其学科假设，更重要的是“理解西方文化话语力量……显示文化霸权所具有的令人生畏的结构，以及特别是对前殖民地民族而言，将这一结构运用在他们或其他民族身上的危险和诱惑”③。

---

① 周宁：《跨文化研究：以中国形象为方法》，北京：商务印书馆，2011 年，第 13 页。
② 周宁：《跨文化研究：以中国形象为方法》，北京：商务印书馆，2011 年，第 10 页。
③ ［美］爱德华·W. 萨义德，王宇根译：《东方学》，北京：三联书店，2007 年，第 33 页。

因而，西方的话语霸权成为“中国形象”研究中不可回避的问题。对于西方的中国形象话语的研究，围绕着：1. 作为知识与想象体系，西方的中国形象如何生成；2. 作为叙事话语与意义建构，西方的中国形象如何呈现与传播；3. 作为宰制力量与话语权力，西方的中国形象如何形塑其他国家对中国形象的认知；4. 更进一步，西方的中国形象能否以及如何影响中国的自觉与认同。以上四个问题，长期占据着国内学界中国形象研究的主流地位。无论是文学、文化等人文学科的研究，抑或各个社会学科领域的探讨，都是以西方的中国形象为核心主体，在历史/现实、框架/语义、文本/权力等不同层面渐次展开并逐步深入。这样一个建立在西方的中国形象审视之上的中国自我认知，表面上是在认知中国自身的形象，实际上却是在认知西方话语体系为中国描绘的形象角色。原本出于“自觉与认同”的中国形象研究，反而沦为中国自我东方化的困牢。

建立一个面向世界的中国形象研究体系，正是打开这一困顿局面的破子。周宁教授在专著《跨文化研究：以中国形象为方法》中，提出了开展世界的中国形象研究具有“发掘中国形象在全球化时代的多元意义维面与多元意义语境”的重要性。他认为，现代中国的自我认同需要在与多向他者的意象性关联中完成，只有如此方能从中获得不同的身份。“如果说西方的中国形象是一面镜子，那么，世界不同国家地区文化圈中的中国形象则是一个多棱镜。在多棱镜中认同现代中国的自我身份，既是一种建构过程，也是一种解构过程。建构是发现现代中国自我的意义的丰富性，解构则从意义的差异矛盾与比较批判中觉醒到镜像认同的虚幻性与异化过程。”①

可以看到，近年来已经有不少学者开始尝试突破“西方中心”的中国形象研究格局，出现了一些以非西方国家为对象的中国形象研究论著，可以概括为以下几种类型：其一，以俄罗斯、日本、印度等利益攸关的周边邻国的中国形象；其二，以东南亚各国为主的华侨国家的中国形象；其三，其他国家、地区的中国形象。第一类国家都与中国有相邻边界，具有较长的历史接触，同时在政治经济领域也有竞争博弈和合作依赖的两重性关系，在对中国的形象认知上各有其偏重和特色，在研究上不能一概而论。由于这些国家对于中国都具有重要的战略意义，同时基于长期积累和紧密交流，对于它们所认知的中国形象，相关研究论述也有不少，可以说仅次于对西方国家的研究；第二类国家与中国之间，在历史上

① 周宁：《跨文化研究：以中国形象为方法》，北京：商务印书馆，2011 年，第 7 页。

不仅有紧密交往也有冷漠互斥的时期，文化和族裔上的相近性、经济上的紧密性、地缘上的接近性等特点，使它们与中国密不可分，然而也有排华情绪、领土争端等离异因素。总体上看，东南亚各国在对中国的形象认知上彼此差异不大，同时基于东盟等区域一体化组织，对于它们的中国形象认知可以实现整体论述。这方面的研究，正在随着中国与东盟自由贸易合作的推进而逐步展开。

最后一类可以统归为其他国家、地区，主要包括在地理和文化上与中国相距较远，历史上接触有限、交流甚少，囿于语言限制而长期处于相关研究边缘地位的国家。目前已有的研究成果，可见于阿拉伯世界和非洲国家。对于阿拉伯国家的中国形象研究，相关著述不甚丰富，目前仅有一本专著以及数篇论文。① 与此类似，对于非洲国家/地区的中国形象的研究也不是很多，同样是一本专著、数篇论文的程度。② 区别在于，由于中非合作论坛及近年来“走出去”战略的推动，非洲国家所认知的中国形象经常成为媒体报道的关注重点。需要说明的是，两本专著都出自厦门大学周宁教授主编的《世界的中国形象丛书》。由此反观，拉美已经成为中国形象研究的世界版图中唯一遗落的部分。尽管对阿拉伯世界及非洲国家的研究也是成果有限，在分析探讨的深度和质量上“未能尽如人意”③，但是毕竟已经有了一个起点。在本文前面文献综述的部分，已经提到在“拉美媒体的中国形象”方面的零星研究和部分观点，其中尤以美国学者阿里尔·阿莫尼的《遥远的视角：哥伦比亚如何看待中国》一文初具体系，在此不复赘述。

综合以上对中国形象研究在学科分野和研究体系两个维度展开的论述，可以描绘出这样一条中国形象研究在理论上衍化嬗进的路径——

早期的中国叙事论述，只是散见于商人、传教士、哲学家的游记、故事和译

---

① 李荣建：《阿拉伯的中国形象》，北京：人民出版社，2011 年；袁萍：《中国在中东的国家形象塑造》，《长安学刊》（哲学社会科学版），2011（3）：第 71 ~ 73 页；陈杰，绽戾燕：《阿拉伯媒体中的中国形象分析》，《阿拉伯世界研究》，2011（5）：第 54 ~ 61 页；何明星：《当代埃及青年如何认识中国——中国形象在阿拉伯世界的传播调查》，《传媒》，2011（6）：第 66 ~ 69 页；张宏，刘欣路：《经贸因素与中国在阿拉伯世界的国家形象》，《阿拉伯世界研究》，2012（2）：第 77 ~ 85 页。

② 胡锦山：《非洲的中国形象》，北京：人民出版社，2011 年；王现江：《中国在非洲的国家形象：现状、问题与构建》【硕士学位论文】，武汉：华中师范大学，2011 年；胡锦山：《中国在非洲形象的变迁与优化》，《对外传播》，2011（8）：第 49 ~ 50 页；李安山：《为中国正名：中国的非洲战略与国家形象》，《世界经济与政治》，2008（4）：第 7 ~ 15 页；倪建平：《国家形象塑造和中国对非洲政策：和谐文化传播的视角》，上海市社会科学界第五届学术年会文集（2007 年度）（世界经济，国际政治，国际关系学科卷）；肖丽丽：《中国国家形象在非洲面临的挑战及舆论应对》，《对外传播》，2011（8）：第 47 ~ 48 页。

③ 《世界的中国形象丛书》主编周宁教授在访谈中表示，对这两个地区的研究成果尚属浅薄，仍待进一步深化，总体“不尽如人意”。

著中的文本话语，并未形成真正意义上的中国形象研究。在现代性自我确认的过程中，西方建立起了对中国形象的研究体系，包括以二元对立为核心的知识体系和价值观念，并在此基础上形成了以汉学和中国研究为核心的主题范式。此间，对中国形象的研究，经历了从比较研究向跨文化研究的演进，理论视角由影响研究转向平行研究。随着解构主义思潮和后殖民主义理论的兴起，以文化批判形式出现的东方学，迅速成为道破汉学/中国研究的权力话语身份的解构力量，揭示出东方主义的中国形象背后隐藏着西方中心的世界现代性规划。萨义德指戳出东方主义这一话语霸权的危险性，却并没有提出超越这一话语的可能途径。

超越东方主义的途径，不是探寻异同的比较研究，亦非谋求共通的跨文化研究。要脱离东方主义的话语体系，必须打破其立身于上的二元对立的思维模式。周宁教授认为，超越东方主义的真正出路是倡导一种全球意识的、超越文化的文化间性伦理。① 从而，推进中国形象研究向着全球化研究的再次演进：实现从影响研究、平行研究深入到文化间性的研究视角。基于文化间性的合理秩序，应该是一种“我与你”的“对话”：我中有你，你中有我，“‘他者’在我之中不会感到被视为异己，我在他者之中也不会感到被视为异己”②。

四、重构“中国形象”

不论作为舆论议题或是研究问题的“中国形象”，总是沿着默认的模式指向他国或异域的认知主体，似乎“中国形象”自然地就具有这样一种“跨国界/跨文化”的属性，而结论则往往导向真实/歪曲、友好/敌对的价值评价与倾向判断。根据前文对“形象”及“中国形象”的概念界定，已经可以知道中国形象本身并没有一个客观的实在本体可以作为进行评价判断的前提标准。因而，对“中国形象”的所有探讨和研究，都在本质上归结为“他”对于“我”的看法（认知和评价），“他”与“我”相对作为彼此的参照。对于“他国/异域认知的中国形象”的关照，起始于自我认知而又回归至自我认知，同时两者之间存在着差别。这一点正是雷默在《淡色中国》中所阐释的观点，“中国对自我形象的认识与其他国家对中国的看法大相径庭。”③ 问题在于，与他者认知的中国形象形

---

① 周宁：《世界之中国：域外中国形象研究》，南京：南京大学出版社，2007 年，第 9 页。

② ［印］雷蒙·潘尼卡，王志成，思竹译：《宗教内对话》，北京：宗教文化出版社，2001 年，第 11 页。

③ ［美］乔舒亚·库珀·雷默，沈晓雷译：《中国形象——外国学者眼里的中国》，北京：社会科学文献出版社，2008 年，第 8 页。

成对照的自我认知，究竟是实际认知（cognition）还是期望图景（expectation）？或者说，他者认知的中国形象未能符合的是“我们”眼中看到的实际的中国，还是“我们”心中期望被“他们”看到的中国？

“认知”还是“期望”？

同样作为对中国形象的自我认知，实际认知与期望图景两者间有所关联，并且会在很大程度上重叠一致，然而两者之间又存在着明显的差别。首先，实际认知的意义方向是指向内部的，“我”看向“自我”的视角在很大程度上是一种自省，除了对于积极面的肯定也同时注重对消极面的审视。可以说，实际认知的眼光，属于全景性、批判性的方式方法。与此不同，期望图景则关涉到“他者”在自我认知过程中的角色，意义由内转而向外。在这个层面中，中国形象很大程度上与声誉、品牌等具有主观建构意义的概念联系在一起，从而呈现出“凸显正面”与“淡化/销隐负面”的倾向性、建构性。因此，中国对他国/异域主体所认知的中国形象产生的诸多批评与失望，主要来自于“他们的认知”与“我们的期望”之间的落差。

基于以上，中国形象的自我认知可以划分为实际认知与期望图景两个彼此关联、互有重叠的向度。其中，实际认知指向自我认知的负向限（低估值），期望图景则趋于正向限（高估值）。对于不同领域（考察维度）的自我认知，则分处于正负向限之间的区域，具体偏向随着主体不同并且因时因事而异。例如：对于经济领域的认知，相对偏向于正向，以积极认知为主；对于政治领域的认知，涉及腐败问题可能就倾于负向，而外交事务可能又会回归正向，等等（见图2－3）。

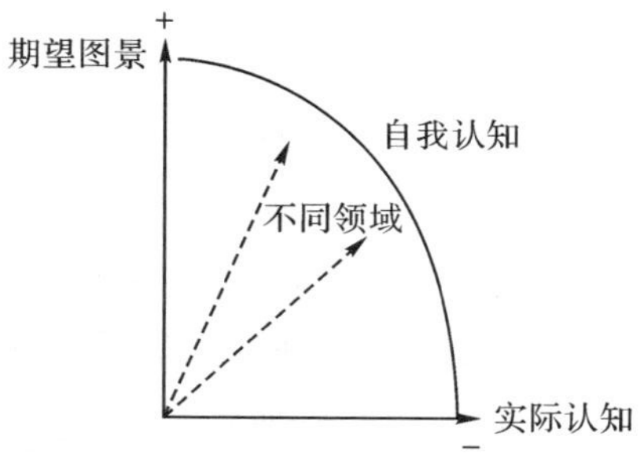

图2－3　自我认知的两向维度

从考察内容来看，期望图景不仅指向心理层面的所知所感，更重要的是体现为一种主观的意义表述。因此，对它的分析研究，既可以是建立在心理学、社会学基础上的经验性调查，也可以是基于话语文本的范式性研究，或者是两者乃至多种研究方法的综合。本节拟以不同主体层面的中国形象自我认知为分析文本，尝试探讨中国形象自我认知的总体特征，以作为判断拉美媒体中国形象的本体参照。需要特别提出的是，这里对“自我认知”的考察主要指向作为“意义表述”的期望图景的分析探讨。

不同主体层面的自我认知

对于中国形象自我认知的考察，在期望图景的概念基础上具体落实到以自我表述形式呈现的叙事话语。然而，这一研究面临的最大问题就是相关叙事话语的庞杂繁复、不成体系，因而必须寻找一条合适的路径，将庞杂而无序的叙事话语分解开来，进而展开有序的分析研究。对于中国形象的自我表述，呈现为一组貌似无所不包的叙事话语，其最大的特点在于表述主体的多元性，是一个集体建构的过程。在这个过程中，参与到中国自我表述中的主体可以大致划分为以下四类：政府、学术、社会和媒体——

首先，政府层面的自我表述。

中国形象的自我表述，是以国家为形象主体的叙事话语，政府自然成为其中首要的表述主体。政府与一个国家的形象之间具有天然的属性联系，一方面体现为政府的言行在中国形象中的投射作用，另一方面则体现在政府在中国形象的自我表述中担负的主导作用。在这个过程中，政府的中国形象表述包含了两层内容：一是对于中国自身的阐释，可以称为政府的“中国观”，表述中国的现实；二是对于国际议题的阐释，可以称为政府的“世界观”，表述中国的立场。二者共同构成中国政府面向国际所表述的中国形象，同时也构成他国/异域认知中国形象过程中参考的与政府有关的主要议题。

从长期的宏观战略角度来看，政府的中国形象表述秉承邓小平设定的基调。在南行讲话中，邓小平集中阐释了如何认知中国自身、中国与世界关系两个层面的思想，构成了以“和平发展”“开放包容”“科技法治”为核心要义的中国形象表述体系。邓小平认为，和平与发展是中国形象的首要内容，他指出“现在树立我们是一个和平力量、制约战争力量的形象十分重要”[①]，“我们搞的是有中国特色的社会主义，是不断发展社会生产力的社会主义”[②]。他还主张，中国要树立一个开放包容的形象，“必须大胆吸收和借鉴人类社会创造的一切文明成果，吸收和借鉴当今世界各国包括资本主义发达国家的一切反映现代社会化生产规律的先进经营方式、管理方法”。[③] 在此基础上，他还强调对科技发展和法治建设

---

① 邓小平：《邓小平文选》（第3卷），北京：人民出版社，1993年，第128页。
② 邓小平：《邓小平文选》（第3卷），北京：人民出版社，1993年，第328页。
③ 邓小平：《邓小平文选》（第3卷），北京：人民出版社，1993年，第373页。

的重视，必须在国家政策和对外交往中贯彻推进。塑造和平发展和开放包容的中国形象，树立科技强国和法治国家的中国形象，是邓小平对中国形象的整体设计①。邓小平对中国形象的整体设计，不仅是改革开放伊始中国面向世界的形象定位，也是中国政府秉持至今的自我表述的总体方针。

在现实的宏观战略角度，政府的中国形象表述主要体现在不同级别领导人，尤其是党政最高领导层的相关理论观点表述中。本文展开研究的时期内，以胡锦涛、温家宝为主的领导集体对中国形象的表述，主要体现在“科学发展”为核心的中国观和“负责任大国”为基调的世界观两个方面。科学发展观的核心在于，“把握发展规律、创新发展理念、转变发展方式、破解发展难题，在总结发展实践、借鉴国外发展经验、适应新世纪新阶段发展一系列新的阶段性特征基础上”②，对中国的发展方式、发展路径进行系统的表述，进而在发展的基础上进一步提出中华文明的复兴。与此同时，在表述中国与世界的关系方面，胡锦涛指出：“人类的发展进步，民族的繁荣富强，应该也只有通过和平发展道路才能实现”，中国“既充分利用世界和平发展带来的机遇发展自己，又以自身的发展更好地维护世界和平、促进共同发展”③，并且“以更加积极的姿态参与国际事务，发挥负责任大国作用，共同应对全球性挑战”④。其中，源自中国传统文化的“和谐理念”，是贯穿两者的思想主线，构成对内建设和谐社会、对外维护和谐世界的中国形象关键词。

近几年来，随着理论研究的不断深入，领导人对中国形象的认识也进一步丰富，并通过多次公开讲话系统阐述了中国形象的表述体系。2013 年 12 月 30 日，习近平发表讲话首次从战略高度明晰了中国形象的独特内涵，“塑造我国的国家形象，重点展示中国历史底蕴深厚、各民族多元一体、文化多样和谐的文明大国形象，政治清明、经济发展、文化繁荣、社会稳定、人民团结、山河秀美的东方大国形象，坚持和平发展、促进共同发展、维护国际公平正义、为人类做出贡献的负责任大国形象，对外更加开放、更加具有亲和力、充满希望、充满活力的社会主义大国形象。”在此基础上，文明大国、东方大国、负责任大国和社会主义大国，构成了当前中国政府自我表述中国形象的核心话语。

---

① 陈丽：《中国国家形象的塑造：南方讲话的当代启示》，《宁夏党校学报》，2012 - 14（4）：第 14 页。

② 施芝鸿：《憧憬与奋斗：关于新中国的国家形象》，《人民日报》2009 - 7 - 16（7）。

③ 施芝鸿：《憧憬与奋斗：关于新中国的国家形象》，《人民日报》2009 - 7 - 16（7）。

④ 胡锦涛十八大报告，引自“发挥负责任大国作用，积极参与多边事务”，《长江日报》，2012 - 11 - 9（6）。

除了在宏观战略上对中国形象进行系统性的表述，更重要的是政府在微观层面制定的具体政策，以及在此基础上展开的表述实践。在这方面，最为突出的实例就是中国国家形象宣传片的策划推出。国务院新闻办是担负表述中国形象职能的专门政府部门，“通过指导协调媒体对外报道，召开新闻发布会，提供书籍资料及影视制品等方式对外介绍中国”①。除此之外，国新办还通过举办文艺活动、会议论坛等方式推动中外交流，践行中国形象的表述活动，比如已经成为中外交流知名品牌的“感知中国”主题活动。2010 年，国新办启动了中国国家形象宣传片的计划，成为中国政府开启国家公关的标志性事件。国家形象宣传片包括“人物篇”和“角度篇”两个不同版本：“人物篇”是一段时长 60 秒的短片，由 59 位来自不同领域的人物出镜，展示“中国人”的概念；“角度篇”则是一部时长近 17 分钟的纪录短片，内容以采自全国各地的风物人情为主，传达古老的中华文化、讲述中国人的生活场景。后者主要作为中国驻外使领馆及各种重要外宣活动的展映资料，是典型的行政性创作。与此相对，“人物篇”的整个策划制作和播出推广，更加凸显“国家公关”的意义。自 2011 年 1 月 17 日至 2 月 14 日，该片在美国纽约的时代广场公开播放。在操作上，这是一次完全按照公关理念及市场规则运作的商业行为。然而，不论是前期的策划投入，还是具体播出推广的时机地点选择，都是以政府为核心主导的国家意志行为，属于典型的政府对中国形象的策划性、组织性表述。另外，近几年间，习近平主席和李克强总理每每在出访外国或者其他进行外事活动之前，都会选择在当地主流媒体上发表署名文章，从历史、现实、经济到文化等多个层面阐述中国与相关国的关系，让目的国民众更为直观地看到中国领导人的观点表述。从操作层面来说，这些同样不失为按照国家公关规律行事的具体呈现。

其次，学术层面的自我表述。

学术层面是一个极其笼统而复杂的框架体系，因为不同研究领域的专家学者对于中国形象都有各自的认知。反过来说，他们对自身领域的研究探讨，也在总体上构成了中国形象的不同层次侧面。从主体属性的角度来看，这又是一个不固定的体系——学术层面的中国形象认知，既有可能受到权力结构的认可，从而进入政府话语体系并成为政府表述的一部分，甚至一个时期内的主体内容；也可能通过大众传播的媒介渠道，作为代表着理论研究的权威声音，成为引领媒体表述的主导内容，进而影响社会层面的认知和表述，作为一种“泛表述”而存在；

① 国务院新闻办网站：http：//www. scio. gov. cn/xwbjs/，2012－12－15。

还有可能仅仅作为一家之言，成为学术洪流中构成中国形象表述的一涓细流。

第一类学术表述的典型代表是郑必坚先生。20世纪90年代间，随着中国经济的飞速发展和国家实力的稳步增长，国外的政、商、学界进入相关讨论的高潮，对于“如何看待中国的发展”问题，提出了一系列各自的观点主张，其中包括统称为“中国机遇论”“中国威胁论”的话语体系。作为中国学界积极回应国际论争热潮的一次主动自我表述的尝试，时任中央党校副校长的郑必坚教授在2003年的博鳌亚洲论坛上首次正式提出了“和平崛起”的理念，并且在后续的研究中逐步建立起以“中国特色社会主义在新世纪的根本走向和中国和平崛起的发展道路”为核心的表述体系。他认为，中国在21世纪上半叶的和平崛起，有三个必然大趋势：首先，中国将继续集中一切力量谋求自身的发展；其次，中国将坚定不移地在独立自主的基础上，积极参与经济全球化；最后，中国的和平崛起将是在同世界文明相互交汇的进程中，实现中华文明在社会主义基础上的伟大复兴。①进而，基于“和平崛起”的理论概念，郑必坚阐释了中国在自身发展和面对世界两个方面的自我表述，并且在很长一段时期内成为中国形象自我表述的主流声音。

第二类学术表述通常具有更多的“问题意识”，以面向未来的远瞻视角，阐释当下中国的同时也探讨前景中国。这类学者往往著述丰富，而且大多对中国的改革发展具有参考性的影响和意义。此中人物例如知名政治学者俞可平，香港《镜报》将他视为“始终走在理论、现实问题最前沿的民主政治探路者”，是“一位看向中国政治未来的独特学者”。他主张从成功的经验和鉴戒的教训两个方面来探索中国道路/中国模式的体系内容。在相关著作中，俞可平以“当代中国政治的分析框架”表述了对当代中国政治的深入认知，同时提出“由于市场经济体制的引入和全球化浪潮的冲击，这种政治体制正面临着巨大的压力，它的模式维持能力、整合能力和适应能力正在经历严峻的考验”②，倡导以“善治”和“民主增量”为核心的中国政治改革发展路径。

第三类学术表述，可以引文化学者王岳川先生为例。在专著《文化战略》一书中，王岳川提出以“文化镜像”概念作为研究探讨中国形象的框架，他认为“中国形象绝不是孤立的，而是与世界普遍联系的，因此不仅要反对东方主义对中国的妖魔化，也要反对西方主义对西方的虚假想象”③，“只有在全球语境中

---

① 郑必坚：《中国的和平崛起有三大趋势》，《中国企业家》，2005（24）：第82页。

② 俞可平：《当代中国政治的分析框架》，《中国政治学年鉴2002》，北京：中国大百科全书出版社，2002年，第370～372页。

③ 王岳川，胡森森：《文化战略》，上海：复旦大学出版社，2010年，第247页。

切实地从事自身文化身份的重新书写，才有可能使新世纪中国形象重现历史的辉煌”①。他主张从对传统中国文化与当代“中国问题”研究两个方面阐释新世纪的中国形象，不单作为“一般的文化阐释问题，而是跨国语境中的‘中国形象’定位和呈现问题，同时也是中国自身形象不断完善、丰富、发展和创新的前提”②。在他看来，中国形象的文化意义应该是以“回归经典，创意经典，守正创新”为核心的“正大气象”，蕴含“天人合一、物我和谐、美善共存的大雅之声”。③

最后，学术层面的中国形象表述中还有一个特殊的现象，可以称为“引进式”学术表述——本来属于来自外部的他者认知，然而在国外学者的表述过程中，相关观点理论获得了国内的认可，经过引进、发展和融汇，逐渐成为国内自我认知的一个有机组成部分。这样的学术认知，往往包括来自郑永年等身在海外的华人学者的中国形象表述，同时也包括来自雷默等国外“中国问题专家”的中国形象表述。一方面，此类学者通常从事与中国相关领域的研究，对中国非常了解，因而可以提出较为切实的理论观点来表述中国。同时，在与国内学界交流的过程中，他们可以带来另辟蹊径的“第三只眼”观点，为国内的自我认知拓宽视野。另一方面，对于这些学者来说，他们在中国的知名度极有可能远高于世界其他地方，或者说他们的知名度是由于对中国的研究而确立，比如因《龙的礼物：中国在非洲的真实故事》④一书而声名鹊起的美国学者黛博拉·布罗迪加姆。在书中，她以“第三只眼”的视角研究中国与非洲之间的关系，既分析了中国为非洲带来的财富和机会，也探讨了中国面临的挑战和风险。在众多以“中国”为主题的研究著述中，这本书并没有在国际上引起太多关注，但是却在中国成为近年间研究中非关系和中国形象的重要文献资料，进而带动学者本人晋升为相关领域的明星专家。

再次，社会层面的自我表述。

社会层面的中国形象自我表述，实际上指向国内普通民众。他们对于中国形象的自我表述，具有较为突出的特点。一方面，在核心理念上，社会层面的中国形象表述具有相对的恒定性、单一性。长期以来，社会层面对于中国形象的整体表述一直围绕“历史悠久的华夏文明”“勤劳勇敢的中国人民”等标签式话语为主。时间上趋于恒定，内容上趋于单一。然而，社会层面的中国形象表述也不是

---

① 王岳川，胡森森：《文化战略》，上海：复旦大学出版社，2010 年，第 249 页。

② 王岳川，胡森森：《文化战略》，上海：复旦大学出版社，2010 年，第 248 页。

③ 王岳川，胡森森：《文化战略》，上海：复旦大学出版社，2010 年，第 27 页。

④ ［美］黛博拉·布罗迪加姆，沈晓雷，高明秀译：《龙的礼物：中国在非洲的真实故事》，北京：社会科学文献出版社，2012 年。

绝对恒定、一成不变的，尤其是在国家社会处于变动期的时候，表述的内容和性质都会呈现逐渐衍进的变化。另一方面，在具体表述上，社会层面的中国形象表述又呈现出不稳定性，容易受到影响。社会层面对中国的认知和表述，往往会跟从来自政府表述、学术表述和媒体表述的导向，在议题和观点方面都会趋同于另外三个层面的表述。同时，社会层面的中国形象表述也会受到来自外部表述的正向推动和负向反弹——在国际认知以正面肯定为主时，社会层面的中国形象表述也会显露出更多的自信和积极，而在相反情况下则可能会因反弹作用而呈现为情绪化的激烈表述。类似情况在近年的中外交流碰撞中较为常见，尤以 2008 年的“3. 14”后续报道及美国有线新闻网（CNN）主播辱华言论事件引发的国际媒体批判浪潮为典型案例。

对社会层面的中国形象自我表述，无法与其他层面采用相同的研究方式，因为社会层面的自我表述不是以文本话语形式呈现，没有可供作为研究对象的集中成体系的内容。因此，对于此类表述的研究，需要引入经验性社会研究方法，采用调查问卷的形式获取相关信息。在《淡色中国》一文中，雷默引用了来自杨·罗必凯资产评估机构（BAV）的专业研究资料数据。在对比 1997 年与 2005 年两次调查结果的基础上，说明国人对中国形象的自我表述所发生的改变。

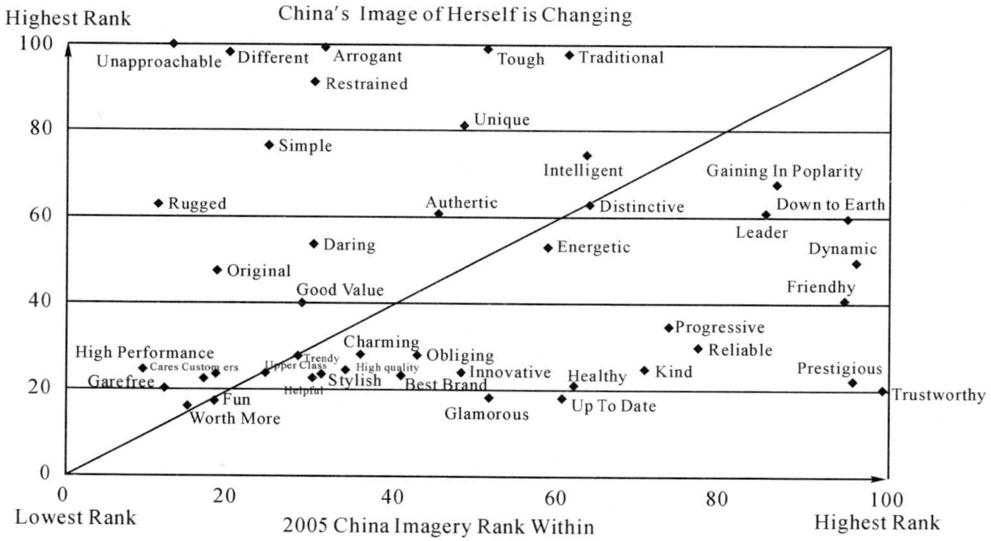

图 2－4　社会自我表述的衍变①

① 图表及相关调查转引自：Joshua Cooper Ramo：Brand China. P19.

在 1997 年与 2005 年分别进行的两次调查中，几千名受访的中国人都来自中国最有影响力的城市。在自填问卷式调查中，受访者被问及的问题是：下面哪些形容词更符合中国的特征？调查者让受访者给每个词语打分，从 1 到 100 分，100 表示最贴切地反映了国家特征。1997 年的调查结果显示，中国人觉得诸如“傲慢自大”“难以亲近”“与众不同”“顽固刻板”这些词语最符合中国精神的本质；而到了 2005 年，经过八年的深化改革，中国已经转变为一个“值得信赖”“充满活力”以及“亲切友好”的国家。

由此可见，经过多年的改革开放和飞速发展，中国民众对于中国形象的自我表述已经发生了非常明显的变化。由于近些年间国内各界对“中国形象”的广泛重视和频繁讨论，国人在中国形象的自我表述方面也经历了一个从无意识到有意识的过程，进而开始探讨积极主动提升自我表述的方法和技巧。在政府、学界的参与调动下，已经开始在社会层面形成一些具有统一性、规定性的核心理念作为自我表述的主体内容。2011 年，北京市宣布“爱国、创新、包容、厚德”八字为归纳总领的城市精神标语，以此作为表述北京市、北京人的中心议题和核心话语。这一精神是由政府倡导、学界起草，并且通过媒体广泛推广周知的，但在总体上，“八字精神”深得民众的理解和认同，一经发布便已成为社会层面进行自我表述的主要内容。

最后，媒体层面的自我表述。

与前面三个层面的自我表述相比，媒体层面是层次上最为丰富且内容上最为综合的一个。在表述的内容、结构和体系方面，媒体层面的自我表述都有不同于其他三者的特点：

其一，媒体层面的自我表述不是独立存在的，而是以前三者为内容。对于政府层面的自我表述来说，它主要通过媒体的传播报道实现功能表达。而且，基于政府在信息体系中具有的权威地位，其表述内容通常可以在极大程度上实现低耗损（甚至零耗损）的传递。对于学术层面的自我表述，虽然基本表述内容仍然由有关学者专家来主导，但很大程度上要受到媒体传播方式和技术手段的限制，经过媒体的议程设置、情节编排，有时在意义上容易出现损耗或变形。在和社会表述的关系方面，媒体表述所扮演的角色较为复杂。随着互联网技术推动的交互式信息传播兴起，这一特点愈发凸显。媒体表述的议题结构和内容导向极易引起社会的跟从，在社会表述的“参与—分化—集中”的基础上，媒体表述又进一步推动社会表述的发展变化。

其二，由于大众媒体的新闻报道是以来自全国各地、社会各界的事实和观点为内容，在很大程度上是以公共领域的形式出现——来自不同社会层面的主体可以发表自己对国家问题的看法和建议，对公共权威进行批判讨论，进而形成公共舆论的普遍开放领域。然而，媒体从来都不是一个单纯的信息传播载体或渠道，其本身也是一个积极的意义建构者。实际上，媒体层面的自我表述是基于前三者的表述内容，通过议程、话语等传播效应实现的一种再建构。一方面，媒体表述在政府、学术、社会三者之间建立起表述内容的沟通联系和互动影响；另一方面，媒体所表述的是一个经过整合、建构的全新的中国形象，与另外三个层面的表述紧密相关又不完全一致。

其三，在新闻报道实践中，媒体的关注范围几乎是包罗万象的整个人类社会和自然环境。中国形象本身也是一个集合体系，涵括认知主体对中国的政治、经济、文化、社会、环境等各个领域的感观和评价。同时，不同于其他层面，媒体的中国形象自我表述总是依托于新闻事实来呈现。相对于政府表述的纯话语性、学术表述的分领域性、社会层面的强主观性，媒体表述的内容和形式更加具有现实性和细节性，涵盖的意义也更加丰富全面。而且，在针对不同事实内容的传播报道中，媒体对中国形象的自我表述也会呈现出不同的侧重点和着眼点，但在整体的意义建构上则与前三者不相违背。

其四，基于新闻传播的定位与特点，中国媒体对中国形象的自我表述主要是面向国际认知主体的，是中国形象面向世界进行自我表述的窗口和发声器。目前，中国媒体对中国形象的自我表述主要由以新华通讯社、人民日报社、中央电视台、国际广播电台为主体的对外媒体承担。然而，由于世界新闻传播体系的不平衡，中国媒体在自我表述中长期处于弱势位置，国际社会对于中国形象的认知主要源自来自发达国家的主流强势媒体。近年在“走出去”战略的推动下，国内对外媒体开启了建设中国自有世界一流媒体的战略时期，努力尝试与国际传播体系接驳，以此来扩大中国形象自我表述的媒体声音。

与前述三者相比，媒体的自我表述还有一个特点，其内容的可感知性更强。媒体的自我表述主要体现在对外媒体的新闻报道中，内容不仅集中而且自成体系。对于媒体的中国形象自我表述，可以通过对相关对外媒体的新闻报道进行文本分析和框架研究等方式获悉。每年年初，各大媒体都会评选出过去一年中最为重要的国内、国际新闻，新华社也是如此。与国内新闻不同，评选出的国际新闻是媒体认为对于世界来说都具有最为重要意义的时事信息。换句话说，新华社每年评选的“十大国际新闻”中出现的中国相关报道，可以说是新华社认为世界都应关注的中国事件。比如说，2009 年至 2012 年 4 年间，新华社评选的年度十大国际新闻中都至少有一条中国报道，主要涉及外交、经济、政治等领域的议题（见表 2－1）。

表 2－1　新华社年度十大国际新闻之中国报道①

年度	新闻事件	议题领域	对比《时代》周刊
2009	中美关系新定位战略内涵丰富	外交	无
2010	中国东盟自贸区建成； 新兴国家全球经济地位上升	经济 经济	无
2011	中国经济总量跃居世界第二	经济	无
2012	中共十八大举世瞩目	政治	亚洲海洋领土争端； 社会主义领导层换届

综合以上，根据对中国形象在 4 个不同主体层次的自我表述进行分析探讨，可以得出中国形象自我认知在整体上的特征，主要有：

1. 历史文化为主的核心内容

在表述中国形象的过程中，国内主体倾向于以历史文化作为阐释中国、展现中国的核心内容。包括国学经典、国粹艺术、文物古迹、传统习俗等在内的历史文化内容，占据了自我表述的主要话语体系，同时也成为对外交流过程中的主要素材。

2. 宏大叙事为主的事件取向

从政府到媒体，中国形象的自我表述在四个层面中都呈现出倾向于“宏大叙事”的事件取向。各个层面的表述都普遍认为，奥运、世博、国庆大典之类的宏大叙事主题事件是表述中国形象的主要契机和优势平台，并在此基础上形成以“崛起”“复兴”为基调的表述风格。

3. 符号代表为主的概念取向

中国形象的自我表述有着这样一种具化形象的倾向，习惯于以具体的符号代表来作为表述中国形象的主要概念。从以往的龙、华表、司南，到近年间主要推崇的孔子、汉字、故宫长城、春节，等等，国内主体往往习惯于试图寻找一个或

① 相关信息来自新华网 www. xinhuanet. com，及美国《时代》周刊网站 www. time. com，2012－12－25。

一组符号代表来作为中国的代名。

4. 正面议题引领的宣传思维

在中国形象的自我表述中，不同层面的主体都倾向于正面、积极的建构性议题，对于负面、批判的信息予以回避、讳言。当然，这与形象表述的对外性质有直接关系。“家丑不外扬”是中国在思想文化、精神道德方面的共识性理念，在形象表述中就体现为一种宣传思维。同时，这也是中外媒体在表述中国过程中呈现内容反差巨大的原因之一。

5. 自我认同面临的困境难题

基于以上的分析探讨，可以看到中国形象在自我表述上的纷繁复杂与矛盾差异。首先，不同层面内部的表述，虽然在长期和整体上有一致和趋同的地方，但是在各个时期内又都存在论争和冲突；其次，在不同层次之间，这样的差异和矛盾就更加明显。尤其是社会层面，作为不稳定而易受影响的表述成分，时常会在变化和争论中陷入自我困惑的状态；再次，话语和行为之间的不一致甚至自相矛盾，也为中国形象的自我表述带来了曲折反复。

在这样一个差异矛盾普遍存在的情况下，凸显了中国形象自我表述难以形成自我认同的问题。自强的动机导致保守主义复活的同时，也出现了马克思主义、社会主义的新时代解读问题。实际上，所有的论争都想超越同一种束缚，超越停滞与进步、传统与现代、改革与延承的二元对立的两难境地，建立一种既非现代的又非传统的、既非东方的又非西方的现代中国的形象表述。

第三章

三种理论

近年来，在国内外的新闻传播研究中，以媒体报道为对象进行形象研究是一个热门课题，相关论述可谓已如汗牛充栋。在展开分析探讨的过程中，最常为人所用的理论框架，主要是围绕“把关人”概念建立的议程设置和框架理论。当然，也有一些研究尝试对其他领域相关理论的借鉴引用，如系统论。[①] 基于对本文研究对象和分析内容的考量，拟采用新闻叙事学理论以及媒介生态环境作为展开研究论述的基础框架。同时，在对拉美国家的媒介生态环境展开深入探讨的过程中，本文还将借鉴比较媒介体制的分析模式。

一、新闻叙事学

在新闻学的研究中，有两种最为常见的理论视角，即将新闻作为：1. 新近发生的事实信息；2. 对新近发生的事实信息的报道传播。与此相对应，传播学的两大学术分支对于传播的研究分别侧重于：1. 信息在传播者和接受者之间的传递，即如何实现编码和解码；2. 传播过程中意义的产生与交换，即意义的组织与建构。新闻传播的实质，就是事实信息通过媒体报道，实现意义由媒体到受众的传播。从意义的角度来看，新闻传播活动实际上就是，采用媒体的语言系统讲述、重构新近发生的事实信息。正如传播学者华尔特·费希尔所指出，“所有形式的人类理性的基础基本上都是叙述，因此，所有形式的信息传播都可以当作叙事来理解。”[②] 由此，新闻传播也是一种叙事行为，可以称为“新闻叙事”，而

---

① 注：中国传媒大学博士孟凡彬在其学位论文《德国传媒系统与中国负面形象》中，采用系统论作为理论框架，将德国的新闻媒体行业整体作为传媒系统，以此为前提展开相关论述。

② 转引自［美］斯蒂文·约翰：《传播理论》，北京：华夏出版社，1999 年。

新闻叙事活动所产生的信息文本便是“新闻话语”。

（一）新闻叙事学的发展框架

叙事学是一门起源于文学研究的学科，其思想方法来源于索绪尔的语言学，而理论体系则发展自结构主义。早期的经典叙事学聚焦于文学叙事研究，认为“文本之外，一无所有”，从而着重于叙事作品本身的构成因素以及各因素之间的关联。20 世纪，随着结构主义思潮式微，以解构主义为代表的多元思潮兴起，叙事学作为一种理论概念和研究方法获得了更为广泛的发展空间，并且逐渐发展为一门具有跨学科背景的研究方法，成其为后经典叙事学（也称新叙事学），其定义为“关于叙事、叙事文本、形象、奇观、事件以及讲述故事的文化制作品的理论”①，从而将叙事学的研究对象由文学叙事扩展到了涵盖一切“文化制作品”在内的广阔领域。

叙事学的发展也很快进入了新闻传播学的研究视野，很多学者开始将叙事学的理论概念和研究方法引入到新闻传播学的研究中，从叙事的角度分析新闻传播的性质特点和传播模式。其中最具影响力的是梵·迪克所著《作为话语的新闻》，该书在新闻叙事学的框架下，建立起一套研究新闻话语的文本分析的基础模式。作者认为，新闻叙事包括记者的新闻制作过程和读者的新闻理解过程两个有机相关的部分。在分析新闻话语结构的基础上，他还分别探讨了新闻制作和新闻理解这两者的过程、特点，并提出了新闻图式、语义宏观结构等概念。西方学界不仅将新闻叙事学的研究广泛应用到文本分析、案例研究、新闻批评等领域，还将叙事学的理论和方法扩展到互联网新闻传播研究的全新视野。

国内新闻传播学界的叙事学研究始于 20 世纪 90 年代，最早有学者介绍这门新学科研究方法时并没有引起学界注意，直到 1999 年才出现第一篇以叙事学方法对新闻报道进行分析研究的文章（1999 年 2 月《中国广播电视学刊》，黄昌宁和肖枞两位研究者发表了《论深度报道的叙事方法》，探讨深度报道应由零度叙事向深度叙事的发展趋向）。这一时期的研究中，多以叙事学方法展开对深度报道的分析探讨。而新闻叙事学在国内的真正确立则始于新世纪之初，范步淹于 2000 年在《新闻前哨》上发表《新闻叙事学刍议》，首次正式提出新闻叙事学的概念。之后，有很多学者加入此列，探讨新闻叙事学作为一门学科的合理性可

---

① Mieke Bal：Narratology：Introduction to the theory of Narrative（Second Edition）. Toronto：University of Toronto Press，1997，P1.

能，前后发表了很多相关文章论述。到目前为止，以新闻叙事学为核心主题的专著共有三本，首先是梵·迪克《作为话语的新闻》中文版译者曾庆香所著《新闻叙事学》[①]，第二本是何纯的同名著作[②]，最新一本是陈霖、陈一合著的《事实的魔方》[③]。

（二）新闻叙事的特点与要素

不同于一般的叙事作品，新闻叙事的表述内容是新闻事实。基于这一点，与文学叙事相对，新闻叙事属于非虚构叙事的范畴，其最重要的特征就是新闻叙事必须以新闻事实为基础。在文学叙事的过程中，作者可以先设定意义，而后再通过组织合适的叙事结构、采用多种叙事策略，建构相应的事实来作为意义的骨架支撑。然而，对于新闻叙事来说，必然是先有事实，而且事实只能是"事实本来所具有的那个样子"，意义则是在事实给定的基础范围之内形成。因此，新闻叙事在内容上具有事实性和真实性。同时，作为对"新近事实"的叙述，新闻叙事也必然具有实时性，也就是新闻传播研究中所称的时效性。这些内容和时间上的特点，反映在新闻叙事文本的生产过程中则体现为：新闻叙事所采用的叙事结构和叙事策略都必须遵循新闻传播真实客观呈现、迅速有效传播的要求，在结构组织和策略选择上都要有所限制。至少，与虚构叙事文本相比较，确实在这些方面都要有所限。

对新闻叙事的研究，应基于对新闻文体叙事要素的划分和辨析而展开，具体来说主要包括：叙事者（新闻文本的语言和符号活动的叙事主体，"谁在叙述?"）；叙事聚焦（叙事文本所呈现的新闻事实观察视角的落点，"谁在感知?"）；叙事策略（新闻叙事中传播性意图的宏观建构方式，"如何叙述?"）；叙事结构（新闻叙事中意义表达的微观呈现方式，"如何叙述?"）；以及神话建构（新闻叙事活动的衍生意义生成，以及刻板印象建构）。其中，对叙事策略的研究又指向：叙事声音（传播意图表达的权威建构，包括对新闻的背景材料和消息来源的操作运用）、叙事时间（新闻事实在叙事文本中呈现出来的时间状态，主要是新闻叙事的情节编排方式）和叙事模式（新闻叙事对新闻事实主题意义的呈现方式，主要包括标题和导语的叙述方式）三个层面；对叙事结构的研究则分为：句法结构（新闻话语在句子层面上的呈现方式，包括句式选择和句群构成）

---

① 曾庆香：《新闻叙事学》，北京：中国广播电视出版社，2005 年。

② 何纯：《新闻叙事学》，长沙：岳麓书社，2006 年。

③ 陈霖，陈一：《事实的魔方》，北京：中国书籍出版社，2011 年。

和措辞结构（新闻话语在词语层面上的呈现方式，主要指向对词汇、词组的选择、使用）。

需要注意的是，新闻叙事的本质属性是信息传播，是建立在话语和符号体系之上的意义建构。正如梵·迪克所指出的，新闻叙事学不仅研究新闻的话语结构，“也对话语的各种语境分析发生兴趣，也就是说，对制作和接受的认知过程以及语言使用和传播的社会文化因素感兴趣”①。这便指出，对新闻叙事的分析，不仅要关注新闻话语的表层结构和表面意义，也要探讨生成和解读新闻话语的社会、政治、文化和历史环境。然而，现有的新闻叙事学理论框架却没有为“语境分析”提供一个可行的研究模式。梵·迪克所贡献的话语分析方法，是目前探析新闻话语方面最为行之有效的方法，但在“话语产生的社会文化因素”的研究方面，则仅仅提到了“框架”的设想而未曾展开研究。曾庆香在专著《新闻叙事学》中尝试引入“原型”的概念来分析新闻叙事的文化语境，但也仅仅浅尝而止，没有深入到更为广泛的社会语境研究层面。因此，要实现新闻叙事在语境分析层面的研究，必须要引进其他学科的理论和方法，媒介生态环境的概念就此进入本文的研究视野。

二、媒介生态环境

从根本来看，媒介生态环境是传播学理论的一个延伸，即借由生态学中“相互关联制约”的理论机制来阐释媒介与环境系统之间的关系。媒介生态环境，是指大众传播机构生存和发展的环境，包括政策、经济、资源、技术、市场等多个层面的环境因素。崔保国教授提出“媒介是条鱼”的比喻，来说明媒介与其所在生态环境之间的关系，生态环境的情况对于媒介的生存发展犹如水之于鱼②。

（一）理论渊源

纵观传播学研究的历史，有很多学者都提出过类似或相关的理论观点，尽管他们的论述往往侧重点各有不同，但是他们的研究都为媒介生态环境概念的建立提供了思考的路径。赖利夫妇早在1959年就曾提出“工作模式”，认为传播系统是整个社会系统之内的一个部分，进而指出：大众传播的信息传播活动及其结

---

① ［荷］梵·迪克：《作为话语的新闻》，北京：华夏出版社，2003年，第1页。

② 崔保国：《理解媒介生态学》，张国良，黄芝晓主编，《全球信息化时代的华人传播研究研讨会论文集：力量汇聚与学术创新——2003中国传播学论坛暨CAC/CCA中华传播学术研讨会论文集》（2004年期，上册），上海：复旦大学出版社，2003年。

果，在受到其内在机制制约的同时，也受到外部环境的影响。① 再有，鲍尔·罗克希与德福勒提出的大众传播效果依赖模式（1976 年），他们认为媒介体系是与社会体系、媒介受众以及传播效果互相依赖的共同结构，并将大众传媒看作是“积极参与处于社会行动的社会、群体和个体层次上的维持、变化和冲突过程的信息系统”②。

国内学者也有类似论述，大多起于 20 世纪初。例如，邵培仁教授就曾在文章中指出，传播学的研究应该包括对“大众传播中微观、中观、宏观系统之间和各个组成部分之间的生态关系”的探讨，进而分析“传播过程中个人、群体、媒介和其他社会系统之间的矛盾、冲突、协同等诸种生态关系”③。而且，在同年发表的《论媒介生态的五大观念》一文中，邵培仁首次使用了“媒介生态”和“媒介生态学”的概念。④ 随后，童兵教授在论述中国传媒市场格局的文章中，也采用了媒介生态的概念。⑤ 近年来，从媒介生态环境视角入手展开国内媒体发展的研究论述日益丰富，主要有：以媒介生态环境为理论前提，探讨媒体的市场竞争与经营发展；从媒介生态环境出发，探讨媒体的新闻独立与社会控制；或者，将媒介生态环境自身作为研究的关注点，探索媒介生态环境的历史衍变、互动机制等。

归纳国内学界对媒介生态环境的研究论述，其主要观点包括以下几个要点：其一，媒介生态环境是一定特定时代条件下，媒介各构成要素之间、媒介之间、媒介与外部环境之间的互相关联和彼此制约。因此，这是一个具有时间性质和多维层面的概念，即：在与时间发展历程密切相关的同时，媒介生态环境包括政治文化、经济发展、社会生活乃至媒体自身属性和受众媒介素养等多个层面；其二，媒介生态环境可以划分为两个方面，即媒介因素和环境因素（或称非媒介因素），前者包括不同媒介形态、媒体机构等与媒介直接相关的因素，后者则包括政治、经济、文化、社会等媒介以外的环境因素；其三，媒介生态系统包括媒介系统、环境系统和受众人群三个有机要素。对媒介生态系统的研究，就是对这三

---

① ［英］丹尼斯·麦奎尔，斯文·温德尔，祝建华，武伟译：《大众传播模式论》，上海：上海译文出版社，1987 年，第 47 ~ 49 页。

② ［英］丹尼斯·麦奎尔，斯文·温德尔，祝建华，武伟译：《大众传播模式论》，上海：上海译文出版社，1987 年，第 88 ~ 90 页。

③ 邵培仁：《传播生态规律与媒介生存策略》，《新闻界》，2001（5）：第 26 ~ 29 页。

④ 邵培仁：《论媒介生态的五大观念》，《新闻大学》2001（冬）：第 20 ~ 22 页。

⑤ 童兵：《入世一年的中国传媒市场新格局》，《新闻记者》，2003（1）：第 16 ~ 17 页。

者以及三者间相互关系和相互作用的深入探索。

以往，对媒介生态环境系统的研究，通常以政治经济学的理论和方法作为切入点。但是，随着传播学研究的不断深入，传统的政治经济学研究方法已经渐渐显露出力所不逮的窘态。这是因为，政治经济学框架下的传播学研究，往往将媒介视为一个固化的客体，在来自政治、经济、文化等环境系统的社会控制面前，只是单向的被动承受与抵制/适应。生态学观念的引入，修弥了相关研究在理论前提层面便显露的误点：媒介与环境之间的关系和影响是互相，甚至更为复杂多向的。另外，以传统的政治经济学理念统领的传播学研究，往往过分关注传播的内容，忽略了对传播过程和情境的分析。也就是说，以往的研究片面注重权力控制在媒介内容中的具体呈现（包括以“不呈现”实现的呈现），没有看到环境因素在媒介传播的过程和情境中所起的作用和影响。

（二）媒介生态与媒介环境

随着国外传播研究理论的引进，尤其是对北美传播学者英尼斯、麦克卢汉、尼尔·波斯曼等人学术专著的译介，引发了学界围绕“媒介生态”的一场论争。以上述几位传播学者为代表的北美传播学界，就是以“媒介生态（环境）学派”（MediaEcology Association，以纽约的同名学会为核心）为名的一个学术思想分支。在他们的理论视野中，这一概念并不是一个以媒介为核心的社会生态系统，而是“媒介即环境”，其理论内涵包括：其一，媒介不是中性的，其物质结构和符号形式具有规定性作用；其二，媒介具有偏向性；其三，媒介技术对文化产生影响。

这与国内学界论述的“媒介生态环境”大相径庭，两者明显不能混为一谈。本文赞同并采用何道宽教授的译法，将引进的北美学派观点称为“媒介环境学”（media ecology），而对国内学界“媒介生态环境”观点的英文译法则统一为“mediaeco－environment”。尽管两者有所区别，但在思想论述上却有相通之处，并且可以借鉴媒介环境学的理论观点支撑媒介生态环境的研究。

根据戴维·阿什德的论述，媒介环境学的理论前提是：第一，社会权力是对某种社会情景概念的控制和加强；第二，那些被用来对社会情景概念进行界定和推行的资源和特殊素材部分属于象征、传播过程；第三，信息技术的技术和语言（或表述）以及大众媒介在现代（和后现代）世界中是这一过程的关键要素。①

① ［美］戴维·阿什德，邵志择译：《传播生态学：控制的文化范式》，北京：华夏出版社，2003年，序1页。

也就是说，社会权力的控制是通过大众媒介的传播，到达并影响社会行为。在媒介环境学的理论观点下，大众传播的过程可以表述为：

社会权力 —控制→ 大众媒介 —影响→ 社会行为
(环境系统)　(媒体)　(受众)

图 3－1　媒介环境学的大众传播模式

然而，这个媒介环境学的大众传播模式图，只是展示了整个大众传播活动的一个静态截面。现实中的大众传播活动是一个动态的运行机制，不仅在传播过程中会受到来自环境系统的各种因素的影响，而且也会在影响社会行为的基础上塑造新的社会权力结构/环境系统，进而在新的社会权力结构/环境系统下继续传播活动。在这个模式中，媒介环境学派的研究，主要探究传播过程的后端部分，即大众媒介对社会行为的影响，并强调信息技术（传播手段）在其中的显著作用。他们认为，“随着信息技术介入越来越多的社会情景，传播媒介的变化改变了社会进程、社会关系和社会行为。”① 撇开这一观点是否导向“媒介/技术决定论”的讨论，其论述对于本文的研究具有重要的参考意义。

现代传播技术，包括全球范围的移动通信和互联网技术，极大地扩展了信息的时空范围，为跨越国界的形象认知/建构活动提供了更为高效、广阔的信息渠道。对于媒体来说，这就使得每日（甚至实时）更新的国外新闻报道和直接来自对象国本土的信息发布成为可能。与此同时，如改革新闻这样的媒介集团，每一篇报纸刊印的文章报道都可以直接链接至一个集合文字、图片、音频、视频和互动信息的多媒体平台。正如媒介环境学观点所述：信息的质量和数量都被融合进传播范式中。从而，媒体的报道方式和内容生产必然会受到来自信息技术的影响。

同一学派中还有其他一些学者主张采用更具文化意义的视角，将媒介看作社会情境中使用它们的组织和技术的一个特质，日常生活和社会秩序都是在媒介为核心的互动传播活动中发生、形成。因此，某事是如何被传播的（how）要先于传播的是什么（what）。② 传播的过程是一个不确定的动态活动，其中的传播媒

① ［美］戴维·阿什德，邵志择译：《传播生态学：控制的文化范式》，北京：华夏出版社，2003年，第1页。

② 转引自［美］戴维·阿什德，邵志择译：《传播生态学：控制的文化范式》，北京：华夏出版社，2003年，第51页。

介是一个具有行为意识的意义建构和表达机构。意义的“建构和表达”正是“如何传播”的核心内容，这个机制包括显性和隐性两个部分。显性部分即是信息传播的技术和方法，也就是上述多数媒介环境学派学者所关注的模式后端部分。而对于隐性/模式前端部分的研究，才是本文将要展开探索的重点。

传播媒介对意义的建构表达过程中，隐性部分的机制包括“传播惯例、风格和模式的来源、特性和影响”。戴维·阿什德将这个隐形部分机制描述为“组织化的逻辑和框架”，并且引入林德的“文化流”（cultural stream）概念——“过去被现在记忆并传延下去并被未来改变的机制和制度模式”①，由此说明隐性部分（文化流）与显性部分（信息技术）融合，进而影响社会行为的过程。最后，他将大众媒体“对经验和信息的选择、组织和展现”归纳为“范式”，由此建立大众传播的媒介环境模式，并将此归纳为一个“大众传播的媒介环境模式”的图形表述：

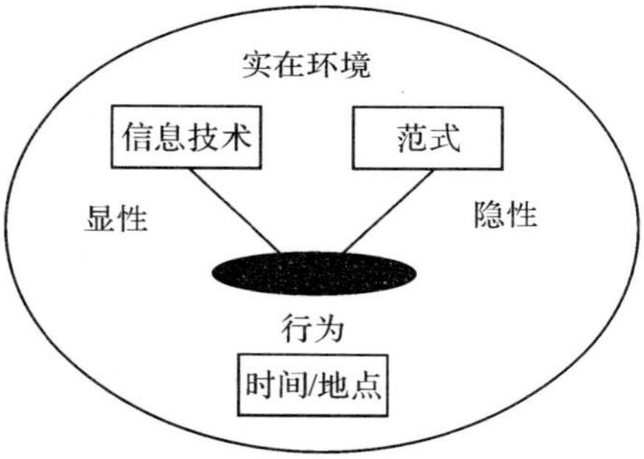

图 3－2　大众传播的媒介环境模式②

在对“拉美媒体涉华报道”的新闻叙事进行话语分析的基础上，本文将进一步对其叙事语境展开分析探讨，以理解拉美媒体进行中国报道、呈现中国形象的生成机制和影响因素。对语境部分的研究，将建立在对“当代拉美媒体的媒介生态环境”的研究探讨之上，从媒介因素和环境因素两个层面，在政治、经济、文化、社会等各个环境构成维度上分析拉美媒体进行中国报道、呈现中国形象的语境成分。

---

① ［美］戴维·阿什德，邵志择译：《传播生态学：控制的文化范式》，北京：华夏出版社，2003年，第4页。

② ［美］戴维·阿什德，邵志择译：《传播生态学：控制的文化范式》，北京：华夏出版社，2003年，第13页。

三、比较媒介体制

除了上述两大理论体系以外，本文拟参考比较媒介体制的研究方法及考量体系，对研究所涉媒体及其所在国家地区的媒介体制展开分析探讨。在进入对比较媒介体制这一理论体系的阐述之前需要说明，在本文的研究中，比较媒介体制并不是主要的理论框架。但是，要对影响拉美媒体新闻传播活动的环境因素（或称社会范式）进行研究，必然涉及对拉美国家媒介体制的分析探讨，因此比较媒介体制提供的分析框架就为本文提供了重要的研究设计依据。

基于对《传媒的四种理论》以西方国家新闻传播体制为核心建立的规范性理论模式的反思和批判，丹尼尔·C. 哈林和保罗·曼奇尼提倡采用比较研究的方法对世界不同地区、国家的新闻传播体制展开研究，并由此建立起一个基于经验的批判性传播研究模式。他们的比较媒介体制研究模式，将对不同媒介体制的考量纳入一个分为四个主要维度的体系：媒介市场的发展，政治平行性，新闻专业主义的发展，以及国家干预媒介体制的程度和性质，并提炼出三种媒介体制模式。同时，在两位学者编著的后续作品《超越西方世界的比较媒介体制》中，也提供了该模式在非西方世界的媒介体制研究中的适用性和合理性，以及参考案例。

在对不同国家的媒介体制进行比较分析的过程中，哈林和曼奇尼提出一个由四项主要维度构成的研究框架①——

1. 媒介市场的发展，尤其侧重大规模发行报刊的强弱发展。

对媒介市场的衡量，除了体现在高发行量以外，还包括报纸的性质、报纸与其受众乃至更广的社会传播过程中的角色，也即：报纸的内涵性质是趋向精英抑或面向大众，报纸在实现社会内部传播的过程是横向还是纵向。与此同时，对媒介市场的考量还包括不同发行层级范围的报刊之间的结构，即地方性、区域性和全国性的报刊在媒介市场中的对比情况。另外，来自外部的特定全国性市场竞争也具有重要影响。

2. 政治平行性，也就是媒介与政党联系的性质和程度。

尽管新闻报道的实践操作始终秉承“真实、客观”作为基本原则，但是所

① ［美］丹尼尔·C. 哈林，［意］保罗·曼奇尼，婵娟，展江等译：《比较媒介体制》，北京：中国人民大学出版社，2011 年，第 21 ~44 页。

有新闻事业、新闻媒体都并非绝对中立，其中总会包含一定的政治价值观。在对媒介体制的探讨中，这一价值观表现为媒介与政治行动者关联的力量，以及政治新闻事业的鼓吹性和中立/信息性的传统之间的平衡。在政治平行性概念之下，涵括媒介内容、组织联系、媒介人员政治参与倾向、受众的党派性以及新闻事业的角色取向与实践等多个参照维度。

3. 新闻专业主义的发展。

基于将新闻"阐释为一种职业和社会公共机构"的基础上，新闻专业主义的发展由多个内向维度构成：一是新闻事业的自治，即对工作流程的控制在很大程度上是学院式的，对新闻工作者的管理权主要由同行业者行使；二是独特的专业规范，即指新闻行业中包括伦理原则、实践常规、评价标准等在内的共享规范以及这些规范的实际效用程度；三是职业定位是公共服务取向。

4. 国家干预媒介体制的程度和性质。

所有社会中，国家都是塑造媒介体制的主导性力量，只是在干预程度和采取方式上有所差别。首先体现为媒介事业的所有形式，国家所有的公共媒介是国家干预的最高形式，其中包括国家对电信基础设施的经营权；其次是通过经济手段对媒介经营的参与，主要形式有津贴、税惠和广告；再次是通过司法及行政对议题实施管制，涵括针对由内容到经营、业者到媒体乃至整个行业以及特定行为和特定议题的限制和规范；最后，还有国家作为信息来源的"首要定义者"角色。

在比较媒介体制的研究框架之下，通过对巴西本国的媒介体制展开分析，阿方索·德·阿尔布克尔克进一步指出：比较媒介体制研究框架可以适用于对拉美国家媒介体制的探讨，但是基于对拉美国家媒介体制的实际考察，应该考虑加入另外两个参考维度①——

其一，中心与边缘的媒介体制。

首先，"中心"与"边缘"是一组相对概念，并非绝对限定，在"中心"或"边缘"媒介体制之间仍有相对的"边缘"与"中心"；其次，在对前殖民地国家地区的媒介体制进行研究时，这一理论概念尤其重要。就拉美地区来说，前殖民地的历史渊源，使得拉美国家成为相对于前殖民宗主和邻邦强势大国的"双重边缘"身份，对拉美国家的媒介体制研究应该参考其与两者之间的关系；再次，

① Daniel C. Hallin, Paolo Mancini: Comparing Media Systems, Beyond the Western World. Cambridge: Cambridge University Press, 2012, PP. 87 ~ 92.

“中心”与“边缘”之间的关系并非凝固不变，彼此之间的相对位置是动态历时的，也有可能在局部和整体的不同层次上呈现为不同的相对位置。

其二，政府权力的体系差别。

在对于政治与媒介体制的关系的研究中，政府权力体系往往遭到忽略。政府权力的体系，也就是政府权力的组织、结构方式。在选举民主制度语境下，政府权力体系主要体现为总统制和议会制的差别。这一点在对第三世界，尤其是拉美国家媒介体制的研究中尤为重要。大多拉美国家都采取总统制，而以总统为核心的政府权力体系对于媒体的政治平行性和政治参与度都有极大影响。总体来看，主要体现为：一则总统成为个体，而非始终与政党紧密联系在一起；二则媒体关注的焦点成为政府行政，而非党派政治。

其中，拉美与欧、美之间的“双重边缘”关系，是分析拉美媒体及其媒介体制、媒介环境的一条轴心线索，本文将在下面的探讨中论及这个问题。至于政府权力体系这一要素，将在环境要素的政治部分有所涉及，在此不予赘述。

中篇

遥远的眼光

在国内新闻传播学界，拉美长期处于一个被遗忘的角落，至今仍乏深入研究拉美新闻传播体系及其历史发展的专著。然而，国外学界的境况也不过寥寥，为数不多的研究基本集中偏重于20世纪80年代、90年代拉美民主化浪潮中的媒体转型，尤其是新闻媒体与国家政治民主化之间的关系。正因如此，新闻传播学者莱昂纳多·费雷拉将拉美新闻传播的发展历程喻称为“数个世纪的沉寂”（Centuries of Silence），一方面说明拉美新闻传播长久以来被学界所遗忘的落寞，另一方面也反映了西方的强势话语主导下拉美新闻传播研究的失声。本篇将从发展历程与体系现状两个层面来梳理说明拉美的新闻传播体系，并在此基础上探讨拉美媒体在中国形象传播方面的基本特征。

第四章

纵向梳理：拉美新闻传播发展历程

国内外学术界普遍认为，拉美的新闻传播始于殖民地时代，是由欧洲殖民者带入美洲大陆的诸多技术理念之一。费雷拉认为，与世界任何其他地区的人类社会一样，拉丁美洲也有其自身的信息传播衍变历程，因而对拉美新闻传播的研究也应该从早期的信息传播开始，不应忽略拉美原著居民在这方面的发展成就。根据他的研究，早在哥伦布发现新大陆之前，拉美印第安部落都已形成自身较为成熟的信息传播体系。包括玛雅、印加、阿兹特克、奥尔梅克、纳瓦等在内的印第安族群，都设有专门的文书用以“记录各种事件，从关于战争胜负、法律规定、传说故事、杰出人物或知名地方的消息，到神祭仪式、庆祝典礼的盛况”①，并且在上层社会中间传播。每逢重大场合，国王、祭司或桂冠诗人会“用一种通常很艰深的语言风格来讲述其中的故事”，“每一个人都以某种方式参与其中，他们不仅分享祖先的光荣历史，而且也在这种特殊场合了解正在发生的事情”②。研究还表明，当时已经出现了“中美洲各族群间以及与安第斯地区的信息交流”③。基于此，费雷拉将这些印第安族群的早期信息传播活动统称为“初态/原型新闻传播”（nascent or proto – journalism）。

然而，这样的信息活动并非面向大众的传播，实质上是一种掌握在权势阶层手中的“权力体系”。拉美印第安人将对信息的掌握视为一种权力，只有王室家

---

① Leonardo Ferreira：Centuries of Silence, the story of Latin American Journalism, Westport CT：Praeger Publishers, 2006, P11.

② ［美］迈克尔·迈耶，威廉·H. 毕兹利，复旦人译：《墨西哥史》（上册），北京：东方出版中心，2012年，第81页。

③ Leonardo Ferreira：Centuries of Silence, the story of Latin American Journalism, Westport CT：Praeger Publishers, 2006, P12.

族和贵族、祭司能够保有并阅读这些文书，因而只有他们能够知晓过去和现在发生的事情，也只有他们有权继续添入新的内容并且使之世代相传。对文书内容的公开诵读，主要是为了起到一种“宣传”作用，或宣扬先祖的丰功伟绩，或炫耀王权的新近成就，进而通过基于“知晓”构成的威望来巩固王权。在文字内容上，除了记录发生的事实，其中添入很多与神灵、宗教、王权等有关的记述，从而形成一种建构性的权力话语。对于拉美新闻传播的发展，早期印第安族群的信息传播所起的影响并不十分显著，但其特点却是构成当地新闻传播的传统和环境的基础根源。这一方面体现在信息传播在拉美地区人类社会生活中发挥着重要作用，拉美地区很早就已经开始了解并应用信息传播所具有的政治权威与社会整合功能；另一方面体现在传播与权力之间的关系，两者间的紧密联系及牵制互动至今仍是主导拉美新闻传播的主要特点。

与大多数殖民地、半殖民地一样，拉美的近代新闻传播也是从殖民地时期开始发轫，随着反殖民地民族独立运动的兴起而蓬勃，并随着国家发展、变革的脉络而逐步衍进为现代新闻传播，至今已有四百多年的历史。根据拉美新闻传播的发展特点，其发展历程可以分为以下三个阶段：从 16 世纪中期殖民地统治到 18 世纪末拉美民族独立运动时期，新闻传播由外部植入过渡到逐渐本土化；从 18 世纪末 19 世纪初到 20 世纪 80 年代、90 年代，这一阶段拉美各国在建国发展的过程中历经曲折和动乱，其间形成并延续具有强政治因素的新闻传播体系；最后是 20 世纪 90 年代以来，随着拉美各国开始以新自由主义为主导思想的改革，新闻传播也由此进入新的发展时期。尽管此后拉美各国在经济、社会等各领域仍在持续变化，尤其是在发展模式上的不断衍变，但其新闻传播领域的发展则基本沿着 20 世纪 90 年代奠定的轨道向前推进。

一、非西方世界之先（16 世纪中期—18 世纪末）

通过新航路开辟和新大陆的发现，欧洲探险家们开始登临美洲建立贸易站点并逐步扩展为殖民地，拉美就此被卷入世界性的发展进程中。作为最早沦为殖民地的大陆，拉美的社会文化发展都极大地受到殖民宗主国的影响，很大程度上在人为拉动下得以超前发展，新闻传播领域也是如此。经欧洲殖民宗主的植入，拉美成为非西方世界中最早诞生近代新闻传播的地区。这一时期的发展，主要有三个阶段性的核心特点：其一是印刷技术的引入；其二是殖民报刊的诞生；其三是革命报刊的兴起。需要明确的一点是，三者在时间上并非严格的承续性前后关系，有些地区总是处于先行位置，而有些地区则呈现某个时期内的跨越式跟进。

（一）印刷技术引入

1539 年，经总督安东尼奥・门多萨的批准，美洲大陆第一台印刷机运抵墨西哥。随后，墨西哥殖民地的首位主教弗朗西斯肯・弗莱・胡安・苏马拉加（Franciscan Fray Juan de Zumárraga）聘任意大利印刷商胡安・巴勃罗斯（Juan Pablos）负责在殖民地建立、经营印刷所。不论是总督还是主教，他们的意图都是希望通过印刷机的引进可以尽快出版大量宗教书籍，以便传教和思想驯化工作可以在整个殖民地范围内展开。第一本书很快付梓刊印，这本《双语简明基督教义》（La Breve y mas Compendiosa Doctrina Cristiana en lengua Mexicana y Castellana，1539）成为拉美地区，同时也是整个美洲大陆第一本印刷书籍。除了基督教的教义经典外，印刷所还负责刊印一些殖民当局的行政文件、政令决定。

1541 年，门多萨总督交付印刷所刊印一份四页长的文字。这篇文稿“以高超的写作技巧和精确的语言”记述了不久前发生在危地马拉的地震滑坡，写作者“不仅描述了事件的经过，同时还调查访问了当时的幸存者”[①]。历史学家和新闻传播学者都认为，这篇文稿具备新闻的内容要素和写作特点，是美洲历史上第一则新闻报道，巴勃罗斯和胡安・罗德里格斯（Juan Rodriguez）也作为第一张新闻纸的印刷者和写作者载入美洲新闻传播史。此后，这种不定期的印刷新闻纸成为殖民地新闻传播的主要方式，内容多以社会新闻、商业信息、船期、灾害等报道为主。有时也发布殖民当局的公告政令，或者转载一些来自宗主国的消息。

当时，殖民当局对相关事宜实行严格控制，必须经过官方特许才能引进印刷设备、开设印刷业务。因此，在之后几十年间，印刷技术和零散的新闻传播都仅存在于新西班牙殖民地的有限地区内。直到 1580 年，才由一个意大利移民将一台印刷机从墨西哥带到利马，并由此将印刷技术传到了秘鲁，但当地最早的印刷品直到四年后殖民当局放宽印刷令才得以发行。自此以后，以墨西哥和秘鲁为基点，印刷技术逐渐传往拉美其他地区，但仍有很多地方直到 19 世纪初才接触到印刷技术和印刷新闻。

---

① Leonardo Ferreira：Centuries of Silence，the story of Latin American Journalism，Westport CT：Praeger Publishers，2006，P56.

表 4－1　拉美部分国家印刷技术引入时间①

国家	首台印刷机	首份印刷品	国家	首台印刷机	首份印刷品
墨西哥	1539	1539	哥伦比亚	1737	1738
秘鲁	1580	1584	厄瓜多尔	1750	1755
安提瓜	1660	—	阿根廷 *	1780	—
巴拉圭	1705	—	波多黎各	1806	—
牙买加	1717	—	巴西	1808	—
古巴	1720	1723	委内瑞拉	1808	—

（二）殖民报刊诞生

随着刊印新闻纸的做法逐渐成熟，殖民当局决定开始以“公报”（Gaceta）作为统一名称来印发新闻，以此区别其他内容的印刷册页，最早的“公报”出现于墨西哥城。自 1666 年开始，新西班牙总督多次下令刊行“墨西哥公报”（1666 年、1667 年、1668 年、1671 年、1673 年和 1682 年）②，既以此作为消息通传的渠道，同时也作为情况报告的一部分汇总给宗主国。尽管这时的“公报”在内容上已经初具新闻传播的特点，严格来说仍未形成真正意义上的报纸。

1722 年，《墨西哥公报》（Gaceta de Mexico）开始发行，它被公认为是拉美第一份报纸。这份报纸的创办，既获得了总督的准许，也有教会的支持，因此可以说它是代表殖民势力的官报。由神父卡斯多莱纳担任该报的首位编辑，报纸每 5 天出版一期，每月刊行 6 次。几期之后更名为《墨西哥公报与新西班牙新闻》（Gaceta de México y Noticias de Nueva España），以突出其内容上不局限于官方公告更兼有新闻信息的特点。就如报纸创刊宗旨所称，“根据欧洲各国宫廷及主要首都的惯例，将发生的大事定期汇编成册，印行公布，俾世人得知天下大事。”③由此可见，这份报纸当时已经具有定期发行、报道新近大事的近代报刊特点，同时也开始了对国际新闻信息的传播。

另外一个较早诞生定期报刊的地区是危地马拉，当地的《危地马拉公报》（Gaceta de Guathemala）于 1729 年开始发行。此外，秘鲁于 1733 年开始发行《利马公报》（Gaceta de Lima），是南美地区最早的报纸。不过在此之前，利马从

① Leonardo Ferreira：Centuries of Silence，the story of Latin American Journalism，Westport CT：Praeger Publishers，2006，PP. 56 ~ 59.

注：其中，加 * 的阿根廷，具体年份尚无准确定论

② Nicolas Kanellos：Hispanic Periodicals in the United States，Origins to 1960：a brief history and comprehensive bibliography. Houston：Arte Publico Press，2000，P121.

③ 郑超然：《外国新闻传播史》，北京：中国人民大学出版社，2000 年，第 505 页。

1715 年开始长期印行来自西班牙的《马德里公报》（Gaceta de Madrid），但是因为其内容仅仅是对原宗主国公报的重新刊印，通常不认为是当地报刊的起始。这类官方公报在内容上主要涵盖三类主题：其一，官方行政；其二，宗教神职；其三，社会政治与商业贸易，包括航海信息。[①] 在此之后，其他各殖民地区也先后开始发行类似的殖民报刊。其中，有些地方和墨西哥一样，最先发行的是非定期的官方公报，也有一些地方的官报甫一开办就是定期发行的正式报刊。其他后进地区则没有殖民官报的历史，尽管报刊出现较晚，但普遍直接就进入了民族报刊甚至革命报刊的阶段。

表 4－2　拉美部分国家早期公报及最早报刊[②]

国家/地区	时间	早期公报	时间	最早报刊
墨西哥（新西殖民地）	1666	墨西哥公报	1722	墨西哥公报与新西班牙新闻
危地马拉	1729	危地马拉公报		（同）
秘鲁	1733	利马公报		（同）
古巴	1764	哈瓦那公报		（同）
哥伦比亚（新格拉纳达）	1785	圣达菲公报	1791	圣达菲新闻报 Papel Periódico de la Ciudad de Santafé de Bogotá
厄瓜多尔	1785	公报	1792	基多文化初果报 Primicias de la Cultura de Quito
阿根廷	1801	商业电讯 Telégrafo Mercantil	1810	布宜诺斯艾利斯公报
乌拉圭 *	1807	南部之星		（同）
巴西	1808	里约热内卢公报		（同）
委内瑞拉	1808	加拉加斯公报		（同）
玻利维亚		—	1811	电讯报 El Telégrafo
智利		—	1812	智利之光 La Aurora de Chile
巴拉圭		—	1845	独立巴拉圭
多米尼加		—	1821	宪政圣多明各快讯 Telegrafo Constitucional de Santo Domingo

① Leonardo Ferreira：Centuries of Silence，the story of Latin American Journalism，Westport CT：Praeger Publishers，2006，P60.

② 参见 Leonardo Ferreira：Centuries of Silence，the story of Latin American Journalism，Westport CT：Praeger Publishers，2006，P60.
其中，＊乌拉圭《南部之星》是一份英、西双语报纸，由短暂掌权的英国殖民者开办，很短时间内就结束发行。

（三）革命报刊兴起

到 18 世纪末时，殖民地的各种印刷出版物和报刊日渐丰富，它们实际上具有三种主要社会功能——思想启蒙、诉求表达和革命动员。

首先，随着法国大革命和北美独立战争的浪潮，关于革命和独立的消息逐渐传到拉美，一同到来的还有鼓舞了这些革命活动的启蒙思想和科学理念。各种思想学会在热切的学习探讨这些思想理念的同时，创办了一系列刊物进行译介宣传。很快，利马、墨西哥城、圣菲波哥大（哥伦比亚）等印刷出版中心也成为进步思想和信息活动的核心地区。1794 年，安东尼奥·纳里诺（Antonio Nariño）在哥伦比亚自己的家里完成了对法国人权宣言的翻译出版，将独立自由的人权理念由欧洲大陆带到拉美殖民地，成为日后引领独立运动的思想旗帜。以纳里诺为代表的知识分子为拉美殖民地带来了思想启蒙的曙光，这类出版物也被统称为“爱国出版物”（Imprenta Patriotica）而载入史册。除此之外，他们还支持创办很多旨在启迪民智的私人报刊，例如《秘鲁水星报》（Mercurio Peruano，1791 年）、《圣达菲新闻报》（Papel Periódico de la Ciudad de Santafé de Bogotá，1791 年）、《基多文化初果报》（Primicias de la Cultura de Quito，1792 年），等等。这一时期的印刷报刊，成为拉美各殖民地获得思想启蒙的主要方式。

其次，通过对权力、自由、科学等理念的传扬，各地开始出现对殖民地现状的反思、对殖民统治的不满以及对权力和自由的诉求。其中，不仅有对发展殖民地经济、改善政治体制的要求，还有对出版和言论自由的呼吁，敦促殖民当局放开出版、解禁言论的呼声此起彼伏。1801 年，推崇进步思想的神父约瑟·刘易斯·阿佐拉（José Luis de Azuola）与豪尔赫·塔德奥·洛萨诺（Jorge Tadeo Lozano）创办了一份名为《圣达菲学术、经济与商业邮报》（Correo Curioso，Erudito，Económico y Mercantil de la ciudad de Santafé de Bogotá）的报纸，并且反复向殖民地政府的皇家检察官申诉，希望能够“免除审查以便自由发布信息”①。《新格拉纳达王国周报》（Semanario del Nuevo Reyno de Granada，1808 年）的主编弗朗西斯科·约瑟·卡尔达斯（Francisco José de Caldas）也在发刊词中呼吁：“如果地方官员手中握有隐秘的权力，能够随意修改内容，则言论自由无以存在。存在如此藩篱，国家何以繁盛?”② 由此可见，这一时期的期刊报纸也是殖民地进

① Leonardo Ferreira：Centuries of Silence，the story of Latin American Journalism，Westport CT：Praeger Publishers，2006，P68.

② Leonardo Ferreira：Centuries of Silence，the story of Latin American Journalism，Westport CT：Praeger Publishers，2006，P69.

行诉求表达的主要渠道。

在此基础上，期刊和报纸也成为各地独立运动的舆论先头，作为发起革命动员的主要工具，活跃在拉美独立运动的波峰浪尖。在获得思想启蒙、表达权力诉求的过程中，各殖民地的革命者都对报刊所具有的重要社会功能有所认识，既包括信息传播、开启民智的功能，也有宣传动员、舆论引导的作用。因而，他们都把创办报刊作为革命准备阶段的重要工作。1806 年，当伟大的独立运动领袖弗朗西斯科·德·米兰达（Francisco de Miranda）返回故土时，他特地带上 6 台从纽约购进的印刷机，作为即将开启的革命运动必不可少的武器。就是这 6 台印刷机，刊印了著名的“致南美人民号召书”，以及后来创办的《哥伦比亚人》杂志。另一位知名独立运动领导人玻利瓦尔认为，“报纸是一种传播自由、独立、革命理念的基本工具。因而，出版自由是一种堪比道德自由或其他任何一项公民权利的崇高政治权利。”在早期准备阶段，玻利瓦尔就下令在国内创办了两份意在宣传革命理念、鼓动革命运动的报刊，《奥里诺科邮报》（Correo del Orinoco，1818 年）和《波哥大圣达菲公报》（Gazeta de Santafé de Bogotá，1819 年）。

此外，1805 年，墨西哥出现了第一家日报《墨西哥经济、思想日报》，以“俾公众对日常生活中发生的一切，从欧洲政治到市场价格，有更及时的了解”[①]为宗旨，将拉美报刊带入强调新闻功能的日报阶段。在革命报刊方面：1808 年，巴西独立运动领导人何塞·马丁在伦敦开始出版《巴西邮报》，成为首份鼓吹独立的报纸；1810 年，墨西哥独立运动领导人米格尔·伊达尔戈创办《美洲觉醒报》，首次提出“自由与独立”的明确革命口号，该报的发行量达到 2000 多份，在当时成为“超乎寻常的成就”[②]；此外，还有阿根廷爱国者马里亚诺·莫雷诺创办的《布宜诺斯艾利斯公报》（1810 年）、智利革命先驱卡米洛·恩里克斯创办的《智利之光》（1812 年），等等。这一时期内，报刊对拉美各国的独立运动起到了巨大的推动作用，同时独立运动也极大地刺激了美洲报业的发展。

总的来看，从印刷机传入美洲到殖民报刊出现，经历了两百多年的时间（1539 年—18 世纪末）。这一阶段新闻传播的发展主要都是由殖民者来推动实现，可以说此时的新闻传播处于殖民者的控制体系内，甚至是殖民统治的一个有机构成部分。由于欧洲殖民者发动殖民扩张主要意在推动贸易，尤其是在 16 世纪 60

① 陈力丹：《世界新闻传播史》，上海：上海交通大学出版社，2002 年，第 212 页。

② Leonardo Ferreira：Centuries of Silence，the story of Latin American Journalism，Westport CT：Praeger Publishers，2006，P110.

年代西班牙殖民菲律宾以后，墨西哥和菲律宾之间建立起定期的贸易制度，从而使拉美成为联通东西方的贸易中转站。拉美殖民地提供的白银换回亚洲各国的货品，再经由大西洋运送回欧洲宗主国。因此，对于殖民者来说，拉美殖民地意味着贸易和财富，至于社会发展、文化建设等，并非他们着力的方向。更重要的是，思想和信息的交流传播对于权力而言意味着不稳定的威胁。因而，欧洲殖民者并不支持新闻传播的发展，相反还在最大程度上削弱其发展的可能——

首先，殖民地大多数民众文化水平低下，不具备成为报刊读者的读写能力，而殖民者采取不鼓励教育，甚至基于种族的教育禁止政策；其次，殖民当局对印刷技术和出版经营实行许可限制和高额赋税，一方面尽量将印刷出版掌握在官方或亲官方的经营者手中，同时又以高额赋税挤压不服管教的印刷商；第三，殖民地实行严格的言论禁锢政策，通过教会的宗教裁判和当局的行政审查双重体制，实现对言论出版的严密控制；第四，通过官办报刊，殖民当局将印刷出版行业变成官方钳制思想舆论的工具。在这样的殖民政策下，拉美的报刊媒体形成了一些重要的特色，不仅对日后新闻传播业的发展影响深远，甚至迄今仍有余荫。其一，殖民政府的钳制政策形成了集中管控的传播体制传统，尽管历经数次改革，拉美各国的新闻传播一直都在不同程度上呈现为一种“自上而下的集中管控”的特征；其二，由“印刷出版特许”开始，信息传播与新闻媒体的发展具有很强的地域性，各国都是以地区性、地方性的媒体为主；其三，殖民政府采用“威慑—拉拢”（监禁刑罚和特许免税）的手段来管理印刷商和办报人，这成为后来拉美各国政府应对媒体的主要方式的原型；第四，长期以来的严密管控下，拉美的媒体业界呈现出一种“驯服惯性”，面对政权的强力/柔性手段倾向于沉默。殖民地时期为拉美新闻传播发展留下的另一个烙印，就是不同国家地区在发展上的先后承续。在拉美新闻传播的历史进程中，少数较早开始发展的国家始终处于前列，包括墨西哥、秘鲁和哥伦比亚，至今仍是文学艺术、印刷出版、新闻传播的中心。①

到殖民地后期，走私进入拉美的进步书籍和私人印刷的权力宣言、科学思想，为拉美带来了思想启蒙、对自由和发展的诉求以及对独立和革命的热忱。进入革命报刊时期，新闻传播也开始首次转向殖民政权的对立面，并且成为松动殖

---

① Leonardo Ferreira：Centuries of Silence，the story of Latin American Journalism. Westport CT：Praeger Publishers，2006，P60.

民政权的主要力量。这一时期，各国的革命者以及日后的国家领导，已经开始对报刊的功能有所认识和重视，报刊作为传播信息、开启民智的新闻传播载体以外，还具有舆论引导、社会动员的功能。因而，这一时期的拉美新闻传播，虽已开始萌发一些以“新闻”为核心理念的报刊，但更多是出于社会活动目的而创办的革命报刊，具有极强的政治思想色彩，以思想论争、舆论动员为主要内容。它们成为拉美各国日后形成政党报刊的雏形，同时各国长期由政党把持媒体的传统也由此时奠定基础。

总而言之，独立运动的风起云涌极大地推动了报刊的发展，带来了拉美新闻传播的第一个发展高潮。拉美各国的爱国者开始广泛投入到报刊的创办经营活动中，大多数重要独立运动领导人同时也是这些报刊的编辑、撰稿，通常两者兼具。随着独立运动的发展扩散，革命报刊也逐渐增多，拉美各地的近代报刊初具规模。例如，巴西在1825年已有25家报刊，1831年又增加到50家。①

二、长期的政治主导（18世纪末19世纪初—20世纪80年代、90年代）

到18世纪末19世纪初，拉美殖民地初步取得独立。然而，欧洲殖民统治的结束，并没有如期望一般带来全新的独立、自由的国家。相反，拉丁美洲陷入了延续多年的政治纷争和战乱频仍。独立战争期间形成的各种不同政见和人物派系，在共同敌人消失之后凸显了彼此之间的矛盾争议；随后，在内部纷争和外部侵扰的共同促使下，以“考迪罗”为核心的军事独裁成为拉美各国的主要政权领导；拉美各国长期在军事独裁和民主制度之间徘徊，直到20世纪上半叶民主革命的到来，最终结束了长期的强权政治时代。伴随着这三个政治上各有不同特点的发展阶段，拉美各国的报刊也经历了由革命报刊向政党报刊，再到商业报刊的转型历程。

（一）国家建立

在早期独立革命的酝酿准备阶段，为了交流独立自由思想、联络共举革命事宜，拉美各地成立了很多以秘密活动为主的学会（tertulia）。例如，当时波哥大圣达菲就以围聚有多个知名学会而闻名，很多在文学、历史以及自然科学方面颇有建树的学者都是学会中的活跃分子，其中包括由达纳·曼努埃拉·桑斯（Doña Manuela Sanz de Santamaria）组织的“品鉴学会”（Tertulia del Buen Gusto）。此

① 张允若：《外国新闻事业史教程》，北京：高等教育出版社，2003年，第247页。

外，还有诸如以“哥伦比亚新闻传播之父”曼努埃尔·德尔·索科洛·罗德里格斯（Manuel del Socorro Rodriguez）为首的Tertulia Eutropélica，由安东尼奥·纳里诺兴资的“文艺学会”（Círculo Literario），以及“爱国者学会”（Sociedad Patriótica）等等。

在此基础上，围绕各个学会构成了独立运动时期的不同派别和革命力量，他们在基本诉求和政治目标上能够达成一致，都以获得权利自由、取得民族独立为最终目标，因而能够在独立运动期间彼此包容。但是，各派别间在基本层面的具体主张有着明显的差别，例如独立国家的宪法构成基础、政权组织方式、经济发展模式，等等。这些差别在共同目标基本达成之后，便凸显出来并成为各国的主要矛盾。原本以学会为基础的各个流派，以各自的政治主张为核心，发展形成不同的政党派别。各方都有自己的期刊报纸，作为申述己方政治主张的舆论阵地，展开激烈的争论辩驳。因为各方相持不下，在独立运动的很长一段时间里，拉美国家实际上处于独而不立的状态。1810～1814 年，由委内瑞拉加拉加斯起义开始，波哥大、基多、阿根廷、墨西哥等西属殖民地先后爆发起义推翻殖民政权，各地先后发表了独立宣言。然而由于派别之间的互不相让，起义力量无法形成自己的执政体系，最终只得继续承认西班牙费迪南德七世为最高权力，这也使得独立运动一再经历起落反复。1816～1826 年左右，拉丁美洲各殖民地经过反复斗争，先后脱离欧洲殖民宗主而取得独立，建立了一系列独立主权国家。它们首先要面对的，是取得独立之后的道路选择问题，主张专制集权的保守派和主张民主共和的自由派之间展开反复的斗争（当时称为保王党和爱国者两派）。双方各以己方报纸为阵地，展开针锋相对的舆论大战。此时的报纸开始由革命报刊向政党报刊过渡，报刊的功能也开始由舆论动员向政治论争转变。

在此期间，各国纷纷制定本国的首部宪法，将言论出版自由作为一项重要的公民权利列入国家的基本法规。其中既包括 1811 年委内瑞拉宪法、1811 年智利宪法、1811 年新格拉纳达宪法等，以美国和法国为体系模式，建立在人民主权基础之上；还有受西班牙 1812 年加的斯宪法影响而制定的 1821 年大哥伦比亚宪法、1823 年秘鲁宪法、1824 年墨西哥宪法、1826 年阿根廷宪法等。由于受到宪法的支持，加之政治论争激烈，这一时期的政党报刊初现繁荣。1832 年，中美洲联邦颁布了一部出版法，将言论自由视为所有其他公民权利的基础保障，指出公共秩序不能作为干涉言论出版的理由，并且规定这项自由只在诽谤、版权和隐私方面有所限制。包括危地马拉、萨尔瓦多、哥斯达黎加、洪都拉斯、尼加拉瓜等在内的成员国，都制定了与此相应的国家宪法，中美洲各国的报刊也开始进入一个快速发展的阶段。这一时期出现的报刊包括：《危地马拉总编报》（*El Redactor General de Guatemala*，1824）、《指针报》（*El Indicador*，1824）、《爱国学会报》（*La Tertulia Patriótica*，1825）、《中美洲人报》（*El Centro Americano*，1825）和《自由报》（*El Liberal*，1825）等。[①]

历经数百年的殖民统治，拉美各国累于多年的积贫积弱，国内经济失衡、产业凋敝，在多年独立战争中形成了普遍军事化和地方分离主义势力，造成社会混乱、动荡不安的局面，外部还有虎视眈眈的敌人伺机以动（西班牙、法国、英国以及美国）。总的来说，拉美各国的经济社会下层基础，与借鉴欧美发达模式植入的上层建筑彼此脱节，两者无法协调发展。因而，早期宪法规定的各种权利与自由，终究只能落为一纸空文。这样的情况下，拉美国家纷纷选择强力的军权政府领导，一则稳定国内乱局，二则抵御外部侵扰。从国家建立到 19 世纪 60 年代，拉美各国先后进入独裁和战争的阶段，政党报刊的发展也随即进入强力控制和战争宣传阶段。

（二）独裁与战争

考迪罗是西班牙语 Caudillo 的音译词语，原意为“领袖、元首”。在历史中，考迪罗又成为一个具有特殊意义的专有名词，它是“拉美独立战争的产物，战争结束之后就开始登上政治舞台，并在其后半个多世纪在拉美大多数国家扮演了主要政治角色，形成了对该地区政治和经济发展影响很大的一种统治方式”[②]。它是一种以独裁强权为特色的军控政权形式，实际上开拉美军人执政的先河。随着拉美各国取得独立，内交外困的局面使得权力终落强权之手。这些考迪罗大都在独立运动期间参与了革命战争，在抗击殖民者的同时也扩张了自己的军事实力和政治影响。面对国内局面的混乱无序、殖民势力的不断反扑，独立运动领袖们诸如玻利瓦尔等都已束手无策，握有军权的考迪罗们却能够运用武力，“通过强制征收、商业控制，随意使用军事法律等手段来获得丰厚回报。”[③]

与一般军事独裁不同，大多考迪罗都是通过“选举”取得政权。相同的是，

---

① Cronologiá del Periodismo Centroamericano. *Revista Conservadora*, 1967 - 1 (76): PP. 2 ~ 6.

② 王晓德：《关于拉美历史上“考迪罗”统治形式的文化思考》，《政治学研究》，2004（3）：第 31 页。

③ ［美］迈克尔·C. 迈耶，威廉·H. 毕兹利，复旦人译：《墨西哥史》（上册），北京：东方出版中心，2012 年，第 322 页。

他们对国家的治理往往以个人的意志为转移，带有很大的随意性，“不管有无政府机构，考迪罗都能进行统治；不管有无宪法，考迪罗都能履行权力；考迪罗的权威与合法性是个人的，不依赖于正式的制度。”① 尽管在建立早晚和历时长短上各有不同，这一时期的拉美各国基本上都有其代表性的考迪罗人物。例如：阿根廷的胡安·曼努埃尔·德罗萨斯（1829—1852）、委内瑞拉的何塞·安东尼奥·派斯（1831—1835，1839—1843，1861—1863）、墨西哥的安东尼奥·洛佩斯·德圣安纳（1833—1855 年间 11 次担任总统）等。这些考迪罗的统治，实际上为拉美各国的发展带来了好坏兼备的两面性影响：一方面，考迪罗的强权统治，平息了国内不同派别之间的政治论争，可以集中力量在国家发展方面做出一定成绩，例如铺设铁路、修建社会公共设施、兴办教育、发展民族经济等；② 另一方面，考迪罗的统治以强权为基础，体现为对社会自由和其他力量的压制性，以及可能为其他强权所取代的不稳定性。因而，很多国家在考迪罗统治时期内经历频繁的权力更迭，政局极度不稳定，发展也难以为继。

同样，考迪罗统治的两面性也深刻体现在报刊的发展脉络上。一方面，考迪罗政权集中力量发展自己的报刊，同时也尽力扶植亲政府的报刊，为它们的发展提供资金、政策乃至技术上的支持；另一方面，为维护自身政权的持久性，考迪罗政权对报刊整体上实行彻底的审查制度，严密管控言论和出版，排挤打压甚至直接关闭异己报刊。在墨西哥，考迪罗总统圣安纳支持官方的《政府日报》（*El Diario del Gobierno*），而其他支持自由派的报刊，如《选举报》（*El Voto*）、《审查报》（*El Censor*）、《改革报》（*La Reforma*）以及《19 世纪报》（*El Siglo XIX*），都是政府打击的重点对象。阿根廷也是一样，罗萨斯成立了一个名为 Mazorca 的警察部队，专职负责驱逐、破坏任何考迪罗政权的反对力量，并且将异己人士流放海外。这一时期，阿根廷的自由派报刊主要有：《分选报》（*El Clasificador*，1830）、《布省水星报》（*El Mercurío Bonaerense*，1832）、《午后日报》（*Diario de la Tarde*，1831）、《阿根廷彗星报》（*El Cometa Argentino*，1831）、《民权捍卫者报》（*El Defensor de los Derechos del Pueblo*，1833）及《彩虹报》（*El Iris*，1833）。到 1835 年，在 Mazorca 警察和其他各种手段的强力打压下，几乎所有报纸都销声

① John Lynch：Caudillos in Spanish America，1800 - 1850. Oxford：Clarendon Press，1992. PP. 3 ~ 4. 转引自王晓德：《关于拉美历史上“考迪罗”统治形式的文化思考》，《政治学研究》，2004（3）：第 35 页。

② 王晓德：《关于拉美历史上“考迪罗”统治形式的文化思考》，《政治学研究》，2004（3）：第 35 页。

匿迹，仅余几份商业性期刊仍在勉强支撑，例如《贸易电讯报》（*El Telégrafo del Comercio*）、《天文年鉴》（*El Almanaque Astronómico*）和《出游指南》（*Guía de Forasteros*）。[①]

同一时期内，拉美历史的另外一个重要特点就是大大小小、持续不断的战争。这些战争不仅对整个拉美的历史发展进程产生了巨大的影响，同时也构成了拉美报刊在一个时期内的重要发展契机。其中，影响最为深远的是三场局部战争——美墨战争（1846—1848 年）、三国同盟战争（1865—1870 年）和南美太平洋战争（1879—1883 年）。这三场战争，主要在以下几个方面影响了拉美报刊和新闻传播的发展历程：

其一，战争之前的党派论争，深化了报刊的政党特性。在战争开始之前，国内党派之间爆发不同意见，主战、反战之争成为报刊的主要内容。同时，党派之间也为征求何种力量的支持而产生分歧，譬如美墨战争之前的墨西哥，就为了争取西班牙还是其他欧洲力量的支持，或是依靠自主力量而争论不休。前者如保守派的《环宇报》（*El Universal*，1848—1855）主张尽早争取西班牙的援助，后者则有自由派的《19 世纪报》力主摒除一切外国势力的干预。这一方面承袭了长期以来拉美各国以政党报刊为主的特点，同时也体现出拉美报刊一直具有趋附国外势力的特性。

其二，国家宣传与战时管制，强化了报刊的国家性质。在这些战争中，报刊开始作为国家意志的鼓吹手、宣传员，新闻传播开始为战争目的而服务，信息成为操纵舆论的工具。同时，拉美国家开始意识到“信息传播设施以及新闻传播媒体，都应服务于国家政府的基本利益，包括国家安全和领土主权”。因此，战时的信息传播和新闻媒体，都应无一例外地实行包括“政府征用、国家安全、反煽动法、应急政策”在内的战时管制。[②]

其三，信息技术和基础设施进入拉美国家的视野，成为重点发展领域。在美墨战争中，电报和铁路等新的信息交通技术发挥了极大的作用。战后，墨西哥立即开始建设本国的电报网络，并且成立国有的“国家政府电报网络公司”（Líneas Telegráficas del Supremo Gobierno）进行统一管理。三国同盟战争期间，

---

① Leonardo Ferreira: Centuries of Silence, the story of Latin American Journalism. Westport CT: Praeger Publishers, 2006, PP. 115 ~ 116.

② Leonardo Ferreira: Centuries of Silence, the story of Latin American Journalism. Westport CT: Praeger Publishers, 2006, P104.

双方都致力于推动电报网络的铺设，同时加强了对电报的内容审查和技术控制。在南美太平洋战争期间也是一样，交战的秘鲁、玻利维亚和智利都投入了新开通的军用网络和电报发送站。①

其四，不仅出现了外国报刊和地方报刊，还诞生了驻外记者和现代新闻。在战争期间，不仅有美国、法国等军事力量的直接参与，也有其他外国势力的幕后介入，在拉美各地出现了很多由外国势力兴办、以其他语言出版的报刊。美墨战争之后，墨西哥出现了20余家美国报纸，其中还有两份在墨西哥城出版的日报。阿根廷则出现了1865年开始出版的法语报纸《普拉塔快报》（*Le Courier de la Plata*），以及西班牙《真理报》（*La Razón*）的阿根廷版。同时，由于全国性的言论出版管制政策，集中于本地消息的地方报刊开始涌现。

其五，战争之后的报刊分流，萌生商业报刊的发展。为了规避言论出版管制，同时也躲过考迪罗政府的政治打压，很多报刊开始偏向于商业贸易等领域的专业信息传播。以美墨战争后的墨西哥为例，当时墨西哥国内主要有两类报刊：一类是倾向于政府的报纸，大事宣扬新政新规，以淡化战争失利、粉饰决策失误；另一类是商业性的报纸，譬如《商业回声报》（*El Eco del Comercio*），多为鼓励商业复兴的论调。②

到19世纪后期，大多数拉美国家都已建立起近代报刊业，呈现出政府报纸、党派报纸和民间报纸并存的局面。此外，其他一些国家，如厄瓜多尔、委内瑞拉、萨尔瓦多、特立尼达、苏里南等，也在20世纪初期有了自己的报纸。在一些报业比较发达的国家，如墨西哥、巴西、阿根廷等，报纸的数量显著增长，同时开始有报刊商业化迹象。以墨西哥为例，1892年有日报28种、周报147种，到1900年，报刊总数增至665种。同时，1896年墨西哥的保守派创办了《公正日报》，采用最先进的印刷技术和企业化经营管理，尽管此时的报刊仍为政党性质，但其对技术的注重和向企业经营的转向，又为商业化报纸的发展开了先河，该报1905年的发行量高达7.5万份。到20世纪初叶，拉美报业已经普及到所有国家。③

---

① Cynthia Baur：The Foundations of Telegraphy and Telephony in Latin America. *Journal of Communication*, 1994 - 144（4）：PP. 9 ~ 25.

② Antonio Checa - Godoy：Historia de la Prensa en Iberoamericana. Sevilla, Espa? a：Ediciones Alfar, 1993, PP. 52 ~ 55.

③ 刘笑盈：《中外新闻传播史》，北京：中国传媒大学出版社，2007年，第225页。

（三）现代化进程

取得独立以来，拉美国家一直深受内乱外扰之困，尽管对于现代化的设想从19世纪中期就已开始，直到19世纪末期才迟迟展开。虽然很多国家仍处于高度集权的独裁统治或寡头政治之下，拉美各国在这一时期内处于相对稳定的局势，为现代化进程的开始提供了稳固的社会背景。在阿根廷、巴西、墨西哥等国，渐次展开的具有资产阶级性质的发展政策，为拉美国家开启了以工业化、城市化为先头的现代化历程。从1870～1930年，拉美国家经过了早期现代化时期，随后进入现代化的快速发展时期。直到20世纪80年代，现代化发展遭遇瓶颈进而开始改革转型。[①] 这个时期内，拉美国家的新闻传播、报刊媒体也经历了一个由政治性向商业性，再到大众化的发展历程。

首先，早期现代化时期（1870－1930年），拉美国家的经济发展深受中心国家二次工业革命的影响。中心发达国家的工业生产增长，带动包括拉美在内的外围国家的出口需求，从而使拉美国家形成以初级产品为主的出口导向经济发展模式。同时，随着中心发达国家的经济剩余规模的扩大，将资本和技术导向对外围国家的投资。这个时期，对拉美的投资主要来自欧洲，其中比重最大的是英国，其次是法国和德国。在外资投入和出口增长的基础上，拉美国家很快实现了初步的资本积累，并且开始大量投入国内基础设施的建设，包括铁路、港口、邮政、电报等在内的交通通信系统得以广泛建立。例如铁路的发展，1870年以后这一时期几乎完全处于为兴办铁路筹款和建设的热潮中。1879年南美洲铺设的铁路线长度已超过1770英里，至1900年则超过26000英里。[②] 到波菲里奥时代末期（1911年），墨西哥的铁路总长度达到19280公里，是今天墨西哥铁路里程的77.5%。[③]

随着经济发展和基础设施的投入，开始有工业中心、矿业中心以及铁路枢纽的出现。农村人口涌入城市，加之移民的进入，拉美各国开始涌现规模较大的现代城市。巴西在1872年时有3个人口超过10万的主要城市，到1940年时已经增长到10个。同时，城市、集镇的规模都在不断扩大。从1877年到1930年，

---

① 此处对拉美现代化进程的时期划分参照韩琦：《世界现代化进程·拉美卷》，南京：江苏人民出版社，2009年，第16页。

② ［英］莱斯利·贝瑟尔，胡毓鼎等译：《剑桥拉丁美洲史》（第4卷），北京：社会科学文献出版社，1992年，第42页。

③ 陆俊国，金计初：《拉丁美洲资本主义发展》，北京：人民出版社，1997年，第59页。

墨西哥首都墨西哥城的人口从23万增长到105万，而阿根廷首都布宜诺斯艾利斯的人口则从18.7万（1869）增长到了217.8万（1932）。[①] 与此同时，拉美各国也开始推动国家政权和社会文化方面的现代化，首要一点就是限制教会的权力，推动宗教与国家权力的分离。其次是普及世俗化的公共教育，以期用知识文化推动民族归化和国家认同。正如1926年，墨西哥一位教育官员所指出，“通过农村学校团结墨西哥，教育山区和偏远山谷的人们……教他们热爱墨西哥，知道墨西哥的含义。”[②] 拉美的国家民族意识开始形成，但这一时期的识字率提高并不明显。仍以墨西哥为例，1910年时能读能写的人口仅占19.79%。[③]

现代化的发展，同时也体现在新闻传播领域，各国的报刊也相应进入了一个向“现代化”迈进的阶段，但这仅仅是在技术、经营层面。由于这时期的拉美国家普遍处于寡头威权政治体制下，言论出版自由受到极大的禁锢。尽管对报刊没有到绝对控制的程度，仍有一些报刊尝试发出讽喻之声，但还是在整体上形成了公众批评的失语。尤以菲波里奥时期的墨西哥为甚，譬如1902年一份名为El Hijo del Ahuizote的期刊就因发表批评菲波里奥政府的言论而被没收充公，两位编辑也因言获罪导致锒铛入狱。不过，在经历了多年反殖民运动洗礼的拉美，对言论自由的追求只能被证明是禁而不绝的。

随着铁路和电报等现代交通通信技术的普及，拉美国家报刊进入了追求时效性的现代新闻传播阶段。1870年前后，拉美报刊开始使用电报技术传递新闻信息。与此同时，蒸汽印刷设备也开始投入使用，委内瑞拉的《国民评论报》（La Opinión Nacional）就是最早采用工业印刷技术的拉美报刊之一。同时，派驻海外记者的历程也由此时开始。1877年，阿根廷的《民族报》（La Nación，1870）首次开设国内、国外多个记者站，通过电报和铁路将报道传回报社，甚至包括来自中东、北非的报道。由于铁路、电报等技术对新闻传播的巨大影响，这时期的很多报刊都以“每日电讯”“快报”“邮讯”等来命名。

除此以外，这一时期的拉美报刊也已开始向西方通讯社购买新闻信息。1876年前后，利马的主要报刊《贸易报》（El Comecio）最早开始向哈瓦斯通讯社、

---

① ［英］莱斯利·贝瑟尔著，胡毓鼎等译：《剑桥拉丁美洲史》（第4卷），北京：社会科学文献出版社，1992年，第244页。

② ［美］迈克尔·迈耶，威廉·H. 毕兹利著，复旦人译：《墨西哥史》（上册），北京：东方出版中心，2012年，第572页。

③ 韩琦：《世界现代化进程·拉美卷》，南京：江苏人民出版社，2009年，第111页。

沃尔夫通讯社和路透社购买新闻。到19世纪末20世纪初，多数拉美报刊都开始采用西方通讯社的消息。20世纪以来，美联社的影响力逐渐上升，很快就与路透、哈瓦斯等老牌欧洲通讯社平分秋色。1909年，委内瑞拉首都加拉加斯出版了一份以汇编美联社、沃尔夫社和路透社新闻信息为主的《环球报》。这一由欧洲转向美国的趋势，不仅体现在通讯社的影响力上，同时也体现在拉美报刊的经营方式上。以往，拉美报刊大都奉欧洲大报为典范，如今更多看向美国报业，尤其是在报纸的排版编辑方面，美报多用图片、彩色排版等采编制作原则都为拉美报刊所广泛采用。墨西哥的商业报刊可以1928年由巴勃罗·朗卡利卡创办的小型报纸《新闻报》（*La Prensa*）为转折标志。该报为私人所有，仿照美国便士报的传统，文字通俗易懂，以社会新闻为主，当时就达到每期52版，很快吸引了大量市民读者。①

总的来看，这一时期的报刊已经基本实现了技术和经营上的现代化转型，开始由政治性向商业性的报刊转变，而且开始具有现代新闻传播的特点。然而，如同拉美早期现代化是属于上层阶级少数人的现代化一样，此时的报刊仍是属于精英阶层的高消费品。刚刚兴起的工人阶层，还无法负担一份报纸的订阅费。不过，有些地方已经出现了一些面向工人阶层的小报，例如墨西哥的《社会主义报》（*El Socialista*）、《劳工之子报》（*El Hijo del Trabajo*）、《再生报》（*Regeneración*）等。“经常能看到远离剥削者的工人们，三十几人私下围聚一起，读报甚至记述报上的内容。一份报纸辗转在临近村镇的工人中间传看，一张报纸可能要流传好多次。虽然资金不足、技术落后，这些工人报刊的接受度和影响力都不容小觑。”②

其次，现代化的快速发展时期（1930－1982年）。这一时期又以第二次世界大战为界，分为前期和后期两个阶段。前期从1930年到1950年，外部受世界经济大危机、第二次世界大战的影响，意识形态上以民族主义为主，政治上出现了民众主义政权，经济上开始了进口替代工业化第一阶段；后期是1950年至1982年，外部受战后民族解放运动高涨的影响，意识形态上以“发展主义”为主，政治上由文人政府过渡到军人威权主义政府，经济上经历了进口替代工业化的第二阶段。可以说，拉美在早期现代化过程中实现了国家的工业化，所谓的“向现

① 陈力丹：《世界新闻传播史》（第二版），上海：上海交通大学出版社，2002年，第215页。

② Leonardo Ferreira: Centuries of Silence, the story of Latin American Journalism. Westport CT: Praeger Publishers, 2006, P132.

代化迈进”实际上就意味着不顾社会成本地向欧美靠近，[1] 这样的现代化具有外源性、依附性和脆弱性的特点。进入快速发展时期，社会转型也随即开始启动。拉美社会向工业社会转型的历程起源于非经济因素，也即以民族主义、民众主义和职团主义为中心的三大主义，其核心内容和根本意义就在于“如何按照本民族的特点而不是照搬西方模式来进行工业化和现代化”[2]。

1929至1933年的经济危机，对世界资本主义体系是一个非常重大的打击。在经济危机的背景下，拉美在早期现代化过程中积淀的依附性、脆弱性特征明显体现出来。在经济风暴期间遭受到严重损失，拉美各国随即开始民主革命运动，民族资产阶级在罢工和示威的大潮中迅速成长。从1934年开始，转变了发展方向的拉美开始迅速恢复增长，广泛采取保护和发展民族工业的措施。通过推动进口替代的工业化发展模式，拉美各国的民族工业得以迅速增长。从1938至1947年，制造工业的产量增加了三分之一至二分之一，其他工业企业的数目、工业投资额以及工业产品的种类等，都有所增长。[3] 第二次世界大战期间，拉美各国都不同程度地卷入了战争之中，但是战争的进程并未阻碍拉美的经济发展。战前多局限于轻工业和食品工业的拉美各国，战后在重工业方面也得到了发展。在这样的势头下，很快进入经济发展的“拉美奇迹”时代。从1950到1981年，拉美地区的GDP增长达到年均5.3%。同时，从这一时期开始，美国取代传统的英、法等欧洲大国，全方位成为对拉美最为重要的经贸对象国和投资者。

在经济发展的前提下，拉美的人口开始迅速膨胀，城市化进程也加速深化。从1930年到1990年，拉美总人口增长了4倍，由近110百万猛增至450百万。[4] 仅1950年至1959年间，总人口就增长了1倍，同期城市人口增长了4倍。到20世纪末，拉美经历了从75%的农业人口向70%的城市人口、70%的文盲向85%的识字率的转变。[5] 工业的发展、城市的繁荣以及教育的进一步普及，催生了新兴的中产阶级，以城市非体力劳动阶层为主的中产阶级大幅增加。作为一个有文化、有独立利益和要求并且有主见的阶级，信仰多元主义、推崇民主自由，具有

---

① ［美］迈克尔·迈耶，威廉·H. 毕兹利，复旦人译：《墨西哥史》（上册），北京：东方出版中心，2012年，第468页。

② 韩琦：《世界现代化进程·拉美卷》，南京：江苏人民出版社，2009年，第516页。

③ 李春辉：《拉丁美洲史稿》（上册），北京：商务印书馆，1983年，第295页。

④ Leslie Bethell：The Cambridge History of Latin America，Volume VI，London：Cambridge University Press，1994. P3.

⑤ 韩琦：《世界现代化进程·拉美卷》，南京：江苏人民出版社，2009年，第19页。

现代民主的参与意识。这一时期的现代化已经影响到全体民众，虽然民众的整体生活水平都有提高，仍然严重的两极分化增大了社会张力。

与此同时，新闻传播的发展也十分显著。首先，从20世纪20年代、30年代起，拉美报刊开始采取美国模式的发展路径，尽管在思想理念上仍未能脱离政治性的影响，但在编辑方法和经营模式上则全面学习美国的市场化先例。墨西哥的《宇宙报》（*El Universal*）就是此中代表，这份报纸创办于1916年10月，由当时的公共教育部长费利克斯·F·帕拉维奇尼出资筹办，与政府和执政党联系紧密。《宇宙报》具有明显的政治性，同时也因其采用引进自美国的先进印刷制作技术而知名。另一份同样至今仍具影响力的《至上报》（*Excelsior*，1917），则是从排版样式到采编原则全盘以《纽约时报》为楷模。在内容分栏上，也摒弃了长时间来以政治立场为主线的编排程序，改照美国报刊的做法分为新闻、图表和评论。在发行方面，也开始转型为大众化报刊。此后，不论是在媒介集团的发展，还是广播、电视的经营管理，拉美国家基本都以美国的相应做法为模式照样学来。拉美在新闻传播的体系和内容上，必然受到来自美国的极大影响。

其次，美国对拉美新闻传播的影响，还集中体现在新闻专业的教育方面。20世纪30年代起，大批拉美学生前往美国的密苏里新闻学院和哥伦比亚大学新闻学院等学府求学。一时之间，拉美各国主要媒体的报人都由留美派构成。哥伦比亚大学新闻学院的拉美校友包括，埃尔曼诺·卡蒂姆（巴西《商业日报》执行总编）、豪赫尔·德拉诺（智利《*Topaze Magazine*》编辑）、阿图罗·沙埃赫尔（巴拉圭《论坛报》编辑）、胡利奥·谢雷尔·加西亚（墨西哥《至上报》总经理）、阿图罗·乌斯拉尔·彼特里（委内瑞拉《国家报》总编辑），等等。同时，很多知名报人也因推动拉美报刊的美国模式发展，而受到哥伦比亚大学新闻学院的表彰，其中很多日后都发展成为拉美各国的媒体巨头，其中就包括墨西哥《北方报》和《太阳报》的创办人鲁道夫·洪科·德拉维加。

第三，随着新闻媒介的市场化，媒介的垄断集团开始出现。在报业比较发达的墨西哥，最早的报团出现在20世纪40年代末期。在联合一系列广受欢迎的报刊基础上，何塞·加西亚·巴尔塞卡组建起一个名为“墨西哥出版组织”的集团，旗下共有36家地方性日报，以及体育报刊《此地》（*Esto*）等多份较为盈利的期刊。20世纪80年代，墨西哥最大的报团是阿拉尔贡集团（Alarcon），它控制了全国三分之一的报纸，包括《墨西哥先驱报》《墨西哥太阳报》《消息报》等大报。在阿根廷，1945年创办的《号角报》是第一份大众化报刊，也是多年以来发行量最大的报纸。通过收购新闻纸生产公司、吞并《民族报》和《真理报》成立的“号角报集团”，逐渐发展成为阿根廷最大的报业集团。伴随着媒体商业化的发展，通过媒体进一步实现社会和文化的商业化，形成拉美的商业社会和消费文化。

第四，拉美对新闻信息的需求日益增长，向西方通讯社购买新闻服务的热情日渐增长。然而，各国政府也开始意识到本国在世界信息传播中的弱势地位，于是兴起积极发展本国通讯社的势头。1945 年，阿根廷时任副总统贝隆组建美洲通讯社 Télam（Telenoticiosa Americana），旨在“抵制来自美国的美联社、合众社等通讯社的信息垄断”；1959 年，古巴领导人卡斯特罗授意，“与其购买他们（美国）的言论，不如用我们自己的语言（西班牙语）来发布”，从而推动由政府创办成立拉丁美洲通讯社 Prensa Latina（Agencia de Noticias Latinoamericana S. A.）；至于墨西哥国家通讯社 Notimex（Agencia Mexicana de Noticias Notimex，1968）的成立，则是应报道墨西哥奥运会之需而筹备。这些通讯社都是由政府承办，具有官方新闻发布机构的性质。此外，在 70 年代、80 年代间，还有一些地区性的通讯社出现。如 1983 年成立的拉丁美洲通讯社 Agencia Latinoamericana，是由玻利维亚、古巴、多米尼加、厄瓜多尔、海地、墨西哥、尼加拉瓜、巴拿马和委内瑞拉九国共同联合建立的。而加勒比新闻社 Caribbean News Agency（CANA，1976）则是另外一种形式，它是通过地区内多家媒体联合分享新闻信息的形式组建的。

第五，20 世纪 40 年代开始，拉美各国开始建立自己的新闻教育事业。报业较为发达的阿根廷、巴西和墨西哥，是最早开设新闻专业高等教育的国家。1934 年 4 月 27 日，阿根廷记者学会（Argentine Círculo de Periodistas de la plata）建立了拉美地区的首个新闻高等教育学校；巴西的新闻教育始于 1935 年，里约热内卢联邦大学开始讲授新闻学课程，但是直到 1943 年巴西大学国立哲学院才正式设立新闻学的学位；1936 年，墨西哥国立自治大学下属的女子大学首开新闻课程。之后在政府的大力支持下，国立自治大学（1951 年）和维拉克鲁斯大学（1954 年）开始设立新闻学位课程。其他国家的新闻教育，大多出现在二战期间（委内瑞拉 1941 年、古巴 1942 年）及二战之后（厄瓜多尔、哥伦比亚、秘鲁，1945 年；智利，1947 年）。[①]

---

① Leonardo Ferreira：Centuries of Silence，the story of Latin American Journalism. Westport CT：Praeger Publishers，2006，PP. 194 ~ 195.

第六，拉美地区对新闻的质量和专业性的要求进一步提高，新闻传播领域的行业协会（colegios）纷纷建立。在他们的推动下，拉美各国推出了相关的“媒体从业法”（Ley de Ejercicio del Periodismo），加强了对新闻传播行业的规范管理。其中很重要的一条规定，就是要求新闻从业者必须具有新闻学或传播学的学位。玻利维亚的“媒体工作者联合会”（Federación de Trabajadores de la Prensa），古巴的“记者协会”（Unión de Periodistas de Cuba），以及委内瑞拉的“记者联盟”（Nacional de Periodistas）等，都是此类新闻传播业行会。到90年代改革期间，这些行会的规定大多被认定为“强制性准入规则”，违背宪法和国际法所规定的基本权利，已经弃用或禁止。尽管如此，还是有很多新闻传播领域的协会，以自愿加入的形式，对成员起到职业规范和道德醒示的作用。

另外，这一时期的拉美地区也进入了广播和电视为主的电子媒介时代。由于本文的研究对象主要是拉美的报刊媒体，因而对此不作过多细述，仅对一些主要特征作简要说明：首先，广播和电视来到拉美，都是由各国政府主推实现的。政府期望可以将电子传播技术应用于普及教育和推广文化，然而现实却是广播电视都迅速集中垄断到少数家族企业手中。其次，拉美的广播电视业，都是遵循美国的商业体制而建立发展。广播电视节目商业气息浓重，广告和娱乐成为其主要功能，但却未褪去政治色彩。恰恰相反，政府往往通过颁发播送执照的方式，将广播电视掌握在亲信或利益攸关的商人手中。此时的媒体，既包括报刊也涵盖广播电视，往往以所有人的政治立场为导向。再次，作为一项有利可图的新兴产业，广播电视吸引了很多业已功成名就的企业家来投资，其中既有来自于实业领域的企业，更多是经营多年的报业集团。在拉美地区，可以说从一开始报业就与广播电视的发展是一体的。以最早开始广播电视传播的墨西哥为例：1923年，实业家劳尔·阿斯卡拉加开始投资兴办广播电台，随后他与当地久负盛名的《宇宙报》签订协议联合运营CYL电台。开播当日（5月8日），《宇宙报》在头版宣称：“与美国的知名大报一样，《宇宙报》从此也将通过广播电台来播送新闻报道。”半年后，《至上报》也怀着同样的期望建立了自己的电台CYX。① 1950年8月31日开播的第四频道（Canal4，XH－TV）是墨西哥首个商业电视台，也是由《新闻报》（*Novedades*）的老板罗慕洛·奥法里尔（Rómulo O'Farrill）开办。而

---

① Leonardo Ferreira：Centuries of Silence，the story of Latin American Journalism. Westport CT：Praeger Publishers，2006，P176

他之所以能够得到首个电视许可，也是因为与时任总统阿莱曼的关系匪浅。最后，广播和电视的发展，尤其受到文娱和体育方面的推动。广播时代最受欢迎的节目是音乐和文学，而电视的发展则极大受到重大体育事件的助推。1968 年墨西哥奥运会和 1970 年世界杯决赛，是标志着拉美电视业进入全球传播阶段的里程碑。

到 20 世纪 80 年代，拉美各国的新闻媒体已经基本完成了由政党报刊向商业报刊、由精英媒体向大众媒体的转变。媒体经营也已经进入了垄断阶段，大多数国家的主要媒体都由少数企业或家族把持，形成以报团为核心的媒体集团。媒体与权力之间的关系，从冲突对立到和谐共生、由外控转向内治（censorship－self censorship）。至少，媒体市场上呈现出一派繁荣景象。在美国模式的激励关照下，拉美各国的报刊，从数量到质量，不论内容还是版式，甚至包括经营运作方式，都经历了一段发展壮大的时期。到 80 年代中期，报刊仍是拉美国家最为主要的新闻传播媒体，广播电视则更多体现文化娱乐的功能。其中，阿根廷、巴西、墨西哥是报业最为发达的三个国家。

表 4－3　拉美主要国家拥有日报数量（1965～1984 年）①

	1965	1975	1978	1979	1982	1984
阿根廷	171	164	141	133	191	188
巴西	ND	299	328	328	ND	322
智利	ND	47	37	37	37	ND
哥伦比亚	39	40	39	38	28	31
秘鲁	69	49	57	59	68	60
委内瑞拉	33	49	55	69	36	61
墨西哥	220	256	ND	ND	374	312
美国 *	1751	1775	1774	1787	1710	1687

三、新时期转型发展（20 世纪 80 年代至今）

到 20 世纪 70 年代中期，拉美国家就已跨过人均 GDP1000 美元的关口，80 年代初的墨西哥、巴西、阿根廷等国家就进入了新兴工业化国家的行列。根据拉美经委会的统计，1980 年拉美地区的人均 GDP 达到 2326 美元。② 到 1982 年，拉

① 根据 Michael B. Salven，Bruce Garrison：Latin American Journalism. New Jersey：Lawrence Erlbaum Associates，ltd. 1991. P106. 其中，ND 表示没有相关数据，＊美国作为参照数据。

② 韩琦：《世界现代化进程 · 拉美卷》，南京：江苏人民出版社，2009 年，第 32 页。

美地区陷入债务危机的阴云，从而导致发展增速减慢，进入80年代“失落的十年”。拉美各国开始反思自己的发展模式和制度体系，先后进入“开放与改革”的时期，提倡政治民主化与经济自由化，思想舆论也进入活跃期。20世纪80年代以来的拉美，在意识形态上以新自由主义为主，政治上军人政权让位给文人政权，民主化的步伐加快，经济上建立起新的外向型发展模式。尤其伴随着全球化时代的到来，不仅带来了对民主和人权的新要求，也意味着各国经济竞争的加强。拉美国家被迫加快了改革开放的步伐，转换经济发展模式，不再像过去那样仅仅面向国内市场生产，而是为国际市场生产。同时，它本身对于国际市场的依赖也进一步加强。

进入21世纪以来，拉美各国在改革发展的路径中继续前进。总体来看，拉美各国的政治形势趋于稳定，民主政治机制良性运转，通过政治改革扩大参与已经渐成共识；经济方面整体保持向好的趋势，尤其在2009年以来的世界性金融危机中，拉美各国通过战略调整和政策引导，实现了保持轻缓上增的态势。在国际关系方面，历史上拉美一直具有“依附于国际权力中心”的倾向，从19世纪主要依附于英国到20世纪全面依附于美国。经过21世纪的改革调整，拉美国家对外关系呈现出：加大参与国际多边机制、减少对美依赖、推进地区一体化、实现对外关系多元化等特点①。拉美国家在与亚太及印度、俄罗斯等新兴大国的合作有积极进展，双方交流的领域也呈现出多元化、多层次的特点。

拉美的转型不仅限于经济方面，还包括社会、文化和政治结构方面的转变。作为社会改革的重要一环，拉美的新闻传播领域也在民主化改革的浪潮中经历了具有重大意义的变革。拉美媒体的转型，不仅是拉美整体民主化改革的一部分，更在很大程度上扮演着“民主推进器”的角色，极大地助推了拉美各国在政治、经济、社会和文化领域的变革，并且形成了目前拉美媒体的新闻传播模式，奠定了今时今日的拉美新闻传播体系。在探讨媒体改革的具体内容之前，有必要梳理一下前改革时期拉美国家新闻传播体制的总体特点，进而在此基础上探讨其改革前后的变化与承袭——

1. 模糊自由、限制权利的法律体系

多数拉美国家的法律，都确认了公民享有言论出版的自由。然而，几乎所有

① 吴白乙：《拉丁美洲和加勒比发展报告》（2011～2012），北京：社会科学文献出版社，2012年，第7页。

国家的言论出版自由都是仅仅停留在国家宪法层面的文字表述，对“自由”的说明都极尽含糊其辞，从而为各种版本的阐释留有充足余地。反之，在对自由的限定条件，也即权利限制的阐述则非常细致，并且辅之以诽谤法、叛国罪等具体刑罚。更有甚者，前西班牙殖民地区的很多国家沿袭了“不敬冒犯”的法律传统，也就是说，法律先定国家权力及其官员是不可冒犯的。言论的内容是否属实，并不在“不敬罪”判定的考量范围内。在此基础上，形成了“自由”概念模糊、无以保障，而对权利则限制重重的法律体系。政府和官员可以轻易以诽谤、泄密、叛国、不敬等罪名，将报刊、报人置于绝境。很多报刊因此而被迫关闭或转手，也有很多报人遭到监禁或避祸他乡。1982 年，英属圭亚那的一份周报《基督教标准报》两周之内受到 4 起诽谤指控。历经多年缠讼（直到 1988 年），最终以两起因故撤诉、两起败诉赔款而告终。尽管《基督教标准报》在多年的诉讼过程中仍能勉强支撑下来，也已导致报社债台高筑境况堪虞，最后不得不广征捐资以支付赔款。①

2. 媒介产业与权力之间的利益共谋

拉美各国的媒体基本上都属于私人所有，只有少数广播电视由国家所有或具有国家份额。然而，私营的商业性质并未导向媒体的独立，相反媒介产业与权力之间呈现出一种利益共谋的关系。媒介产业高度集中在少数商人及家族手中，成为一种资产阶级的精英财富。这些富商家族，他们本身就是政权体制的既得利益者。同时，政府尤其是执政党，通过媒体执照和产业政策的方法，将媒体经营权把持在“自己人”手中。此外，政府还以各种行政方式帮助这些媒体，使它们在市场竞争中占据先机，优先取得获利机会等。媒介产业与权力之间，形成一种互为支持的利益共谋关系。1976 年，阿根廷新闻纸制造公司（Papel Prensa）的所有家族迫于军政府的压力，只得将其出售给予同军政府关系紧密的《号角报》经营人埃内斯蒂娜·埃雷拉·诺夫来。从而使《号角报》迅速上升成为当时最大的报纸，同时军政府也得以将国内舆论托付给“自己人”诺夫来家族。

3. 权力通过经济手段操控媒体

通常情况下，拉美国家的政府权力不会采取直接粗暴的方式干涉新闻传播，然而在通过经济手段实施间接操控方面则是驾轻就熟。美国媒介经济学家罗伯

① Michael B. Salwen, Bruce Garrison: Latin American Journalism. New Jersey: Lawrence Erlbaum Associates, ltd. 1991, P20.

特·G. 皮卡德将拉美国家对媒介的经济操控手段总结为以下几点：（1）对媒体行业或某些媒体给予税费减免；（2）为媒体提供信息通讯服务方面的优惠（包括邮讯、电讯等）；（3）政府广告（包括国有大型企业机构的公关宣传），很多时候是媒体经营最主要的收入渠道；（4）提供资助或贷款，以建立新的媒体机构或帮助媒体实现技术更新升级；（5）直接注资某些媒体，以使其能够免遭市场淘汰。① 此外，新闻纸也是各国普遍采用的经济操控方式。由于拉美各国的新闻纸都需依靠外国进口，政府可以通过控制进口新闻纸的方式起到操控媒体的目的。有些国家采取为某些媒体提供进口税费补贴的方式，有些国家则将新闻纸的进口和分配纳入直接管辖，例如墨西哥政府就是通过国有公司 PIPSA 控制所有新闻纸的生产和进口，而 PIPSA 公司则为某些媒体提供优惠价格甚至赊账服务，进而实现对媒体的间接操控。其中，在墨西哥报界影响力很大的《至上报》一直都是 PIPSA 账单上的常客，欠款数额常常达到数百万美元。

4. 权力以软性手段影响新闻传播

除了对媒体的操控，拉美国家的政府权力还对媒体的从业人员采取“软性”手段施加影响。关于这一点，首要的原因在于媒体本身的经营方式。为了压低成本，拉美各国的媒体长期以来实行的薪资方式是：基本工资 + 收入提成。也就是说，编辑记者的日常收入主要是一份极为低廉的基本工资，加上拉广告、接付费新闻的提成。正是新闻媒体如此的薪资结构，为政府权力提供了施加影响的空间。一方面，政府部门和相关机构为编辑记者定期送上“果子”（Chayos，也称 Embutes 或 Mordida，贿赂），也即现金收买。由于媒体的基本工资极为低廉，编辑记者的日常收入在很大程度上依赖于“果子”，每月或每季政府部门会有专人负责将装满现金的信封送到记者编辑手上。同时，也有实物形式的礼物或其他方面的好处，诸如为家人安排医疗、获取奖学金、公共住房等；另一方面，政府通过向媒体购买版面发布“付费新闻”（Gacetillas），以及控制信息来源的方式影响新闻媒体的议程和内容；此外，政府还通过设立奖项的方式，扶植“友好”媒体人和新闻媒体。

5. 权力以“铁拳”干涉新闻传播

在经济操控、软性影响等手段不奏效的情况下，尤其是在军政威权体制时期

① Michael B. Salwen, Bruce Garrison: Latin American Journalism. New Jersey: Lawrence Erlbaum Associates, ltd. 1991, P27. 皮卡德将拉美政府对媒体的经济操控总结为六点，将“通过制定相关政策以限定媒介经营规模或媒体融资的方式”包括在内，本研究将此类纳入“媒介产业与权力的利益共谋关系”。

内，拉美国家的政府权力也会诉诸“铁拳”（la mano dura），对新闻传播施以直接干涉。每当有些媒体或编辑记者尝试开展批评性的新闻报道，就会有专门部门出面，通过“谈话”“问询”等方式“提醒”“建议”他们遵循常规。对于报社，往往采取调查税务、审核执照等方式予以警示。因此，报社不时因为迫于压力而撤销报道，以至当时的报纸版面常见因撤换报道而临时加进的广告信息。为避免牵连，报社还得辞退有关编辑记者，频繁调换工作成为新闻行业的常态。

除了政府之外，还有其他力量对新闻传播施以暴力干涉，既包括商业利益集团，也包括犯罪团伙、恐怖组织、反叛组织等。1989 年，哥伦比亚《旁观者》主编路易斯·加夫列尔·加诺曾说，“在毒品犯罪活动中，有一个层面的问题对媒体影响极大，那就是毒品团伙和犯罪组织迫使新闻界就范的种种可怕手段。”加诺的兄长，《旁观者》前任主编于 1986 年遭毒枭遣人枪杀身亡，报社大楼又于 1989 年遭卡车炸弹袭击而被毁。针对新闻媒体、编辑记者的绑架、枪击、炸弹等暴力事件层出不穷，使得拉美一直以来都是从事新闻行业最为危险的地区之一。

6. 自我审查主导的新闻报道

在来自各方的挤压之下，拉美各国的媒体逐渐形成了一个以自我审查为主导的新闻内容生产机制。这个机制的核心由官方议程、选择失语和党派偏向三大要素构成：首先，媒体的新闻报道以官方议程为基准。广泛关注官方的一切活动和所有观点，总统及政府要员不仅是新闻报道的主题，也是新闻信息的主要来源；其次，在某些报道议题和议题的报道方式上，以选择性的失语作为主要处理方法。一方面避免敏感议题，既不去主动报道也尽量不涉及相关话题，另一方面在对某些议题的报道中，最大限度地消弭注意力，不评论、不分析、不跟进；再次，在地方及全国的选举中，媒体的报道都呈现出明显的党派偏向，尤其是对执政党的恭维偏颇。这在很大程度上归因于拉美各国当时所处的威权政治体制，同时也是媒体基于自身利益、政治倾向（主要是所有者的政治倾向）等进行自我审查的考量结果。[①]

总的来说，20 世纪 90 年代以前的拉美新闻传播体制，主要以强权力干涉的外部环境、共谋趋利的行业运作和自我审查的内容生产为核心特点。随着民主化

---

① Chappell H. Lawson: Building the Fourth Estate, Democratization and the Rise of a Free Press in Mexico. California: University of California Press, 2002, PP. 48 ~ 55.

浪潮的到来，媒体的变革也开始提上日程。近20年间，媒体记者和媒介学者普遍认为，拉美的言论出版自由整体情况比以往要好得多。民主化改革带来了信息技术的进步、自由思想的普及以及全新的舆情调查、媒介经营、公关广告等相关新闻传播理论概念和市场机制。印刷媒体与电子媒体，包括日报、杂志、卫星电视和广播电台，进入高度集中垄断的阶段，同时在硬件和软件的发展方面都吸纳了大量的私人及外国资本。[①] 拉美各国的新闻传播体制，在承袭既有传统模式的基础上，实现了不同程度的调整和变革。

第一，在法律方面，拉美各国对涉及新闻出版自由的法律条规进行了调整和完善，并先后颁布了信息自由法案，在确保新闻出版自由得以落实的前提下，建立了政府公共信息的公开制度；第二，媒介产业实现市场化，受众成为媒体追捧的上帝。政府也不能再以税费、优惠等经济手段操控媒体，对新闻纸的限制也基本都已废弃。同时，媒体都对从业人员支付高薪，以鼓励专业、敬业的新闻人才；第三，独立媒体和专业主义兴起，通过行业内部的反腐败、反贿赂纠正行业风气，加强了新闻行业的职业规范。推广全新的新闻教育，提高行业人员素质，标秉独立、客观、公正的职业道德；第四，转变媒体的社会定位，由传统的政治身份、商业的牟利工具，向监督国家权力、维护社会道德、传播思想文化的社会公共领域转变，因而注重调查性、监督性的新闻报道。

然而在成就以外，拉美国家的新闻传播自由在整体上"不容乐观"。根据国际媒体援助中心（CMIA）2011年6月发布的报告《遭遇新闻：拉美国家独立媒体现状》，目前对新闻媒体的攻击仍然存在，主要方式包括①因言获罪；②产业规制；③官方议程；④行政管制；⑤司法缺位；⑥污名诋毁；⑦暴力威胁；⑧经济钳制。[②] 除此之外，政府权力惯用的那些操控伎俩则以更为精巧、隐蔽的方式继续发挥作用，譬如付费新闻仍然在很多报纸的广告收入中占相当大的比重。[③] 总的来看，拉美各国的新闻传播体制大体上承袭了以往的"权力操控—自我审查"双重模式，并且向着更为隐蔽、复杂、多元的形态衍进。影响媒体观点立场

---

① Leonardo Ferreira：Centuries of Silence，the story of Latin American Journalism. Westport CT：Praeger Publishers，2006，P235.

② Douglas Farah：Confronting the News：The State of Independent Media in Latin America，June 28 2011. PP. 4～5. http：//cima. ned. org

③ 2000年10月29日，《纽约时报》刊发文章指出，时至2000年，大约65%的墨西哥报纸仍会将这类付费稿件以新闻的形式发表，并且以此为提高报纸盈利的重要方式。Tim Weiner：Mexico Ending Coziness for Press and Powerful，New York Times，Oct 29，2000.

的主要力量，由显性的政权、党派转向深层的利益联系。尽管在拉美各地不同国家的具体情况有所差别，“经过对拉美新闻传播的研究才会发现，这个地区的国家之间所具有的共通性要远大于其差别性。”① 这些共通性包括：

1. 新闻传播发源于传统的印第安族群，称为“初态/原型新闻传播”的早期信息传播。

2. 近代新闻传播起始于殖民地时期，根植于殖民宗主的欧洲新闻传播文化。在整个新闻传播的发展历程中，处于非西方世界之先。

3. 报刊的发展经过“殖民报刊—革命报刊—政党报刊—商业报刊—大众报刊”的历程，与政治和政党的紧密联系一直延续至今。“权力控制—自我审查”的新闻传播模式，长期在拉美地区占据主要地位。

4. 新闻传播的发展历程，在政治体制的动荡反复中跌宕延长。具体到每个国家，有些历史人物对本国的新闻传播体制的衍变具有关键性的影响，但又在整体上融入拉美历史的总体进程。

5. 媒介产业沿袭美国的商业模式，以私营企业为主，外资参与度强，高度集中垄断。媒介集团多以报业为核心，形成涵括广播、电视、网络在内的跨媒介巨头。

表 4－4　拉美新闻传播历史里程碑

拉美新闻传播史上的里程碑		
1539 年	印刷技术引入	墨西哥：墨西哥城
1541 年	首张新闻纸	墨西哥：危地马拉地震消息
1679 年	首张报纸	墨西哥：《墨西哥公报》
1808 年	首张革命报刊	巴西：《巴西邮报》
1808 年	首张日报	墨西哥：《墨西哥经济、思想日报》
1811 年	首个“言论自由”宪法	哥伦比亚：昆迪纳马卡省宪法
1921 年	首次广播	墨西哥：韦拉克鲁斯
1934 年	首个新闻专业学校	阿根廷：Escuela Superior de Periodismo
1943 年	新闻行业机构	IAPA/SIP：美洲新闻学会
1951 年	首个电视台	墨西哥：Canal 4
1985 年	首个信息自由法案	哥伦比亚：Law 57

① Michael B. Salwen, Bruce Garrison: Latin American Journalism. New Jersey: Lawrence Erlbaum Associates, ltd. 1991. P5.

第五章

横向定位：拉美新闻传播体系

一、拉美新闻传播体系

进入21世纪以来，拉美各国的现代化进程继续深化，政治、经济、社会、文化等领域都有长足的发展。在这个过程中，拉美地区形成了以中产阶级为主体的社会结构。2003年至2009年间，超过5000万拉美人口进入中产阶级队伍（1.03亿~1.52亿），从而使中产阶级占到地区总人口的近三分之一。[①]到2014年，拉美的GDP大约为6万多亿美元，占全球的8.8%。人均GDP约为1万美元。与此同时，拉美各国在推动教育普及方面也卓有成效。拉美地区的文盲率大大降低，从2005年的9.5%降低到2010年的8.3%，到2015年将继续下降至7.1%。[②]在此基础上，拉美地区形成了一个范围广泛的媒介市场，包括印刷、电子和数字在内的各种媒体发展迅速，新闻传播体系也日趋成熟（见表5-1）。

表5-1　拉美主要国家媒介覆盖率2014[③]

Penetration by Medium							
	Free TV	Pay TV	Radio	Newspapers	Magazines	OOH	Internet
Argentina	93%	74%	62%	40%	19%	90%	56%
Brazil	96%	40%	73%	31%	36%	83%	60%
Chile	97%	63%	58%	45%	21%	91%	64%

① 世界银行报告 The World Bank: Economic Mobility and the Rise of the Latin American Middle Class, 2012.

② 联合国拉丁美洲经济委员会报告 CEPAL: Anuario estadístico de América Latina y el Caribe, 2011. P49.

③ 数据来自 IBOPE Media Book 2014. http://www.ibope.com.br/.

（续表）

	Free TV	Pay TV	Radio	Newspapers	Magazines	OOH	Internet
Colombia	95%	86%	75%	78%	41%	99%	50%
Costa Rica	97%	64%	65%	77%	8%	91%	71%
Ecuador	97%	27%	69%	48%	30%	96%	57%
Guatemala	77%	53%	82%	78%	6%	88%	30%
Honduras	92%	84%	77%	76%	36%	82%	41%
Mexico	97%	36%	54%	27%	27%	98%	48%
Panama	94%	50%	60%	73%	19%	75%	53%
Peru	98%	64%	81%	67%	15%	100%	56%

在拉美地区，覆盖率最高的媒介是电视，2010 年时拉美地区家庭拥有电视机的比率就达到了 87%。[①]免费电视节目在很多国家的覆盖率高达 95% 以上，付费电视也大多达到 50% 以上，部分国家甚至达到 70% ~80% 以上。从媒体覆盖率来看，电视无疑是拉丁美洲的第一大媒体。但是由于国家之间经济水平和媒体发展的不同，各国的电视媒体之间差别也较大。整个拉丁美洲电视业最为发达的国家是墨西哥和巴西，墨西哥的特莱维萨电视台和巴西的环球电视台是整个区域内最具影响力的电视媒体机构。另外，在加勒比海地区，很多小国都是仅有为数不多的几家本国商业电视媒体机构，而在播出内容上也以传播美国或墨西哥、巴西的电视节目为主。此外，广播在拉美地区的覆盖率仅次于电视，尤其在一些加勒比岛国，广播仍是当地使用最多的媒介（见表 5 -2）。

表 5 -2　拉美地区互联网覆盖率 2016②

Latin American Internet Users and Population Statistics 2016					
REGION	Population (2016 Est.)	% Pop. of World	Internet Users, 30 - June - 16	Penetration	Users % World
Latin America	606, 963, 278	8. 3 %	378, 190, 371	62. 3 %	10. 3 %
Rest of the World	6, 733, 196, 214	91. 7 %	3, 297, 634, 442	49. 0 %	89. 7 %
WORLD TOTAL	7, 340, 159, 492	100. 0 %	3, 675, 824, 813	50. 1 %	100. 0 %

拉美地区在新兴的数字媒介使用方面发展也很快，2016 年互联网的覆盖率是 62. 3%，全地区共有互联网用户 3. 78 亿（占世界互联网用户数量的 10. 3%），

① 世界银行报告 The World Bank：2012 World Development Indicator，April 2012. P330.
② Internet World Stats：http：//www. internetworldstats. com/stats10. htm，2017 -3 -7.

其中尤以巴西（2.06 亿）、墨西哥（1.23 亿）两国的用户数量最多，达到亿级单位。[①]调查数据也表明，86.3% 的拉美网民通过互联网获取新闻信息（巴西 97.6%、秘鲁 95.9%、阿根廷 94.8%、智利 94.3% 及墨西哥 84.8%）。[②]随着互联网技术的进一步发展，整个世界范围内的数字新闻消费都处于高速发展阶段。2014 年，在全球互联网用户中，有 8.12 亿人使用互联网进行日常新闻消费，可以占到全球网民的 46%。[③]其中，拉丁美洲的通过互联网进行新闻消费的网民比例也达到了 50.2%。

与上述三种媒介相比，报纸在拉美地区的覆盖率不是很高。2010 年，拉美地区平均百人可获取的报纸为 6.7 份，报刊总发行量为 2700 万份。在覆盖率和发行量两方面，拉美地区都远逊于新闻传播最为发达的欧美国家。然而，就近几年的发展趋势来看，西欧和北美地区的报刊覆盖率和发行量都在显著下降，拉美地区却处于上升态势。与此同时，拉美地区报刊发行量的增长率相对要高于人口增长率。在 2005 年到 2010 年，报刊发行量增长 15%，同期人口增长为 6%。换句话说，读报人口的增长要比人口增长快两倍以上。这一现象，一方面是由于现有报刊的发行量大幅增长，新发报刊的数量也不少；另一方面是由于新式的免费报刊发展迅速，2011 年拉美地区的免费报刊发行量达到 350 万份（见表 5－3）。

表 5－3　拉美报刊变化趋势 2005—2010[④]

		2005	2010	Change in%
Population（×1000）	15 +	372.830	396.944	6%
Circulation（×1000）	paid	22.053	23.962	9%
	free	1.181	2.829	140%
	total	23.234	26.791	15%
Penetration（per 100 inhabitants）	paid	5，9	6，0	
	free	0，3	0，7	
	total	6，2	6，7	

① Internet World Stats：http：//www.internetworldstats.com/stats10.htm，2017－3－7.

② Futuro Digital，comScore，http：//www.comscore.com/Insights/Presentations_ and_ Whitepapers/2013/2013_ Brazil_ Digital_ Future_ in_ Focus，March，2012.2013－3－20.

③ 世界报业协会：World Press Trends 2014 report，Total paid－for and free daily，number of titles，P25.

④ 转引自 Piet Bakker：The Rise of Free Daily Newspapers in Latin America. *Revista de Comunicación*，2012（11）：P134.

根据世界报业协会的统计数据：2006 年至 2011 年间，拉美地区报刊的盈利收入增长了 65%。其中，广告是拉美报刊最为主要的收入渠道。2010 年，西欧和北美地区的报刊广告收入较上年分别缩水 1% 和 9%。同期，拉美地区报刊的广告收入上涨了 6%。①与此同时，世界报业协会 2014 年度报告的统计数据显示，拉美各国的报纸发行总量较前一年增长 2.56%，在各个区域中市场表现最好（亚太地区增幅为 1.45%，其他地区均为负数）。截止到 2013 年年底，拉美几个媒体大国的报纸媒体数量都基本保持稳定。其中，巴西有 722 份日报；墨西哥有 510 份日报；委内瑞拉有 109 份日报；秘鲁有 101 份日报。②预计近几年内，拉美报业将继续保持较高的年增长率继续发展。2016 年，拉美报业的年盈利收入将达到 104 亿美元③（见图 5－1）。

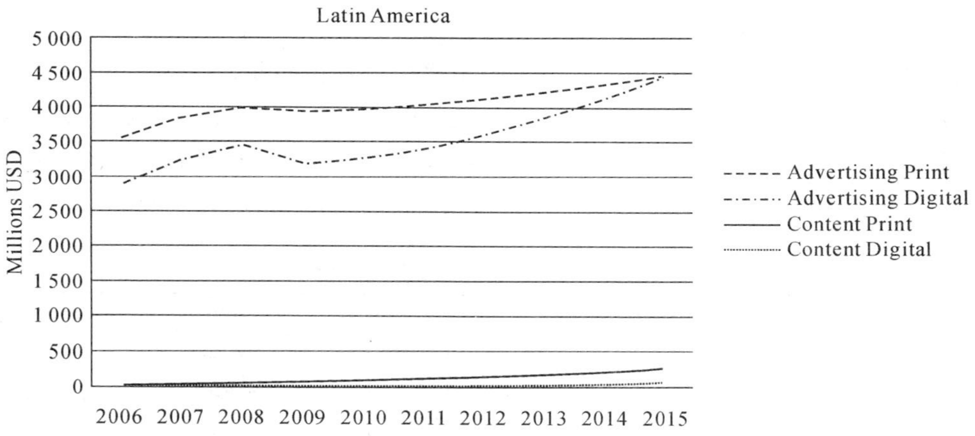

图 5－1　拉美报刊收入情况——按来源④

从国家的角度来看，拉美地区长期发展不平衡，不论是经济水平、政治制度，还是工业化程度、社会成熟度，拉美各国之间都有较大差距。与此相对应，

① 世界报业协会：World Press Trends 2012，http：//www. wan－ifra. org/articles/2012/09/03/world－press－trends－2012，2016－11－5.

② 世界报业协会：World Press Trends 2014，http：//www. wan－ifra. org/reports/2014/10/07/world－press－trends－report－2014，2016－11－5.

③ 世界报业协会：World Press Trends 2011，http：//www. wan－ifra. org/reports/2011/10/13/world－press－trends－report－2011，2016－11－5.

④ 转引自 Christoph Riess：World Press Trends 2011，63rd World Newspaper Congress，2012. P30.
注：其中，前两者是印刷报刊和网络报刊的广告收入，后两者是报刊发售及网络收费的内容收入。

拉美各国的新闻传播发展也是不平衡的。总体来说，工业程度较高、经济比较发达，同时新闻传播发源较早的国家，新闻传播也较为发达，媒体的发展也比较成熟。在全球化和地区一体化的趋势推动下，拉美地区形成了“由三个层级构成的国家传播实力梯队，由传播实力最强的巴西、墨西哥和委内瑞拉构成第一层级，相对处于中等水平的阿根廷、智利、哥伦比亚和秘鲁为第二层级，最后一层为玻利维亚、中美洲国家、厄瓜多尔、巴拉圭和乌拉圭”[①]。在此基础上，新闻信息和媒介产品呈现由高层级向低层级的流动，围绕第一层级的国家构成地区的媒介中心。同时，基于语言和文化的接近性，相对于巴西（葡萄牙语国家）来说，墨西哥和委内瑞拉在拉美地区的影响力更为显著，两国的媒介产品可以辐射到整个拉美地区以及美国的西语族群（见图 5－2）。

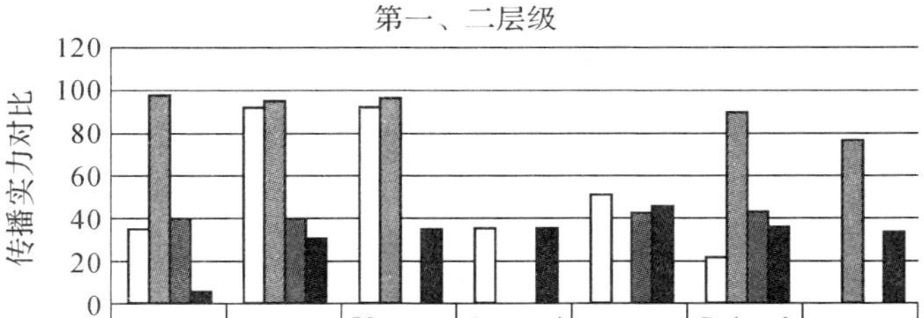

	Brazil	Mexico	Venezuela	Argentina	Chile	Colombia	Peru
□Daily Newspaper	36	96	93	36	51	23	—
▨Household with TV	98	95	96	—	—	91	77
▨PCUser	40.7	40.1	—	—	42.8	43.1	0.0
■Internet User	6.81	31.1	35.9	36	45	36.5	34.3

图 5－2　拉美部分国家传播实力对比②

与此同时，拉美国家的媒介产业基本都是私营企业，并且集中程度非常高。因此，在拉美地区的新闻信息和媒介产品，与其说是按照传播实力层级在国家之间流动，不如说是以地区内传媒大国的主要媒体集团为中心。尤以传播实力处于第一、二层级的几个国家为主，各国都有较有影响的媒体集团，如巴西的环

① Elizabeth Fox, Silvio Waisbord: Latin Politics, Global Media. Texas: University of Texas Press, 2002. P18.

② 图中各维度的参数单位分别为——每千人拥有日报数，拥有电视的家庭比率（%），以及每百人中拥有电脑和互联网用户数。数据来自世界银行报告 The World Bank: 2012 World Development Indicator. April 2012, PP. 328～330.（全部拉美国家列表参见附录 1）

球集团（Organizações Globo）①、OESP 集团（Grupo OESP/Grupo Estado）②、墨西哥的特莱维萨集团（Grupo Televisa）③、改革新闻集团（Grupo Reforma）④、墨西哥出版集团（Organizacion Editorial Mexicana）⑤，委内瑞拉的西斯内罗斯集团（Organización Cisneros）⑥，以及阿根廷的号角集团（Grupo Clarín）⑦，等等。

二、拉美的国际新闻传播

尽管拉美的近代新闻传播萌发较早，但是由于历经多年局势动荡、经济衰败的延宕，拉美的新闻传播长期处于弱势地位，一直游离在世界传播体系的边缘，尤以国际新闻传播为甚。从第二次世界大战以来，美欧西方国家一直主张信息在世界范围内的自由流动，并且于1948 年推动联合国通过《国际新闻自由公约》。伴随着自由主义和新自由主义在拉美地区大行其道，来自美欧的新闻信息和文化

---

① 环球集团：巴西最大的媒体集团，成立于 1925 年，总部位于里约热内卢。集团属于马里尼奥（Marinho）家族，最早经营的媒体是《晚报》（*A Noite*），核心则是 1925 年创办的《环球报》（*O Globo*），该报是巴西目前最大的报纸；1944 年开办环球电台，1965 年建立环球电视。环球集团在拉美各国拥有多家报纸、杂志、电台、电视台（包括国际卫星电视）、网站，还有出版社、音乐公司，同时还涉足食品、房地产和金融领域。见集团网站：http：//globoir. globo. com/

② OESP 集团：成立于 1875 年，总部位于圣保罗。集团由声名显赫的梅斯基塔（Mesquita）家族所有，最早经营的媒体是《圣保罗州报》（*O Estado de S. Paul*，1875），目前是巴西历史最久、发行最大的报纸。集团还拥有数家报纸、杂志、电台以及通讯社（Agência Estado，1970）和出版社，同时还有印刷设备及服务。见集团网站：http：//www. grupoestado. com. br/

③ 特莱维萨集团：墨西哥最大的多媒介大众媒体集团，同时在整个拉美地区、世界范围都属首屈一指的传媒机构。成立于 1955 年，总部位于墨西哥城，所属于阿斯卡拉加家族（Azcárraga）。集团初时由墨西哥最早的三家电视台 XHTV－TV（1950）、XEW－TV（1951）和 XHGC－TV（1952）构成，名为 Telesistema。现在的集团由 Telesistema 和 TIM（Televisión Independiente de México）合并成立（1972），广泛涉足于广播、电视、出版、音乐以及体育、投资、博彩等行业。同时，特莱维萨是世界最大的西语媒介产品出口商，大量产品出口到美国。见集团网站：http：//www. televisa. com/

④ 改革新闻集团：墨西哥及拉美地区最大的报业媒体集团，成立于 1922 年，总部位于墨西哥城。集团所属于洪科（Junco）家族，最早经营的媒体是《太阳报》（*El Sol*，1922），核心是 1994 年创办的《改革报》。集团下属还有数家报纸、杂志、电台、网站以及改革新闻社（Agencia Reforma）。见集团网站：http：//www. reforma. com/

⑤ 墨西哥出版集团：墨西哥最大的出版集团，成立于 1976 年。集团总部位于墨西哥城，最主要的媒体是《新闻报》（*La Prensa*）。旗下共拥有 70 余家日报、24 座广播电台，此外还有电视频道、新闻社和网站。见集团网站：http：//www. oem. com. mx/

⑥ 西斯内罗斯集团：根植于委内瑞拉的国际性商业集团，成立于 1929 年，由西斯内罗斯家族所有。最初从事运输行业，1961 年获得首个电视许可证后开始涉足媒体行业。目前，集团业务包括娱乐、媒体、电讯、消费商品以及旅游业，其媒体产品销往五大洲的 90 多个国家。见集团网站：http://www. cisneros. com/

⑦ 号角集团：阿根廷最大的媒体集团，成立于 1999 年，总部位于布宜诺斯艾利斯，由诺夫来家族经营。集团的核心是《号角报》，阿根廷发行量最大的报纸。集团还拥有新闻纸制造厂（Papel Prensa）、数家报纸、电视频道、电台、网站和电影公司。见集团网站：http：//www. clarin. com/

产品也汹涌进入拉美。20 世纪 60 年代、70 年代，在反思拉美发展模式的过程中，德国政治经济学者弗兰克（Frank）首提依附理论，认为“在商业资本主义和殖民主义时期第三世界被迫接受资本主义的世界分工开始，就逐渐形成了一个依附的链条，它从世界高度发达的中心地区，通过层层依附一直延伸到最贫困的城镇和农村”[①]。此后，众多拉美学者纷纷加入此列，包括智利学者桑凯尔（Sunkel）、阿根廷学者卡多索（Cardoso）和墨西哥学者桑托斯（Santos）。70 年代、80 年代，依附理论在拉美一时蔚然成风，成为探讨拉美发展模式以及文化、媒介等领域问题的主要理论范式，拉美各国也是主张“世界信息与传播新秩序”积极推动者。1976 年，拉美各国在哥斯达黎加召开了拉美与加勒比海传播政策政府间会议。1998 年，拉美国家又积极参与了由加拿大召集的反对美国文化支配的国际会议。

与此形成对比的是，拉美地区既为“霸权理论”“文化—媒介帝国主义”以及“中心边缘模式”“南北模式”等提供了论据支持，同时也为“信息逆流”提供了研究案例（尤以墨西哥、委内瑞拉等国对美国的文化产品输出为典型）。然而，在拉美到欧美的信息逆流中，主要输出的是以广播电视节目为主的文化娱乐产品。同时，相应产品所覆盖的市场主要是欧美地区的拉丁族裔和西语、葡语族群（包括西班牙、葡萄牙在内）。与欧美对拉美的整体性输出及影响相比，远远不可同日而语。更为重要的是，在国际新闻传播领域，这一失衡现象就更为明显。1985 年，联合国教科文组织发布研究报告《媒体的国际新闻报道》，通过对五大洲 29 个国家主流媒体的国际新闻报道进行研究，提出世界媒体的国际新闻报道具有以下特点：1. 议程趋同，各国媒体的国际新闻报道在议题选择和观点立场都呈现出高度的趋同；2. 来源趋同，各国媒体的国际新闻报道大多来源于以美国和西欧为主的“始终的新闻制造者”（consistent news – makers）；3. 新闻盲区，发展中国家/地区在各国的国际新闻报道中鲜有出现，从而成为国际新闻的“盲区”（areas of invisibility），其中尤以拉美地区最为突出。[②] 同时，报告还特别指出，在新闻来源方面影响最为突出的是西方通讯社，其次是地区性通讯社对本地媒体的影响（见图 5 – 3）。

---

① 刘笑盈：《国际新闻学—本体、方法和功能》，北京：中国广播电视出版社，2010 年，第 130 页。

② 联合国教科文组织报告 UNESCO，By International Association of Mass Communication Research：Foreign News in the Media，International Reporting in 29 Countries，1985. P52.

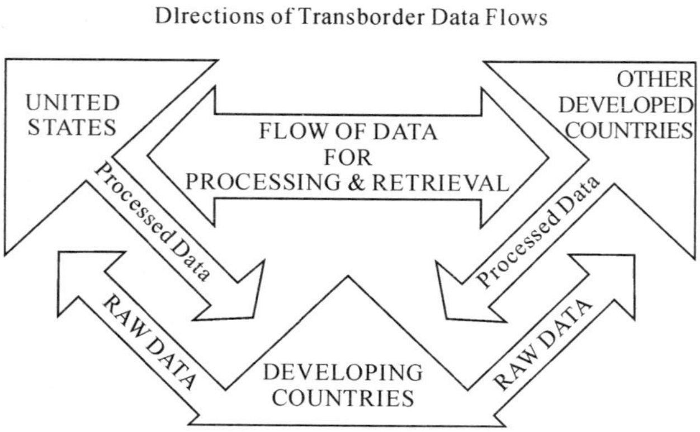

图 5-3　国际信息流动模式①

进入 21 世纪以来，数字技术的发展极大地推动了世界新闻信息传播的变革，全球性的互联网使得联通世界的即时信息传播成为现实。由于数字技术的推动，“下一代人之间的数字鸿沟或许会比以往稍显缩小……然而，在一定程度上，拉美依旧是西方议程中沉默大多数的一部分，如毫末之微无以言说。”② 1996 年，哈佛大学发布由克劳德·莫伊西所做的《信息时代的国际新闻传播》研究报告，指出：尽管历经传播技术变革（卫星技术及网络技术为主）、世界媒体格局衍变（印刷媒体式微、电子媒体当道、网络媒体兴起）、媒体市场需求变化（本土化、娱乐化），以美欧为主的西方世界仍是国际新闻传播的核心，尤其“三大国际通讯社始终是唯一能够真正实现在全球范围内采集与发布新闻信息的媒体机构”，它们是“国际新闻传播领域名副其实的批发商”（The Real Wholesalers in Foreign News）。③ 可以说，这一格局至今仍在主导拉美媒体的国际新闻传播。

与此同时，基于语言和文化的接近性，尤其在拉美地区的区域化一体化进程推动下，拉美地区国家之间的文化、媒介交流合作非常活跃。尤其以几个地区性传媒大国为主，在拉美国家之间的新闻信息以及媒介产品的进出口贸易发展势头良好，既涵盖信息内容的传播，也包括技术产品的出口。2012 年，联合国贸易和发展会议的年度报告将关注重点放在了信息经济的世界性发展上。根据该报告，2010 年，拉美地区信息与传播应用及服务的进出口贸易额（ICT，Information and Communication Trade）占到全部进出口贸易额的 24.3%。进入世界信息

---

① 转引自联合国教科文组织报告 UNESCO，Hamid Mowlana：International Flow of Information，A Global Report and Analysis，1985. P48.

② 拉美晴雨表报告 Corporación Latinobarómetro：2011 Report. Chile：Oct 28，2011. P9.

③ Claude Moisy：The Foreign News Flow in the Information Age. Harvard University，1996. P6.

传播应用服务出口额前50位的拉美国家有4个：巴西（2.1亿美元）、墨西哥（无数据）、阿根廷（11.84亿美元）和智利（0.91亿美元）。[1] 按照各国信息应用服务出口额在相应领域所占比重，墨西哥是拉美地区信息传播产品出口比重最大的国家。多年以来，美国一直是墨西哥信息产品的主要出口市场，但墨西哥对南美洲和中美洲国家的出口额一直处于迅速上涨趋势[2]（见图5－4）。

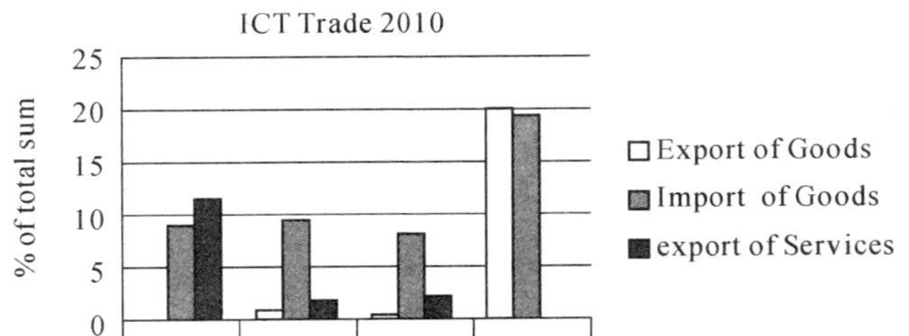

	Argentina	Brazil	Chile	Mexico
Export of Goods	0.1	1	0.4	20.2
Import of Goods	9.1	9.5	8.2	19.2
export of Services	11.7	2	2.2	—

图5－4　拉美四国信息传播应用服务进出口额2010[3]

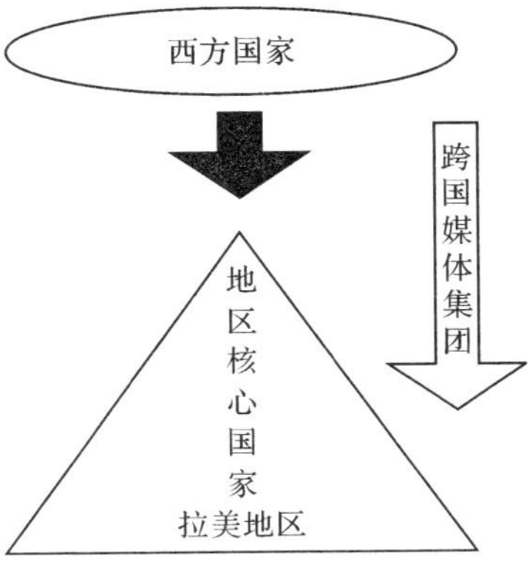

图5－5　拉美地区国际新闻传播模式

总的来说，拉美地区国际新闻传播的特点是：以跨国媒体集团为轴线，由欧美西方发达国家向拉美发展中地区辐射，同时在地区内又呈现出由核心传媒国家

① 联合国贸易和发展会议报告UNCTAD：Information Economy Report 2012. New York：2012. PP. 118～121.

② 苏振兴、蔡同昌：《拉丁美洲和加勒比发展报告（2009～2010）——拉美的信息产业》，北京：社会科学文献出版社，2010年，第32页。

③ 世界银行报告The World Bank：2012 World Development Indicator. April 2012，PP. 328～329.

向周边其他国家辐射。在此基础上，整体形成一个两层维度的传播体系，这里将其简称为“西方国家辐射—核心国家辐射”模式（见图5－5）。

三、拉美媒体与中国形象

社科院拉美研究所的冯秀文先生在其专著《中墨关系——历史与现实》中提到，“在墨西哥有一句俗语，就是每当提到一个遥不可及的地方时，就会说‘那是在中国’。遥远、神秘、可望而不可即成了中国的代名词。”① 长期以来，这是中国形象在墨西哥的现实存在，同样也是拉美地区其他国家对中国的认识。这一方面是由于中国与拉美的确距离遥远，另一方面是由于拉美对中国所知有限。人类认识世界的方式不外乎两种，一种是直接的、依靠亲身经历的认知，另一种是通过间接的、通过符号和文本的认知。在无法亲身经历的情况下，通过符号与文本的认知就成为人们认知事物的主要渠道。在大众传媒时代，媒体的新闻报道构成人们获取信息、认知世界的最为便捷、集中的符号文本体系。正如恩特曼所述，“如果受众对某议题或事件缺乏丰富的直接经验，那么他们对议题或事件的理解就极大地依赖于新闻媒体，依赖于新闻叙述的性质。”②

（一）中国媒体的自塑

当进入跨国界、跨文化的语境时，媒体的新闻报道对于人们的认知活动就更具主导性的影响力。新闻媒体对一个国家的形象塑造，一部分是由本国传播主体对外传播构成的自塑，另一部分是由国外传播主体的国际新闻报道所构成的他塑，并在此基础上最终形成一国形象在媒体传播中的合塑。就面向拉美地区的中国形象传播来说，是由中国媒体对拉美的中国信息传播，连同国外媒体对拉美的涉华报道传播，共同合塑构成的整体形象。

那么，中国媒体在面向拉美的形象自塑方面成效如何呢？

目前，在拉美地区实现落地的中国媒体共有4家，分别是：中国国际广播电台CRI、新华社Xinhua、中央电视台西语频道CCTV－E和《今日中国》杂志China Hoy。尤其随着近年中拉互动日深，加之中国媒体的走出去战略部署，中

① 冯秀文：《中墨关系—历史与现实》，北京：社会科学文献出版社，2007年，第433页。

② Robert M. Entman：Framing－Towards Clarification of a Fractured Paradigm. *Journal of Communication*，1993－43（4）：PP. 51～58.

国媒体在拉美的站点铺设成绩比较突出，但是在传播效果方面则差强人意，仍远未能在拉美地区的受众中形成显著影响力，呈现为中国对外传播在效果方面典型的“传而不通—通而不受”现象[①]（见表5－7）。

表5－7　国内媒体对拉美传播的中国形象自塑

媒体	时间	覆盖情况
CRI	1956.9.16（西语节目） 1998.12.26（网络版） 2010.11.1（蒂华纳中波落地）	拉美地区听众范围包括古巴、阿根廷、墨西哥、智利、秘鲁、乌拉圭、委内瑞拉、哥伦比亚。
Xinhua	1959（哈瓦那分社） 1985（拉美总分社）	拉美图片及视频专线各有30余家用户及试用用户。
CCTV－E	2004.10.1（西法频道） 2007.10.1（西语频道）	卫星覆盖可以达到整个地区，与哥伦比亚的波哥大市签订落地播出协议。
China Hoy	2004（建站） 2011.10（网络版）	直接订户超过2000家，与墨西哥Notimex、Revista de Análisis Económico等媒体互换稿件。

（二）拉美媒体的他塑

在“自塑”力量薄弱的情况下，拉美地区对中国形象的认知就主要依靠国外媒体的他塑作用来构建，其中又以本地媒体的涉华报道为主。根据信息来源的不同，拉美媒体的涉华报道可以分为三大种类：第一，外电报道，以世界三大通讯社、国家/地区性通讯社的电讯来稿以及其他媒体报道为信息来源的中国报道；第二，自主采写报道，由媒体驻华记者自主采写的中国报道；第三，其他涉华报道，即内容中涉及中国的其他相关报道。其中，前两者是直接关于中国的新闻报道，第三类则是以中国为相关信息融入其中的报道。在数量上，尤以第三类提及中国而非直接关于中国的新闻报道为数最多。在直接关于中国的报道中，多数拉美国家的媒体都是以世界三大通讯社及其他通讯社为主要信息来源。此外，在中国设有驻华记者站的拉美媒体并不是很多，因此由拉美记者直接采写自中国的新闻报道并不是很多。不过也正因为如此，少数坚持采写发布关于中国自身的一手

① 根据相关研究，戴莹、丁梦希：《央视西语频道在秘鲁的认知度及期待度调查报告》，《电视研究》，2009（8）：第40～41页；李五洲：《贴近彼此、减少误读》，《对外传播》，2009（12）：第27～28页；［哥］卡莲娜：《从拉美媒介的角度来看中国新华社的影响力——以哥斯达黎加媒体为例》【硕士学位论文】，上海：复旦大学，2012年；吴立斌：《中国媒体的国际传播及其影响力研究》【博士学位论文】，北京：中共中央党校，2011年。

新闻报道的拉美媒体，所具有的影响就更加突出。①

四、拉美对华舆论基础

对于拉美地区的中国形象来说，2008 年是一个具有特殊意义的年份。首先，从国际范围来看，2008 年北京奥运会是中国开启国家公关的起点，以奥运的宏大叙事使国际社会对中国刮目相看，从而也成为构建中国形象的全新出发。其次，对于中国与拉美来说，2008 年是双方关系转向“全面合作伙伴”深入发展时期的启幕之年。拉美地区与中国的交往、对中国的期望，都由此开始延向纵深。本文的研究，将集中于2008 年到2012 年期间的拉美媒体涉华报道及其所呈现的中国形象。那么，在研究所涉时期开始之前，拉美社会对中国的形象有什么认识，拉美对华的舆论基础是什么情况？

2008 年，总部设在智利的民意调查机构拉美晴雨表（Corporación Latinobarómetro）组织开展了一个面向整个拉美地区的“拉美看世界——国际关系的政治经济学”舆论调查项目，旨在了解“在全球化不断深化的背景下，拉美民众如何看待地区内以及世界其他地区的主要国家”，进而探讨拉美进一步融入全球化、融入世界的发展路径。调查严格按照拉美地区人口情况进行抽样，采选来自 18 个国家的近 24 万人口样本，请他们对包括中国在内的主要交往国家进行评价，结果按照四级量表进行数据处理，从而整理出一个评分列表，用以代表拉美地区对这些国家的舆论情况。

调查中接受评分的国家对象，包括古巴、美国、欧盟、日本、西班牙和中国，作为“对拉美地区最具影响的国家/地区”。经过调查评分，上述各国中，获得评价最高的国家是西班牙（62 分），评价最低的国家是古巴（43 分），中国和美国获得同分（58 分）。数据表明，拉美民众对待其他国家的舆论态度，总体上呈现积极态势（分数达到半数以上）（见图 5－6）。

---

① 根据外交部新闻司的统计，在本文展开研究的2009 至2012 年，共有58 个国家423 家新闻机构向中国派出常驻记者649 名，分别在北京、上海、广州、重庆、沈阳、深圳和大连7 个城市。其中，来自拉美国家的驻华新闻机构都在北京，共有来自巴西、智利、哥伦比亚、古巴、墨西哥、秘鲁6 个国家的10 家媒体在中国设站，共有驻华记者11 人。其中，不少记者站兼顾整个亚洲乃至亚太地区的采访报道工作。与此相比，来自美国的驻华媒体共有41 家，共计136 名驻站记者，常驻在北京、上海、广州和深圳；英国则有14 家媒体设有驻华机构，常驻记者64 人，主要在北京、上海和广州。（拉美媒体驻华机构，见附录2）

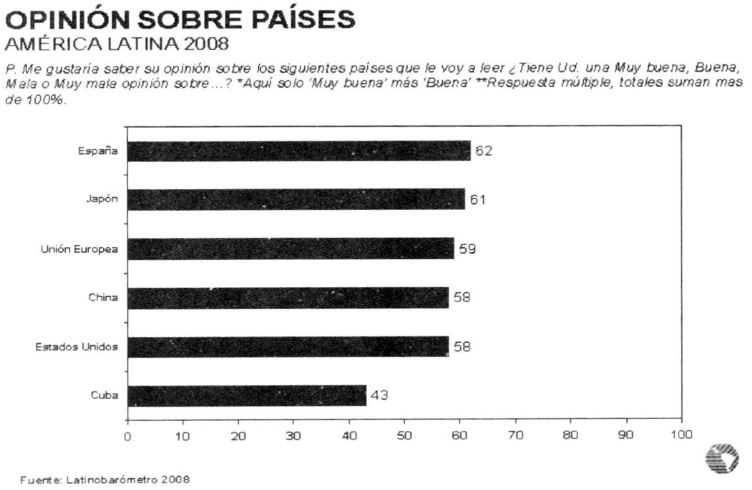

图 5－6　拉美舆论对外态度：倾向对比（2008 年）①

就各国得分的趋势变化情况来看（2000 年至 2008 年），拉美对西班牙和欧洲的评价比较稳定，一直处于较高评分；对日本的评价也比较高，但在最近几年有所下降；对中国的评价一直在中位徘徊，2003 年曾经一度跌至 50 分以下；对美国的评价总体较高，然而 2008 年的对美评价则是调查年度中的最低位（见表 5－8）。

表 5－8　拉美舆论对外态度：趋势对比（2000—2008 年）②

Opinión positiva sobre países. Totales América Latina pora ño									
País	2000	2001	2002	2003	2004	2005	2006	2007	2008
España	*	*	*	58	68	65	74	71	62
Japón	68	66	57	63	63	62	71	65	61
Unión Europea	61	65	*	54	61	61	69	64	59
China	*	57	55	48	54	53	64	59	58
Estados Unidos	68	73	71	60	64	61	63	64	58
Cuba	44	*	*	*	*	*	52	46	43

报告特别指出，在 2008 年对所有国家的舆论评价中，只有中国得到的“很

① 拉美晴雨表报告 Corporación Latinobarómetro：2009 Report. Chile：June，2009. P10. “调查问题：请你就下述国家给出评价，选项分为：很好、好、不好、非常不好”。

② 拉美晴雨表报告 Corporación Latinobarómetro：2009 Report. Chile：June，2009. P11.

好”多于“好”。基于对2000至2008年舆论变化趋势的分析，报告给出对中国的具体评价为：“对中国的积极评价恢复到2001年的水平，总得分为58。期间最高点是2006年的64分，最低则是2003年48分。”同时，报告也坦陈：这样的评价并不能体现拉美民众对中国的真实态度，原因即在于“我们无法确证中国国内的情况究竟如何”①。

以此为基础，总的来看，拉美地区对中国的评价长期处于中位，也就是说“不甚好也不坏”，同时又对中国怀有期望。而且，拉美方面也对“了解有限，未及尽述”的情况非常清楚。这也是2008年以来，拉美媒体注重中国新闻报道的重要原因之一。那么，在这样的舆论基础和进一步了解的需求之上，拉美媒体对中国的关注体现在哪些方面？他们又是如何讲述中国、说明中国？对于这些问题的探讨，将在下一章中具体展开。

① 拉美晴雨表报告 Corporación Latinobarómetro：2009 Report. Chile：June，2009. PP. 17～18.

第六章

案例解析：墨西哥《改革报》看中国

《改革报》不仅是墨西哥的第一大报，而且在整个拉丁美洲都是首屈一指的大报。它的发行范围可以辐射到整个拉丁美洲以及北美地区的西语族裔，在整个西班牙语世界都具有极大的影响力。因此，本文选定《改革报》作为具体案例，通过对该报涉华报道的分析，尝试通过如此管中窥豹对拉美媒体报道中的中国略见一斑。

图6－1 拉美大报《改革报》①

一、《改革报》及其涉华报道

《改革报》（Reforma）是一份西班牙语日报，从属于墨西哥改革新闻集团（Grupo Reforma）。报纸全版彩色刊印，发行范围辐射整个拉美地区，延及北美的西语族群。同时，《改革报》的新闻报道通过集团内部共享及其旗下的改革新闻社（Agencia Reforma），发往拉美地区其他国家的媒体用户。根据墨西哥国家印刷媒体管理机构（Padron Nacional de Medios Impresos）的数据，《改革报》是目

① 图片引自《改革报》网站：http：//comercial. reforma. com/libre/comercial/mediakit2014/print_ diarias. asp，2017－2－5。

前墨西哥国内实际发售量最大的日报（2012 年的数据为 146309 份，其中周五版 157045 份、周末版 154094 份），远高于排名第二的《每日报》（La Jornada，107666 份）。[①] 报纸于 2000 年推出网络版，目前改革新闻旗下的三大网站 reforma. com、mural. com 和 El Norte. com，都已进入点击量最高的西语新闻网站之列。同时，《改革报》也是最早在中国常设记者站的拉美新闻媒体之一，长期就中国各个领域展开涉猎广泛、解析深刻的报道，经常为拉美各国媒体所采用。

（一）《改革报》简述

《改革报》创刊于 1993 年 11 月 20 日，美国学者查贝尔·劳森称之为“注定成为最伟大、最有影响力的媒体”[②]。报名为“改革”，首先是因为集团主席亚历杭德罗·洪科·德拉维加（Alejandro Junco de la Vega）旨在创办一份全新的报纸，摒除国内报界与权共舞的现状，为新闻传播业界的改革开树新风；同时，这也是一个特别指称，以此铭记报纸创办的时期正是拉美民主改革兴起之时。

图 6－2　亚历杭德罗·洪科·德拉维加，拉美地区最知名的新闻人，《改革报》创办者兼发行人，改革新闻集团主席。2005 年，美国密苏里新闻学院授予洪科“密苏里新闻事业杰出贡献荣誉奖章”（Missouri Honor Medal for Distinguished Service in Journalism），**勋彰他“以勇者无畏精神引领国家的新闻业界变革”**[③]

---

① 数据来自墨西哥印刷媒体管理机构网站：http：//pnmi. segob. gob. mx/，2012－12－09。

② Chappell H. Lawson：Building the Fourth Estate，Democratization and the Rise of a Free Press in Mexico. P76.

③ School of Jounalism，University of Missouri：Alejandro Junco de la Vega，El Norte Publisher，to Receive Missouri Honor Medal，https：//journalism. missouri. edu/2006/03/alejandro－junco－de－la－vega－el－norte－publisher－to－receive－missouri－honor－medal/，2017－3－5.

洪科家族原本在北方城市蒙特雷经营《北方报》，以无畏强权、不党不私的独立媒体而闻名。1971年，时年23岁的留美派新闻人亚历杭德罗回国继承先辈衣钵，成为洪科家族媒体事业的新领航人。经过十余年的经营，他成功将这份源于北方一隅、发行量不足3万的省域小报发展成为国内最具影响力的地方性报纸，而洪科本人的眼光也已展望向更广的市场、更深的影响。最初拟创新报之时，洪科准备与《华尔街日报》合资共建，意在学习这份全世界最成功金融报刊的经验，以期对墨西哥乃及整个拉美的报刊业界有所提高。当道·琼斯方面坚持要成为新报的控股人，同时保有插手报纸采编业务的权力，洪科一力排除资本对新闻的干涉，最终独资开办这份全国性的报纸。

从创办之日开始，无论在新闻报道还是媒介经营方面，《改革报》都是开创新风的行业典范。首先，洪科力主实行专业的新闻报道，一定要从根本上摒除新闻采编行业的诸多弊端。从大学里招聘有新闻理想的年轻人，经过依托《北方报》开办的新闻培训班，为他们传授专业的新闻知识和采编技巧，培训合格者获得高薪聘用。这些人才既是《改革报》的创立班底，也是日后叱咤各大新闻媒体的新一代业界将帅；同时，《改革报》的薪资水平是同行业界的三至四倍，并且严格规定报社同仁不得收受任何形式的“果子”贿赂，报社自身也坚决抵制付费新闻等各种形式的内容操控；[①] 再次，《改革报》是首个建立起完整自有印刷发行体系的媒体。早在经营《北方报》时期，洪科家族就已停止向国有公司PIPSA购买新闻纸。新报甫一刊行便遭到政府控制的报刊发行联盟（Union de Vocedadores）[②] 的抵制，报社遂发动成立自己的发行体系，集合私人业者实现报纸的分销。

除了上述甫一创刊便体现出来的新气象，《改革报》在媒介经营和内容建设方面也有诸多特色，使其成为拉美报界首屈一指的大报。其一，《改革报》并非首个发起新闻改革的媒体，它却是第一家成功实现由“依赖共谋”向“市场经营”转型的报纸，以业绩向拉美业界证明“专心做新闻也是可以盈利的”。《改革报》的盈利几乎百分之百依靠受众市场，报社的广告收入97%左右来自于私

---

① José Luis Benavides: Gacetilla, a keyword for a revisionist approach to the political economy of Mexico's print news media. *Media Culture Society*, 2000-1 (22): PP. 85~104.

② 报刊发行联盟 Union de Vocedadores，从1921年便开始运作。因其与政府联系紧密，经常假借各种理由对报刊提起抵制不予发送，实则是政府实施媒介操控的常用手段之一。由《改革报》此举开始，众多报刊纷纷解除与该联盟的合作，从而使这一历史悠久的垄断行会关门倒闭。

营广告客户；[①] 其二，重视读者对报刊的意见，开设由来自社会各界的读者组成的评议委员会，他们有权向报社的编辑记者以及经营管理人员提出意见或发起问责；其三，大力推进当时在整个拉美都属冷门的国际新闻报道，投入大量精力开办国际版，并逐渐开始建立拉美媒体较早的一批常设驻外记者站。

Reforma, Mexico City's new newspaper, is trying to separate itself from other Mexican newspapers. The first issue, for example, was handed out free in downtown Mexico City. The paper has also handed out covers for shoeshine stations, like the one above, advertising the paper with its logo.

Breaking the Mold in Mexico City

By ANTHONY DePALMA

Special to The New York Times

MEXICO CITY, Dec. 19 — At least 33 daily newspapers are published in Mexico City, but when the newest, Reforma, first hit the streets last month, it was all alone.

On that day, Nov. 20, Mexico commemorates the start of its 1910 Revolution. Newspapers are neither published nor distributed. Newsstands are not even open.

But in many ways, Reforma is not like other Mexican newspapers, and its publisher, Alejandro Junco de la Vega, wanted to make that clear from the outset — even if that meant the first issue had to be dropped at doorsteps and handed out free in downtown Mexico City.

"Once we've made a commitment, we won't hesitate to carry it out," Mr. Junco de la Vega said in an interview at Reforma's temporary newsroom on Paseo de la Reforma in the business district. "In our environment, where the rule is 'only the strong survive,' you can't go around acting like a 90-pound weakling."

Attracting Attention

Reforma's debut has been closely watched in Latin America. The newspaper had been planned as a joint

"In our environment, where the rule is 'only the strong survive,' you can't go around acting like a 90-pound weakling," Alejandro Junco de la Vega, Reforma's publisher, said.

tion we were allowed to use was 'he said,' or 'she said,' " said one recent graduate of the course who did not go on to work at Reforma. Some Mexico City papers use attributions like "he emphasized," "she claimed" or "he alleged," which can add nuance to articles at the expense of objectivity.

Male recruits were also required to wear jackets and ties to work, and women were to wear dresses or skirts. In other newsrooms in the city, more casual attire is the norm.

If all of this is a departure from traditional Mexico City journalism, so is the newspaper's look.

Most papers in Mexico City are a jumble of headlines and long passages of print. Articles about the Government jump from page to page. Reforma, designed entirely on computers, generally contains articles on one page. It uses color photographs throughout, and more graphics than most newspapers. Reforma also shares some articles with El Norte.

Reforma clearly tries to write about life in Mexico City, aiming at middle-class people who do not regularly buy a newspaper. A recent issue included a full-page article on how to get a decent meal at the office. A daily feature is a color-coded map showing the level of air pollution in the city, with the scale ranging from a rarely seen eggshell blue to depressingly frequent shades of angry red

图 6－3　1993 年 12 月 20 日，《改革报》创刊发行一个月后，《纽约时报》刊发“打破墨城新闻行业窠臼”一文报道《改革报》的创办[②]

基于这样的经营理念，《改革报》长期以来的运营成本都大大高于其他同行。在 20 世纪末墨西哥处于经济危机的时期，洪科将 90% 以上的家族资产都投

---

① 当时在墨西哥，独立报刊创办初期必经一个入不敷出的艰难时期，《每日报》（*La Jornada*）、《21 世纪报》（*Siglo* 21）等先期独立媒体都是如此，而《改革报》是首个发行数月就已经开始转向盈利的成功典范。创办次年即已进入顶级报刊之列，发行量排行第五。首刊发行 20 个月后，销售量就超过 10 万关口。受 1995 年比索危机冲击，报业市场大大萎缩，报刊销量锐减，传统依赖性报纸尤为严重，销量减少达 40% ~50%，知名独立报刊《每日报》的销量也减少 10% ~20%，《改革报》成为当年报刊业界逆势上涨的一枝独秀。从 1997 年开始，《改革报》长期稳居国内报刊销量三甲之列，近几年一直雄踞首位。根据 Sallie Hughes 的调查，2000 年以来，《改革报》广告营收来源比例为：私营 97%，政府 3%，政党不足 1%。Chappell H. Lawson：Building the Fourth Estate，Democratization and the Rise of a Free Press in Mexico. PP. 77 ~79；Sallie Hughes：Newsrooms in Conflict，Journalism and Democratization of Mexico. Pittsburgh：University of Pittsburgh Press，2006. PP. 118 ~120，P205.

② The New York Times：Breaking the Mold in Mexico City，Anthony DePalma，Dec. 20，1993，D6.

入报社的运营，坚持保证报纸作为新闻媒体的专业水准。历经20余年，在反腐败、反犯罪的不懈斗争中，《改革报》不仅成长为墨西哥最大、最具影响力的独立报刊，同时也赢得了整个拉美地区乃至国际受众的尊重。此外，洪科家族经营的改革新闻集团，是整个拉美地区罕有的专业性新闻媒体集团。其他集团企业，往往兼涉其他行业，或者从一开始就是由其他行业进入媒介领域。相形之下，改革集团一直砥砺于新闻传播领域的不断深化。就如洪科自己所坚信的，这是一项事业，而非谋图利益的生意。

如今，《改革报》分为周内和周末两个版本，均为全版彩色刊印。周一至周五通常共有60至80版，周六版通常有100至120个版面，而周日版的页数则能达到160至200。从内容安排上来看，每天最为重要、时效性最强的新闻报道主要集中在“要闻版”，紧随其后的有“经济版”“城市版”“赛场内外”和“人物版”。从2002年开始，《改革报》与《纽约时报》签订合作协议，从当年11月23日起，以“纽约时报国际周报”（New York Times International Weekly）的名义发行一份周六副刊。该刊采用西语发行，由设在纽约的NYT News Service的专门部门负责采编制作，《改革报》方面不参与亦不干涉。每期刊行6～8版，内容包括来自美国、拉美地区及其他国家和地区的新闻、评论以及社会文化信息。此外，《改革报》与《华尔街日报》也有类似合作协议。虽不单独成刊，“华尔街日报美洲版”（Wall Street Journal Americas）作为经济版的一个特别板块，每天刊行一个整版。内容同样由华尔街日报社单独制作，包括经济金融领域的国际简讯、新闻报道和相关评论，同时大量采用数据图表和漫画插图。

（二）《改革报》涉华报道

自1993年创刊以来，《改革报》一直都有涉及中国的报道。最早一篇涉华报道发表于创刊当日的时尚版，在介绍羊绒制品的文章中，中国作为“全世界最好的羊绒制品生产国”首次进入读者视野。截至当年年底（即从11月20日至12月31日），共有181篇涉华报道，绝大多数为“提及中国”的其他主题报道。此后多年间，涉华报道的数量一直呈上升趋势。从2004年开始常设驻华记者站后，开始不时出现发自中国本土、关于中国本身的报道，而且以中国为主题的新闻报道开始经常进入汇集重要新闻的要闻版。2005年，报社开始出版彩色印刷的副刊“赛场内外”（Cancha），以刊载体育新闻和大量图片为特色，很快成为风行拉美的新闻画刊。次年2月14日，一则“失误滑倒，中国选手遗憾摘银”的简讯刊出滑冰运动员张丹摔倒在冰面的情景，成为中国运动员首登这份新闻画刊的报道。

从数量上看，《改革报》涉华报道增长的最高峰值出现在2008年，当年共有4353条涉华报道，其中1064条出自“赛场内外”。当年11月，《改革报》前任驻华记者离职。同期，报社开始调整国际报道策略，包括国际新闻编辑部门的调整以及驻外站点的整合。一方面出于经济因素考量，另一方面由于市场趋势所致，报社开始重新部署国际新闻报道策略，期间裁并了一批驻外记者站。调整之前，《改革报》在欧洲设有马德里、巴黎、伦敦、柏林、布鲁塞尔、罗马、布拉格等常驻记者站；在美国、加拿大设有纽约、华盛顿和渥太华三个常驻记者站；在拉美地区内，布宜诺斯艾利斯、波哥大、哈瓦那、圣保罗等地设有常驻记者站，在加拉加斯则聘有专门的撰稿人员；此外还有，北京记者站负责东亚太平洋地区报道，另有曼谷记者站负责南亚及中东地区报道。调整之后，驻外记者站的数量仅为之前的三分之一。

尽管报社在整体的国际新闻报道战略上有所收缩，主要体现在驻外站点的减少和报道总量的下降，但是国际新闻的版面并未相应减少。也就是说，新的指导思想是力求在国际新闻报道方面实现量简而质精：国际新闻报道的绝对数量有所减少，但是报道的深度和广度方面要有所进益。在这次调整过程中，北京记者站继续留驻，并且升级为负责整个亚洲和太平洋地区新闻报道的地区总站。对中国的关注不仅没有下降，反而在持续深入。本文将在一定程度上偏重对涉华驻站报道的研究分析，因为这部分报道是所有涉华报道中直接来自中国本土的一手信息，广泛关注到中国在各个领域的现状，更多体现国家和社会在整体和局部的动态变化。同时，这部分报道也正是媒体以“第三只眼”视角观察、思考进而理解中国的直接体现。相比历史文化、评述分析中的中国，这部分报道呈现的是“活生生的中国”。作为“中国社会变化的见证人”，这些报道“以旁观者的心态来审视中国……既是新闻职业的要求，也是与中国的历史延伸”。①

本文的研究架构，主要包括内容分析和文本分析两个部分，具体研究将在不同层次和多个侧面于下文中逐步展开。研究将以《改革报》在2009年至2012年4年间的涉华报道为基础样本框，并在此基础上划分出层次、侧面以展开内容分析，并且通过进一步的报道选取来确定文本分析的语篇样本。

---

① 张志安，叶柳：《中国怎么样—驻华外国记者如何讲述中国故事》，广州：南方日报出版社，2009年，序言第2页。

图 6－4 《改革报》涉华报道数量变化趋势 1993—2014

1. 样本选取依据

首先，本文选择《改革报》作为研究对象，主要基于以下两方面因素：(1) 在众多拉美媒体中，《改革报》向以重视国际新闻报道而名，其涉华报道涵括拉美媒体涉华报道的全部三种类型，即源于外电的涉华新闻、国内采写的其他涉华报道以及直接采写自中国本土的中国报道；(2)《改革报》是最早常设驻华记者站的拉美媒体之一，同时基于品牌威望和渠道覆盖使得该报在拉美地区具有很高的影响力，其涉华报道在拉美媒体中具有代表性。

其次，本文将研究样本的选取范围限定于 2009 年至 2012 年，出于以下几点考虑：(1) 从国家层面来看，2009 年是中拉关系实现跨越式发展的一个重要节点，是中拉关系走向全面战略的开始；(2) 就“中国形象”的国际传播来说，学界普遍认为 2008 年是国外媒体在对中国形象的认知方面实现“从俯视到平视”的转折点。本文即是将后奥运时代的中国形象，作为研究论述的前提基础；(3) 对于《改革报》自身来说，2009 年也是国际新闻报道策略调整之后的开头之年。报社也于当年派驻新任首席驻华记者，准备从新闻采编的专业性、报道的全面性和深入性方面切实提升对华报道。

此外，2012 年适逢墨西哥与中国建交 40 周年，中拉、中墨关系都处于迅速发展时期。在回顾过往、探索未来的总体基调中，报纸在对华报道方面也有所突出重视。当年 6 月赴拉美访问之前，中国时任国家主席胡锦涛接受《改革报》采访，遂使该报成为世界首个专访中国最高领导人的西语媒体。一方面表明中国方面对《改革报》的高度认可，使其作为拉美主流媒体的代表，成为中国政府对墨西哥及拉美地区表态的媒体渠道；另一方面，这篇报道也将《改革报》的涉华报道提升至一个全新高度。因此，本文将以 2008 年至 2012 年的涉华报道为基础，在此范围内展开进一步的样本选取和语篇分析。

2. 样本选取方法

由于《改革报》并不在中国国内发行，研究样本的采集和选取不能通过直接参阅的方式实现。不过，自2000年推出网络版以后，报社已经建立起较为完善的资料库系统和强大的检索服务，注册用户可以通过网站查阅从创立之日起至今的所有新闻报道以及刊发图片，其中还包括最近一年之内的报纸版面（从检索日起算，之前365日以内）。本研究中所涉报道样本，全部来自改革新闻网的资料库系统。

本文所采用的“涉华报道”属于广义概念，并不局限于媒体以“中国”为主题所做的新闻报道。媒体所呈现的中国形象，是由各个领域、不同主题的报道在长期过程中整体构成的。相对于针对某一涉华事件或特定涉华议题所做的报道，在日常报道及评述的字里行间显现的中国形象更能代表媒体以及媒体所负载的国家、社会对于中国的认知和评价。因此，本文选取的样本范围设定为“内容中涉及中国的新闻报道”，其中以中国为核心议题的报道以及其他报道中直接涉及中国的文本部分，将作为研究的重点考察对象。

通过关键词检索和日期索引，共提取出涉华报道11496篇、新闻图片765张，将作为本文展开研究分析的基础样本。同时还有，2012年1月1日至12月31日期间共计2973篇涉华报道的报纸版面，这部分资料将作为文本分析的基础样本。采集的报道样本中，包括《改革报》每日发行的常版，以及每周、隔周或按月随报发送的副刊。在编目分类的前提下，本文将以常版部分的报道作为重点研究对象。在以下每一阶段的研究分析中，具体样本的选取方式和得出结果，将在下文中按照次序逐步展开说明。

二、《改革报》涉华报道的内容分析

对媒体报道的内容分析研究，主要是通过数据分析和趋势建模的方式，得出该媒体相应新闻报道的总体特征、分布概况和历时趋势。本文对于《改革报》涉华报道的内容分析，将从宏观、中观和微观三个层次逐级展开，以期由此形成对研究对象涉华报道的量化认识。

（一）《改革报》涉华报道的宏观概述

在宏观层面的研究中，本文将首先从数量规模、时间分布、文图配比三个方面，对4年参考时段内的涉华报道展开宏观概述。

1. 数量规模

从涉华报道的数量分布来看，参考时段内各个年度之间的差别不是很明显，总量均以2900条上下为主。其中，2009年的涉华报道数量稍显式微，部分原因是报社调整尚未完成，一方面版面整改未定，导致包括涉华报道在内的国际新闻报道数量整体下滑，另一方面也与亚太分社当年的短期空站有关（2009年1～3月期间暂时没有人员驻站），当年的驻站报道也较其他年度为少。另外，图中还给出了2008年的数据，由于北京奥运会的特殊情况，当年的涉华报道呈现爆发式增长（2008年全年的涉华报道中，与北京奥运有关的报道就达1133条），该年数据具有极强的特殊性，因而在此仅作参照不作对比（见图6－5）。

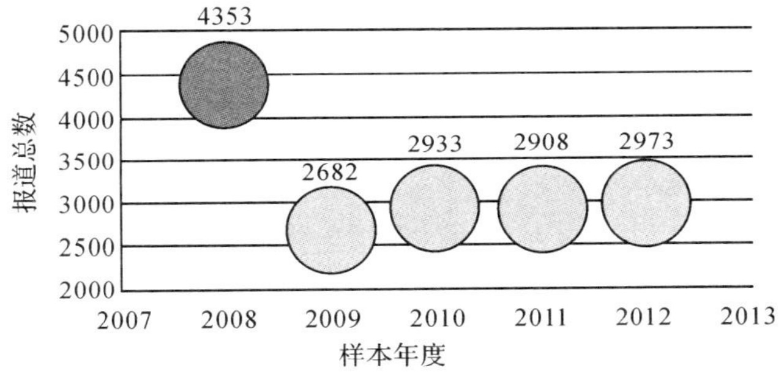

图6－5 《改革报》涉华报道：数量规模（2009～2012年）

2. 时间分布

图6－6是参考时段4年期间，《改革报》涉华报道数量按照时间（月份）的分布情况。其中，各年中涉华报道数量最多的月份，分别以“年份，数量”的形式加以标注。

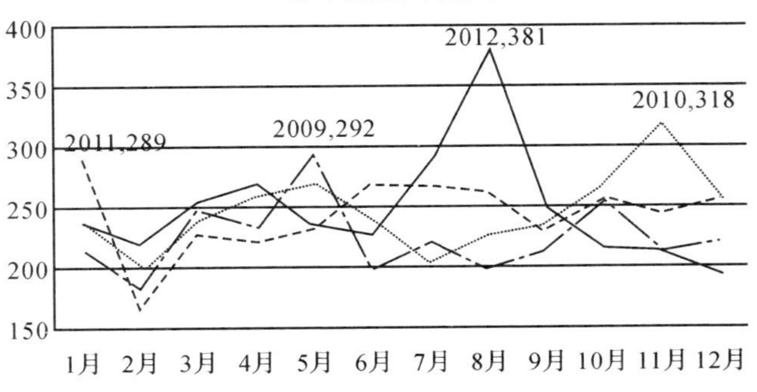

图6－6 涉华报道：月份分布

2009年涉华报道共计2682条，其中单月数量最多为5月292条。当年5月的涉华报道中，主要新闻议题集中在甲型H1N1流感疫情暴发和朝核问题两部分。自4月底墨西哥公布人感染甲型H1N1流感疫情之后，整个5月是媒体对疫情在全球传播情况进行追踪报道最为集中的时期，全月共有87条涉华报道是关于甲型H1N1流感疫情的新闻。此外，由于朝鲜进行第二次地下核试验，当月共有27条涉华报道是就此展开的新闻和评论。

2010年涉华报道共计2933条，11月318条数量最多。其中，报道数量最多的新闻议题是朝核问题和联合国气候大会。2010年11月间，朝核问题经历了较大起伏，首先是23日朝韩双方在“北方界线”附近发生交火，朝韩双方在延坪岛附近地区互射炮弹，引发半岛紧张局势升级，随后韩美两国又于29日开启联合军演。当月的涉华报道中，共有57条关于朝核问题。除此之外，29日在坎昆召开的联合国气候大会是第二集中焦点，共有53条涉华新闻与此议题相关。

2011年涉华报道共计2908条，以1月的254条最多。这个月的报道数量相对不是很多，从曲线也可以看出，2011年全年的涉华报道数量变化起伏不是太大，全年共有7个月份的报道数量高于平均数量（242.3条）。1月份的新闻议题也相对不是非常集中，主要以经济领域的报道为最多。一方面每年的1月份都是各国政府、金融机构等发布相关报告及下年预期的集中时期，同时由于达沃斯论坛召开、中国国内金融机构人民币存款准备金率调整等因素影响，这年1月份的经济类涉华报道略高于其他年份（103条，其他年份同期涉华经济报道多为70至80条）。胡锦涛于当月18至21日访问美国，相关报道共有17条。此外，墨西哥国内发生枪击冲突，包括中国城在内的多个地方受到影响，部分检索结果实际上是涉及“中国城”的报道，共计15条。

2012年共发布涉华报道2973条，数量最多是8月的381条。同时，在参考时段内，2012年8月是4个样本年中涉华报道数量最多的一个月。可以在数据图中清楚看到，当月的涉华报道数量远远高出其他月份。这主要是由于当月是伦敦奥运会的赛程期内，作为世界体育大国，中国是奥运体育报道中最常涉及的国家之一。当月的381条涉华报道中，共有142条体育新闻，其中82条是直接对于奥运比赛的报道。不过，从报道主题来看，大多数都不是与中国直接相关的新闻信息。诸如每隔一段时间出现的奖牌榜，仅仅是以简讯的方式列出截至发稿时限的赛况结果。此外还有几篇专稿，将中国作为典型代表，论述新兴国家在体育领域的发展。整体来说，《改革报》的奥运新闻对“中国”的提及比率是相当高的，其中与美国的交叉报道达到78条，将两者作为体育大国在各个层面展开比较并引为其他国家的参照。

除此之外，从图中还可以清楚看到，4个样本年中涉华报道数量最少的月份都是2月，4年的数据分别为：2009年182条，2010年195条，2011年166条，2012年218条。首先，时间上的差距是形成这一现象的原因之一，2月相比其他月份少2~3天，这也会在数量上体现出轻微差别。更为重要的影响因素，在于1月中旬至2月这段时间，通常是中国传统的春节。对于国外媒体来说，尤其是各国媒体的驻华机构，春节期间是没有重要的中国新闻可供追逐的“空白时段”。虽然不至使得涉华报道在此期间完全空白，但仍意味着这段时间只能以“涉及中国”而非“报道中国”的新闻信息为主，直接关于中国的报道则以常规性的软文为主，通常以趣味性、知识性较强的社会、文化类报道为多。①

3. 文图分配

《改革报》是一份彩色印刷报纸，大量的配图报道是该报的特色之一。图片、列表、数据乃至漫画、插图，都是该报常用的配图方式。其中，对新闻照片的使用是最为重要的一个类型，在其网站的资料库中特别建有所有报道配发新闻照片的主题专栏。至于其他配图形式，则是作为报道内容没有单独予以列出。而且，这些其他形式的配图，更多在于叙事策略的选择和叙事方式的采用，下文内容分析部分会将照片引为配图报道的考察因素之一。参考时段内，涉华报道配发照片的比例如图6-7所示。

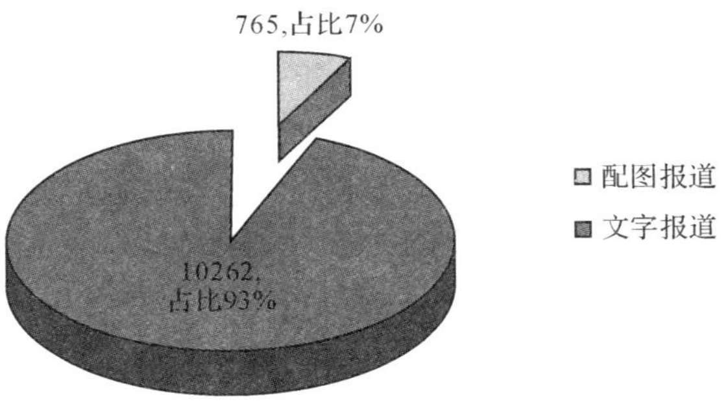

图6-7　涉华报道：配图报道比例

图6-7所示的配图报道数量，专指配有新闻照片共同刊载的一般文字报道。在这类报道中，只有7%的报道配有照片，也就是说，4年间共有765条涉华主题的文字报道采用了配图刊发的方式。涉华报道的主体是以文字性信息为主，照片构成的具象性信息在数量上并不居多。除此之外，《改革报》深受欢迎的版面之一，就是“赛场内外”画报副刊（Cancha）。该刊始发于2005年，每日刊发1至8版（周五版和周末版内容较多），内容以体育文娱新闻为主，尤以刊登大量

① 通过对拉美各国驻华记者的访问获悉，大多外国媒体在此期间都会刊发以介绍文化传统、地区风俗等内容为主的中国报道，例如不同生肖的代表意义等。这一期间的驻华记者，通常会选择休息度假，或者走访周边国家以转移报道重点。这一方面是因为国内通常不会有什么重大新闻出现，另一方面则是因为春节期间中国国内没有任何机构或个人会发布信息、接受采访。

精美图片而为受众所钟。作为以图片为主的版面，图 6－8 所示为画报副刊与其他涉华报道（即除去画报副刊以外，以文字内容为主的涉华报道）之间的数量比例：

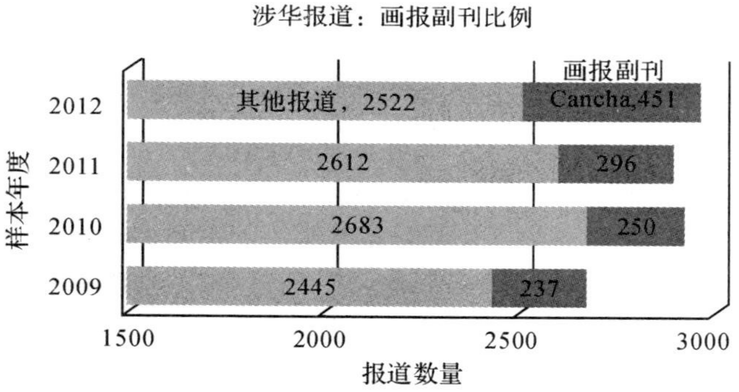

图 6－8　涉华报道：画报副刊数量比例

（二）《改革报》涉华报道的中观探讨

报纸的内容结构，主要是按照版面和叠次（也称组次）来划分的。通常情况下，一张报纸由一个对折中线构成 4 个版面，版面多用页码形式来标注。目前，各国的日报已经广为采用比“版”更大一级的报纸结构单位，也即几张以同一主题为内容的报纸组合为一叠，一份日报是由几叠报纸所构成。所谓叠次，就是这些不同主题的报纸组合。除此之外，国外大多数报纸还有一报多版现象（这里的“版”指的是版本或版次）。有些报纸会分为上、下午各出一个版次，同为当天的日报；更多报纸则是按照出版当日的不同而分为平日版和周末版，甚至分为周一至周五版、周六版以及周日版，各版次之间的差别主要体现在编排重点和副刊配置方面。

就《改革报》来说，它是一份多叠复合版次的报纸。通常由 6 个每天固定发行的叠次构成，根据不同的增刊叠次组合，又可以分为周一至周五版、周六版和周日版 3 个主要版次，其中以周日版的叠次和版面最多。就版面来说，每个叠次内各个版面的页数并不是固定不变的，通常会视当期报纸所刊内容而做出调整。总的来看，周一至周五通常共有 60 版至 80 版，周六版通常有 100 版至 120 版面，而周日版的页数则能达到 160 版至 200 版。从内容安排上来看，每天最为重要、时效性最强的新闻报道主要集中在“要闻版”，以及紧随其后的“经济版”“城市版”“赛场内外”和“人物版”一共 5 个固定叠次中（广告版虽然也是每日刊行的固定叠次，但其内容纯属商业信息，不计入本文以新闻报道为核心的研究样本中）。从中观层面对《改革报》涉华报道的内容分析，将以 5 个固定叠次的新闻报道为主展开。具体各个部分的叠次、版面安排，见表6－1所示：

表6－1 《改革报》内容结构列表

<table>
<tr><th colspan="2">每日内容</th><th colspan="4">增刊内容</th></tr>
<tr><th>叠次</th><th>版面</th><th colspan="2">周一至周六</th><th colspan="2">周日版</th></tr>
<tr><td rowspan="6">要闻版
Primera</td><td>头版 Primera</td><td rowspan="2">周一</td><td rowspan="2">科技版
Interfase</td><td rowspan="12">周日</td><td rowspan="2">生活版
Vida</td></tr>
<tr><td>国内 National</td></tr>
<tr><td>评论 Editoriales</td><td rowspan="2">周四</td><td rowspan="2">青年俱乐部
Club Joven</td><td rowspan="2">天籁版
El Angel</td></tr>
<tr><td>州际 Estados</td></tr>
<tr><td>国际 Internacional</td><td rowspan="3">周五</td><td rowspan="2">美食版
Buena mesa</td><td rowspan="2">旅行版
De viaje</td></tr>
<tr><td>文化 Cultura</td></tr>
<tr><td>经济版
Negocios</td><td>经济
Negocios</td><td>舞台版
Primera fila</td><td>房地产
Bienes raices</td></tr>
<tr><td rowspan="3">城市版
Ciudad</td><td>城市 Ciudad</td><td rowspan="5">周六</td><td rowspan="2">汽车版
Automotriz</td><td rowspan="2">焦点公告
Enfogue</td></tr>
<tr><td>本埠
Valle de México</td></tr>
<tr><td>司法 Justicia</td><td>时尚版
Moda</td><td>尖端杂志
Top magazine</td></tr>
<tr><td>赛场内外
Cancha</td><td>赛场内外
Cancha</td><td>纽约时报①
NYT</td><td></td></tr>
<tr><td>人物版
Gente</td><td>人物 Gente</td><td>小朋友
Gente
Chiquita</td><td></td></tr>
<tr><td>广告版
Avisos</td><td>求职与招聘 Empresas
yavisos de ocasion</td><td colspan="4">注：此外还有部分双周发行或按月增出的副刊，大多也都在周六、周日发行，随报纸附上。</td></tr>
</table>

1. 结构分布

在《改革报》每日刊发的5个固定叠次中：刊发涉华报道数量最多的是经济版，4年参考时段中共有4023条涉华报道，占样本总量的35%；其次是要闻版，

① 2002年，《改革报》与《纽约时报》签订合作协议，从当年11月23日起，以“纽约时报国际周报”（New York Times International Weekly）的名义发行一份周六副刊。该刊采用西语发行，由设在纽约的NYT News Service的专门部门负责采编制作，《改革报》方面不参与亦不干涉，副刊与主报依照不同叠次分开配置。版面和排字沿用时报风格，包括报头也只是在原版的右下角嵌上“国际周报”两个单词。每期刊行6版至8版，内容包括来自美国、拉美地区及其他国家和地区的新闻、评论以及社会文化信息。此外，《改革报》与《华尔街日报》也有类似合作协议。虽不单独成刊，“华尔街日报美洲版”（Wall Street Journal Americas）作为经济版的一个特别板块，每天刊行一个整版。内容同样由华尔街日报社单独制作，包括经济金融领域的国际简讯、新闻报道和相关评论，同时大量采用数据图表和漫画插图。

共有3247篇报道，所占比重为28%；其他各类的数量分别为，赛场内外版1234条、人物版361条、城市版105条。其中，经济版就是按照报道主题来划分的，该叠次所登内容都是围绕本国以及拉美地区的经济领域的新闻报道。可见在《改革报》对本国及区域经济的报道中，“中国”成为频繁出现的关联信息，中国的形象与本土经济之间呈现出高相关性（见图6－9）。

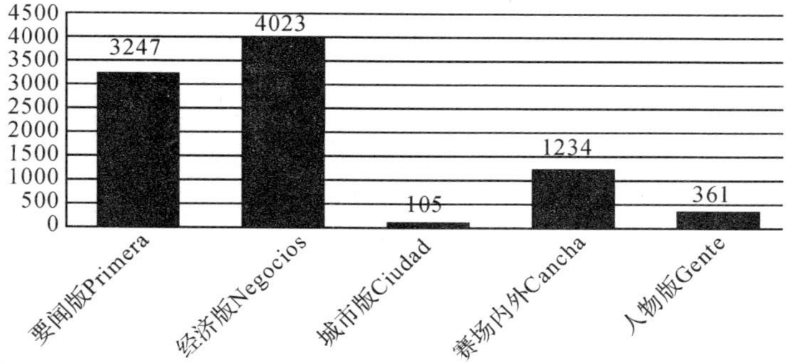

图6－9　涉华报道：固定叠次

在这5个叠次中，经济版的报道集中于国内经济的相关新闻信息，城市版以国内的城市发展、墨州本埠以及法制类报道为主，人物版主要刊登以名人要人为核心的软新闻，而赛场内外则是以体育文娱新闻为主，这4个叠次的报道都呈现出地域性或专业性方面的高度集中，可以说属于专门报道类别，因而其中的涉华报道多为“涉及中国”甚至仅仅“提及中国”的相关新闻。相对来说，要闻版在报道主题上比较综合，尤其是这一叠次还包括了“国际”板块在内，既包括涉及中国的国际性、区域性重要新闻报道，也包括直接对中国进行报道的内容。同时，要闻版也是报纸的“门面”，不仅在实际排序上位于每期报纸的最前面，更为重要的是，它汇总了当期最为重要的新闻信息，能够集中体现媒体的报道议程。因此，下面将就涉华报道在要闻版的分布情况作一描述性探讨。

2. 要闻叠次

上文已经提及，要闻版包括头版、国内、评论、州际、国际和文化6个板块。涉华报道在这几部分中的数量分布也有所差别：要闻版共计有3247条涉华报道，其中1746条来自“国际”，此外“评论”（546条）和“国内”（540条）两个部分在数量上也多于其他（见图6－10）。

其中，国际板块是要闻版中涉华报道最为集中的部分，可以占到要闻版涉华

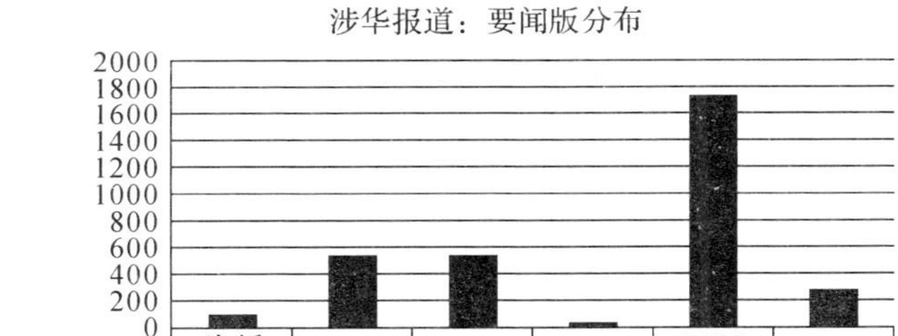

	头版 Primera plana	国内 Nacional	评论 Opinion	州际 Estados	国际 Internacional	文化 Cultura
■ 报道数量	95	540	546	45	1746	275

图 6－10　涉华报道：要闻版分布

报道总量的53.8%。同时，国际板块本身就是报纸集中报道国际新闻的版面，不仅包括来自国际通讯社的编译报道，也包括直接采写自新闻源地的驻站报道，此外还有媒体对于全球性议题的综合评述。可以说，《改革报》的国际板块，是该报涉华报道的集汇点。除此以外，头版是一份报纸直接面对读者的版面，其内容包涵一期报刊中最为重要的新闻报道以及对其他重要新闻的内容索引。头版刊载的报道，都是编辑按照报道的重要程度，或者说是报社基于自身的新闻价值判断，进而做出选择和编排的结果。就传播内容的实际到达来说，头版报道更易于受到读者的注意，因而也更易于形成印象进而引起舆论。2009 年至 2012 年四年间，《改革报》共有 95 条涉华报道刊载在头版。也就是说，平均每个月有两条涉华报道处于该报报道议程的前列位置，读者每隔 15 天左右就会在当日最重要的新闻中看到与中国有关的信息。

基于以上，从整体的内容结构来看，要闻版是《改革报》涉华报道最为集中的叠次，其中又以国际板块的数量最多、比重最大；同时，“中国”出现在该报头版的频率较高，可以达到 15 天/次。因此，在该报所呈现的中国形象中，最为重要的部分应属出自“国际”和“头版”的涉华报道。在下一节中，本文拟以头版和国际两个板块的涉华报道作为文本分析的核心样本，探讨《改革报》涉华报道中的中国形象，具体论述将在后文中展开。在此之前，基于驻站报道在整个涉华报道，乃至中国形象呈现中所占的比重以及所具有的重要作用，有必要对《改革报》亚太记者站的驻站报道展开内容分析，进而从量化的角度归纳驻站采写的涉华报道的特点。

3. 驻站报道

在所有的国际新闻报道中，驻站报道是指由媒体的驻外记者从对象国本土采写的一线报道。在参考时段内，各年度的驻站报道数量不一，以2011年200条最多、2012年152条最少。由于这部分报道必须要有“面对面”的直接体验，很大程度上会受到人员和时间等主观因素及调配限制的影响，其中有诸多非客观的不确定、不可控因素，因而各年度驻站报道的总量不宜视为绝对数量展开对比。然而，一定时期内驻站报道总量有限的情况下：（图6－11）

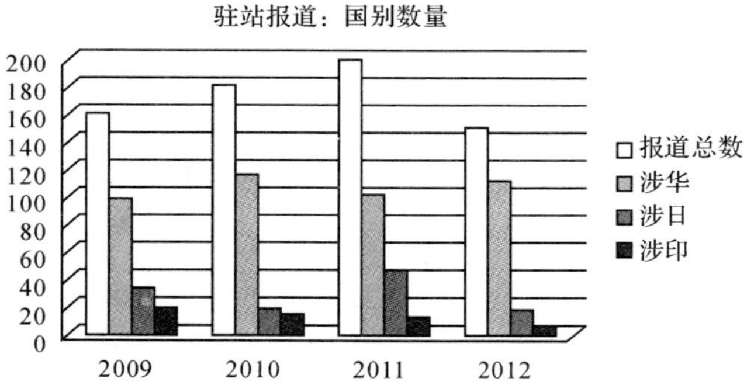

图6－11　亚太分社驻站报道：国别数量

第一，对于分管区域内不同国家地区的报道数量之间有所差别。以亚太地区的三个大国，中国、日本和印度为例，参考时段内对三国的驻站报道数量分别是（中国:日本:印度）——2009年为99:35:21，2010年为117:20:26，2011年为102:48:14，2012年为112:19:7。对比以上数据，很明显可以看出，对中国的报道是数量最多的，每年都有100条左右的涉华驻站报道。对日本的报道排在次位，但在数量上却远不能将两者相提并论。其中，2011年受到日本福岛地震核泄漏事件的影响，涉日报道数量相对较多，总数48条，仅事件发生当月（2011年3月1至31日）就达27条。涉华报道在亚太分社的驻站报道总量中，所占的比重也比较高，达到61.87%（4年样本总量），尤以2012年最为突出，当年涉华报道比例达到73.68%。

第二，对于分管区域内各国的报道中，有一部分报道在国别分类上出现交叉，也就是说报道中既有此国又有彼国。在这类报道中，一部分是关于整个亚太地区的新闻，区域内国家大多都会有所涉及；一部分是就区域内国际新闻热点所做的报道，一些地区大国通常会出现其中；还有一部分则是在对其中一国的报道中，将其他国家作为关联信息，以背景或参照的形式提及。以2012年的亚太分社驻站报道为例：在152条驻站报道总量中，共有13条中日交叉报道以及4条中印交叉报道。中日交叉报道中，中国报道6条，日本报道1条，地区报道3条

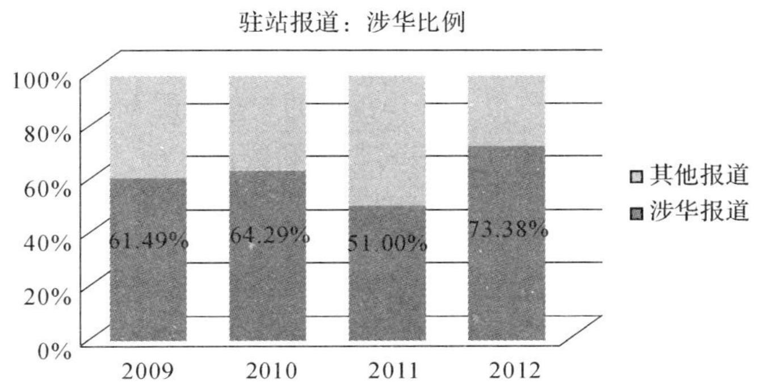

图 6－12　驻站报道：涉华报道所占比例

（1 条对于亚太地区经济趋势的整体性报道，2 条对于区域内国际新闻热点朝核问题的报道），还有 3 条对于中日关系的报道；在 4 条中印交叉报道中，2 条是对亚太地区的整体性报道，另外 2 条都是以中国为核心议题的报道，印度作为“邻国”出现在关联信息中（见图 6－12）。

就媒体驻外机构发布的新闻报道来说，一定时期内报道的总量是有限的，对于分管区域内不同国家地区的报道数量，则通常由媒体议程中的“关注程度”主导，同时也会受到“报道焦点”的影响。通过以上对比描述，可以看出：一方面，对于《改革报》的亚太分社来说，“关注程度”最高的国家当属中国，涉华报道的数量以及比重都是最为突出的；另一方面，一段时期内的驻站报道通常会集中于一至二个焦点议题。从对交叉报道的分析来看，在国际/地区事务乃至周边他国相关议题中，涉华报道的数量远高于其他国家。就地区内大国之间的关联来看，“中—日”的相关程度较高，在地区事务和对彼此的报道中，两国经常作为关联体出现。相比之下，印度以及其他亚太国家/地区，不仅在整体报道中数量较少、比重较小，在与中国的相关性上也不甚突出。

（三）《改革报》涉华报道的微观解析

在微观层面的内容分析中，本文拟以《改革报》2012 年间刊登在国际板块的涉华报道为例，就这部分涉华报道所呈现的中国形象进行描述性分析。通过对《改革报》网站资料库的信息检索，在 2012 年 1 月 1 日至 12 月 31 日间，国际板块共刊发 439 条涉华报道。其中，有两则“国际速览”均包含了 2 条涉华新闻（“国际速览”是综汇性的编译报道，一则速览包含多条来自世界各国通讯社和其他媒体的新闻简讯）。因此，这一层面所涉样本实际应为 441 条涉华新闻。

1. 内容编码

本文前面几个部分的分析，主要是基于检索信息和数据处理，以期从数量、比重、频度等方面描述《改革报》涉华报道的宏观概况和中观分布。在微观层面，本文将进一步对样本报道予以编码归类和数据分析，进而探究《改革报》涉华报道的具化特征。编码主要包括关联程度、主题类型、价值倾向和消息来源4个层次，每个层次区分为3到4个向度（见表6－3）。

表6－3　内容分析编码表

关联程度	A. 中国报道；B. 国际议题；C. 他国报道
	编码说明：报道内容是对中国的直接报道，归为A类；就国际议题展开的相关报道，属于B类；C类为对其他国家的报道。
主题类型	A. “自由民主”；B. 国内情势；C. 国际影响；D. 其他
	编码说明：见下文具体阐述
价值倾向	O－optimistic，积极；N－neutral，中性；P－pessimistic，消极
	编码说明：与新闻事件本身的正、负属性或报道整体的取向无关，而是涉华内容所指向的对中国的价值倾向。其中，事实性报道（只有事实陈述）和平衡性报道（同时包含正、反两种价值倾向）归为“中性”范畴。
消息来源	A. 自采内容：驻站报道，其他采写，评论文章；B. 外电消息；C. 综合编写
	编码说明：自采内容中的驻站报道指由亚太分社直接采写自中国的报道，其他采写指其他分社或记者站采写的涉华报道，评论文章则包括来自报社评论员及外聘撰稿人等在内的评论性报道；外来消息指来自各国通讯社以及其他媒体的新闻报道，其中也包括新华社；综合编写属于报社自主内容，但是基于外电（尤其是世界三大通讯社）提供的新闻事实而编写，因而含有较多的外部影响因素，单独列为一项。

对于主题类型和价值倾向的归类和划分，本文借鉴了阿莫尼教授在《遥远的风景：哥伦比亚如何看待中国》一文中所提出的类型量表和划分标准①，这一模型是在对哥伦比亚两份主流报纸进行实际研究的基础上建立的。其特点在于，划分类型的标准不是传统的地域界线和所属领域的简单复合，而是按照媒体采编的议程方式和形象分析的视域差别予以重新构建。不仅体现出新闻报道自身所属领域的差别，更突显出形象研究的认知主体性。也就是说，衡量形象的类型划分应该以认知主体为基准。本文所采用的两级伞形类型量表，是在借鉴阿莫尼教授的

① Ariel C. Armony A View from Afar: How Colombia Sees China. *The China Quarterly*, 2012（3）－209: PP. 196～197. 见附录3，参考编码表。

意见，同时参考其他相关研究的基础上进一步制成，将涉华报道分为四个主题类型，每个主题类型下辖数个具体的报道议题，在操作中以报道议题作为编码归类的判断依据。其中，“其他”是一个开放性的主题类型，中间所含部分议题可以划入其他主题，但是基于关注程度以及内涵复合的考量（有些新闻议题，在长期的传播实践中已经成为涉华新闻的常规性关注焦点，或者是内涵多个彼此关联的主题），故将这些议题单独列出归为其他一类。根据具体的考察背景，这一类别所含的议题可以有所不同，表 6－4 列出的仅是本研究所涉议题。

表 6－4　议题分类量表

议题维度	主题类型	
公民权利	“自由民主”	
国家民主		
言论自由		
人权问题		
经济	国内情势	
政治		
社会		
文化、科技、体育		
双边外交	政治影响	国际影响
地区事务		
国际事务		
新兴发展	经济影响	
经济大国		
双边经贸		
文化科技	文化影响	
军事实力	军事影响	
环境气候	其他	
“走出去”		
海外华人		
中国游客		
中国制造		
网络规制		
自然灾害		
宗教		
死刑		

在编码过程中，为尽量减少操作的主观因素影响，本文采取评定者信度考量机制，以此来测量编码信度：邀请两位同仁（一位来自国际新闻研究学界，一位来自媒体国际新闻业界），分别抽取100条样本报道由两人各自进行编码。然后，就两组编码结果与笔者个人所做的相应部分进行比对。所得结果经过霍斯提公式计算，得出编码平均信度为0.935（两组编码的信度分别为0.924和0.946），符合最小信度要求（90%以上）。

2. 数据统计

经过内容编码以及数据汇总，样本期间国际板块涉华报道的统计结果如表6－5：

表6－5　内容分析编码数据

	自由民主			国内情势			国际影响			其他			
中国	自采	综合	外电	自采	综合	外电	自采	综合	外电	自采	综合	外电	
积极	1	0	0	18	1	2	7	2	3	1	0	0	192
中性	2	0	2	31	4	4	12	3	9	6	0	2	
消极	4	4	16	13	2	20	4	0	6	7	3	3	
			29			95			46			22	
国际	自采	综合	外电	自采	综合	外电	自采	综合	外电	自采	综合	外电	
积极	0	0	0	2	0	0	20	4	2	0	0	1	135
中性	0	0	0	2	0	0	24	5	18	3	0	3	
消极	1	0	0	0	0	0	19	12	15	1	1	2	
			1			4			119			11	
他国	自采	综合	外电	自采	综合	外电	自采	综合	外电	自采	综合	外电	
积极	0	0	0	2	0	0	9	2		0	0	0	114
中性	0	0	0	2	0	2	35	4	16	7	7	6	
消极	1	0	0	1	0		4	2	3	7	0	4	
			1			7			75			31	

在研究所涉的4个内容编码层次中，“关联程度”所属级别最高、概括范围最广。在这一层次中，根据报道内容与“中国”的关系，将研究样本区分为“中国报道”“国际议题”和“他国报道”，三者在次序上与中国的相关程度逐级

减弱。从“形象”的传播与认知来看，这三个层级的划分契合于他国主体认知中国形象的景深层次。也可以说，中国形象在他国主体的认知中，主要呈现为三个景深层次：近景、中景和远景。对中国的直接报道，提供的是展现中国本身的体验性信息，包含更多事实的、现时的内容，属于他国主体观察中国形象的近景；把中国放在国际的、全球化的背景中，在整体的视野中探讨“世界的中国”以及“世界与中国”，这时的中国不一定是具体的存在，也不必要作为一个实体参与其中，如此形成的整体架构是为他国主体从中景来认识中国形象；最后，他国报道中涉及的中国，更多是作为背景、参照而出现，成为中国形象投射在某一国家文化甚至某一事件焦点上的具象，进而构成中国形象在他国媒介乃至异域文化中浮现的远景。

基于这一观点，下文的研究将以此为前提，探讨《改革报》涉华报道在不同层次中传播的中国形象。在样本报道中，三者之间的数量比例为：中国报道43%，国际议题31%，他国报道26%。相对来说，该报较为重视对中国的近景观察，注重对于中国的直接体验。整体上看，三个层次之间的差距不大，没有呈现出明显的偏重、集中或缺失（见图6－13）。

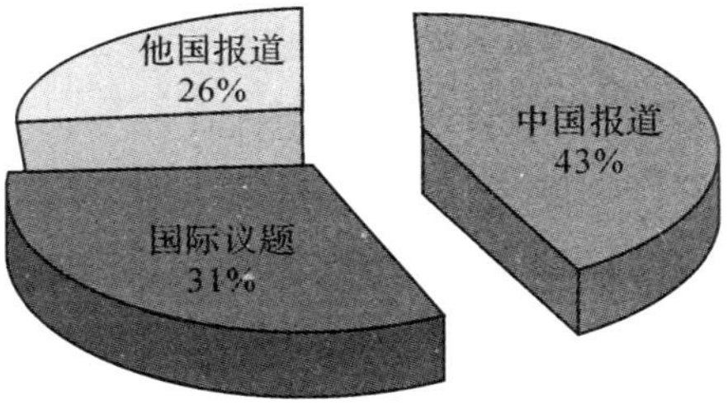

图6－13　国际板块：关联程度

就主题类型来看，本文将拉美媒体的涉华报道划分为：“自由民主”、国内情势、国际影响和其他议题。这4个类别分别指向中国形象的不同侧面：

第一，“自由民主”属于框架性议题，主要是在西方现代性框架下形成的政治话语，以西方现代民主政治的普遍准则为标准，对中国的相应领域进行批判性聚焦；

第二，国内情势是关于中国的本体性信息，广泛关注国内社会的各个层面，尽管在不同层面的聚焦程度上有所差别，但又在总体上呈现为“中国的情况和变化”；

第三，国际影响主要是指将“中国”放在国家之间，或地区、国际背景下，考察中国作为一种主权力量，在相应体系中所具有的影响；

第四，其他议题的外延比较广泛，主要是基于对关注程度和议题内容两者的参考而划分。换句话说，在不同国家、媒体中广受关注足以形成一定规模，在议题内涵上兼具前述三种类别中不止一项，这类新闻议题可以归为“其他”。

在这 4 个类别中，报道数量最多、比重最大的是“国际影响”一类，其次是“国内情势”。可以说，在拉美媒体中呈现的中国形象，主要是作为国际背景下的权力主体，同时也注重中国作为国家/文化的本体认知及其与不同国家/文化之间的对照认知（见图 6－14）。

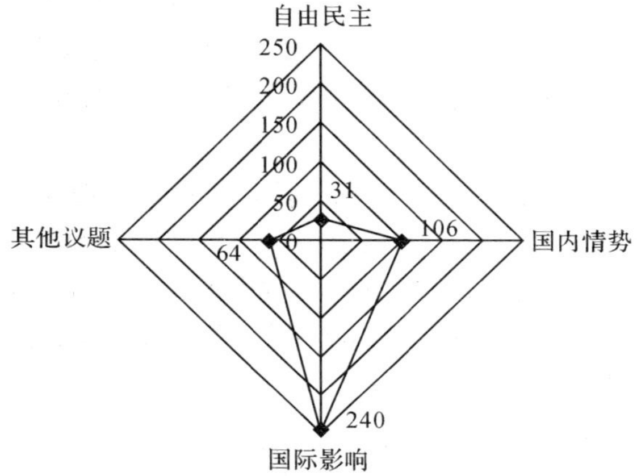

图 6－14　国际板块：主题分布

另外，在不同景深层次的涉华报道中，具体展现的中国形象在主题聚焦上有所差别：在中国报道中，4 个主题类型的内容都有所涉及，但又尤以国内情势和国际影响为主，同时自由民主类别的报道基本都集中在这一部分；在国际报道中，绝大多数报道明显聚焦于中国的国际影响；以他国议题为核心的报道则偏重于中国在国际影响和其他议题领域的信息（见图 6－15）。

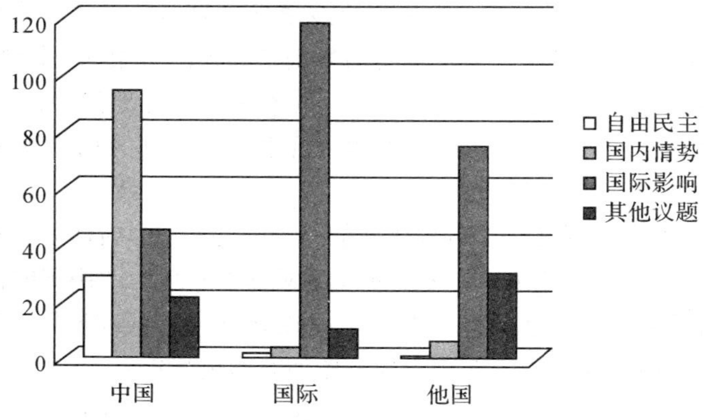

图 6－15　关联程度与主题分布

3. 交叉分析

在这一部分的分析中，本文将以3个关联程度为基础，在划分主题类型的基础上，探讨样本涉华报道的价值倾向，并且分析价值倾向与消息来源之间的关系。

（1）各主题类别的价值倾向分析

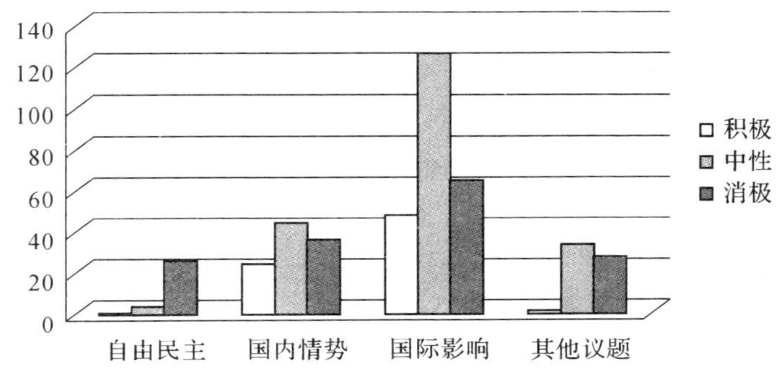

图6－16　各主题类别的价值倾向

由图6－16可以看出：在直接以中国作为新闻议题的报道中，各个主题所体现的价值倾向差别较大——

"自由民主"类别的报道绝大多数集中于消极倾向，所占比例可以达到83.8%。2012年全年中，对于"自由民主"类别的报道主要集中于几个议题焦点：基层民主问题、香港特区政府选举等。而在国内情势类别中，尽管倾向于中性和负面的报道较多，也有呈现积极倾向的报道。这一类别涵盖多个维度的内容，其中又以"政治"最多（57.5%）而"经济"最少（7.5%），"社会"议题的报道可以占到21.7%，"文化科技"为11.3%，此外还有不足2%是对于中国国内发展变化的总体评述。就价值倾向来说，以"中性"取向为主（42.5%），"消极"相对多于"积极"（33.9%，23.6%）。较为突出的一个特点是，涉及中国新任领导人习近平的报道数量较多，共有19条"政治"议题的报道涉及习近平，其中持"积极"取向的有5条（既有以习为中心的报道，也有对新任政府的报道。这些报道将习视为"改革派领导人"，期望其带来政经各领域的新风，并以首次公开讲话和深圳南行作为实例予以佐证），"中性"取向有12条（主要是对十八大会议、政府换届以及相关其他新闻的时事性报道，以介绍陈述新闻事实为主，不含明显倾向，其中还包括两条年度综述）。

聚焦于中国国内经济情势的报道相对较少，在价值倾向上也较为平衡，三种倾向数量上差别不大，既有对"苹果代工厂""朝鲜佣工"的消极取向，也有对

“基础建设成就”和“经济增长软着陆”的积极取向；对于国内社会的报道，呈现为议题多样、价值多元的“万花筒”。这部分报道以驻站采写的一手报道为主，聚焦点从“果粉热潮”“餐桌救狗”到“职业哭灵人”“钢管舞学校”包罗万象。多数报道以事件、人物为核心，呈现生活的、现时的中国形象，其中有对“中国社会治安良好”的积极认同，也有对“排外风潮涌动”的消极评述；文化科技部分的报道则多以积极取向为主，其中包括对“神舟九号”及“太空蔬菜”、公司企业推崇创新、重视人才教育等不同议题的报道，集中体现“学习中国经验”的主旨。样本中仅有1条消极取向的文化科技报道，源自《纽约时报》对于“建设文化强国”的评论报道；此外，还有两篇报道从总体上说明中国的国内情势。“中国的两难”一文以发展与传统之间的冲突为核心议题，既有积极面的肯定也有对冲突的探讨，属于平衡性的报道。另一篇“告别中国”是评论主笔 Sergio Muñoz Bata 在结束中国访问回国之后发表的后记，认为“明智的策略（改革）使中国成为全世界唯一一个能够在21世纪仍保持活力的古老文明”①。

从图6-16中可以看到，国际影响类别的涉华报道数量最多，其中又以中性和消极取向为多。同时，积极取向的报道虽然比重不大，数量上较其他类别仍属多数。进一步在内容维度的层面上看，归于政治一类的报道最多，数量比例为政治58.3%、经济29.6%、军事6.3%和文化科技5.8%。国际范围内的政治活动，可以按照区域范围的不同分为双边外交、地区事务和国际事务三个部分。对于中国的双边外交活动，多数报道呈中性取向，数量上远远多于积极或消极取向的报道；在地区事务中，样本所涉最多的新闻议题是朝鲜半岛问题，仍然以中性取向为主，同时倾向于积极的报道也多于消极，总体认为中国在地区事务中具有重要作用。在这一类别中，关于国际事务的涉华报道数量最多，可以占到近半数（45.7%）。其中，趋于中性取向的报道较多，都是与联合国及其相关事务为主的报道。样本中仅有2条报道持积极取向，都是关于伊朗核问题的报道，认为“中国在六方会谈中起到推动作用”。非常明显的是，抱有消极取向的报道不仅数量最多，而且几乎全部都是与叙利亚问题有关的新闻，认为中俄反对联合国制裁决议是叙利亚问题久悬未决的主要原因，并进一步导致叙利亚国内屠戮不断、民不聊生的困局，将中国称为叙利亚当局的“主要同盟”（principales aliados）。

---

① Sergio Muñoz Bata：FRONTERA INVISIBLE/Adiós a China，24 de Mayo del 2012，*Reforma* – International，P17.

属于经济领域的报道数量少于政治，而且在价值倾向上也呈现出完全不同的特点。依照构成中国对外经济形象的不同侧重，这部分报道可以分为三个次项类别，即经济大国、新兴经济和双边经贸，三者中尤属双边经贸类别的涉华报道数量最多，所占比重分别为23.9%、22.6%和53.5%。经济大国是指中国作为世界最大的经济体之一，对于世界经济和各个国家都具有重要影响。这部分报道数量不是很大，但是其中多以倾向于中性、积极的报道为主，认为中国是“世界经济的主引擎”，并且对中国在欧债危机中承担的角色持积极肯定态度。第二个次项类别称为“新兴经济”，主要指以新兴经济体为核心的涉华报道。这类报道数量较前者稍逊，在价值倾向上更突出了积极为主的特点，同时兼有以中性的事实性表述为主的报道。总体上对新兴经济体的发展持积极倾向，并且多次明确表示对“中国经验”的钦羡，在评论文章中直称拉美国家“有待中国式的发展”。作为“经济大国”和“新兴经济”的中国形象，整体上呈积极取向，以新闻事件为主的中性倾向报道在数量上为多，没有取向消极的报道。进入双边经贸领域，中国形象也显现出争议的一面，但在数量上仍是少数，仅在涉及贸易逆差巨大、美国市场竞争等议题时才呈消极取向。多数报道将对华经贸往来视为国家发展的机遇，甚至作为一些国家既得成绩的主要稳定因素。

在其他类别中，主要聚焦的议题有：互联网相关新闻，一方面是与信息自由相关的报道，认为中国钳制互联网、限制信息自由；另一方面是与黑客攻击有关的报道，主要是跟从美国发布相关报告以及指责而发起的媒介议程，报道称“（中国）官方支持下发起黑客攻击”，相关报道均为消极取向；与“走出去”相关的报道主要有三种视角：一为积极取向的机会论（主要是科技能源领域，期待与中国交流合作）；二为中性取向的事实陈述（主要以对拉美的投资合作为议题，部分仅陈述事件，不含态度倾向，部分为批判性的分析，平衡阐述优劣）；三为消极取向的威胁论（主要以对欧洲投资合作为议题，认为中国挤占当地市场、工作机会）；对自然灾害的报道则主要以简讯形式发布，内容上以事实陈述和情况推进为主，不含价值倾向；以宗教为议题的报道，集中关注天主教领域，涉及地下教会以及中梵关系，均为消极倾向；对于海外华人的关注比较零散，大多聚焦于欧洲国家，但是在议题上偏重于负面性质的新闻事件，包括“华人黑帮”（西班牙、意大利）、性从业者（法国、意大利）或者走私贩运假货，等等；对环境气候方面的报道中，涉及“碳排放”“气候大会”等议题时多呈消极倾向，只有在提及中国在新能源领域的致力成就时呈现出积极取向；此外，经常出现的涉华议题还有“死刑”（执行死刑最多的国家）、“中国游客”（积极面作为经济助推力量，具体行为则呈消极倾向）、“中国制造”（承认价格优势、市场价值，但对当地市场形成冲击，不过没有西方议程中常见的“劣质”评价）。

（2）来源与倾向的交叉分析

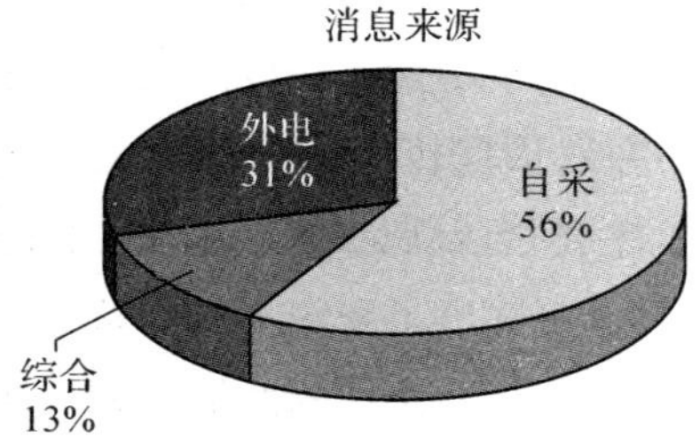

图6－17　国际板块涉华报道的消息来源

前文已经叙述过，大多拉美媒体在国际新闻报道方面大量依靠来自国际通讯社消息和欧美国家媒体报道。在这一点上，《改革报》虽也未能避出其外，但是在其涉华报道的消息来源中，半数以上的新闻信息都属于自采性质，其中又有35.8%的报道是由驻华记者采写自中国本土的一手报道。来自于国际通讯社和国外媒体的外电消息可以占到涉华报道总量的31%，其中尤以法新社、路透社、美联社三大国际通讯社最多，还有埃菲社、墨西哥国家通讯社和彭博社，国外媒体主要是美国《纽约时报》和西班牙《国家报》。值得注意的一点是，《改革报》近年也开始与新华社的合作，时常采用刊发新华社的新闻消息，但是在涉华报道中反而较少采用新华社的信息①（见图6－17）。

在前面的分析中已经多次提到，有些议题或类型的报道中，新闻报道所体现的价值倾向会在一定程度上根据消息来源的不同而高度聚合。当然，从总体上来说，即便是来自于外电的新闻信息，同样是经由报纸“把关人”选择、编排的结果，属于报纸自身的媒体议程的一部分，然而这个议程在很大程度上受到外部国际新闻传播的影响。在一定程度上，来源不同的新闻信息在价值倾向上还是能够体现出鲜明的差别特点。图6－18是就样本报道的价值倾向和消息来源两者之间的关联分析，其中标注的数据仅显示各个维度的极值：

---

① 该报国际新闻部门的编辑人员表示，新华社发布的中国新闻通常带有较强的主体色彩，报社会以此作为参照和线索但通常不会直接采用。反而在关于其他国家/地区或国际事务的报道中，新华社的报道则可以作为代表中国观点的信息，较多时候会考虑采用。

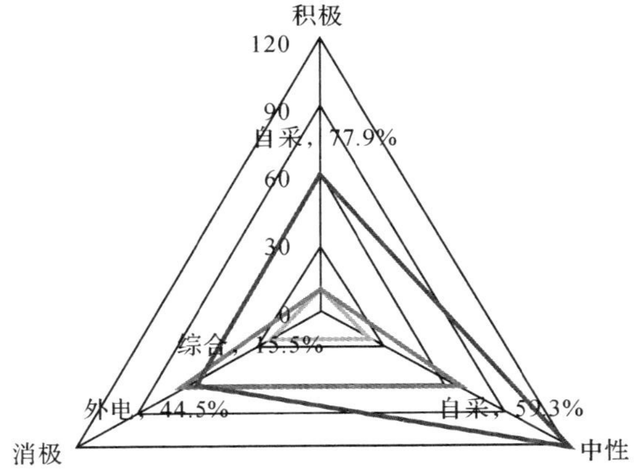

图 6－18　价值倾向与消息来源

①总体数量上看：在价值倾向的数量对比中，以中性报道为最多，消极报道次之，而积极最少，三者比例为 17.5%（积极）、47.4%（中性）和 35.1%（消极）；就消息来源来说，自采报道数量最多，外电来源次之，综合报道较少，分别占总量的 55.8%、31.5% 和 12.7%。

②积极取向中数量最多的是自采来源的报道，可以占到 77.9%。倾向中性的报道中也属自采来源的数量最多，达到 59.3%。倾向于消极的报道则以外电数量最多，不过自采来源的消极取向报道在数量上与之相差并不太大，也能占到 40%。综合来源的报道在整体数量上本就少于另外两类，在每类倾向中所占的比重也不多，基本都在 11%～15%。

③反过来看，自采来源的涉华报道在价值倾向上以中性最多，另外两种倾向之间差距不大，三者之间比例为：24.4%（积极）、50.4%（中性）和 25.2%（消极）。这与外电来源的涉华报道形成明显反差，倾向于消极、中性的报道占绝大多数，积极取向的报道非常之少，三者比例为 5.8%（积极）、44.6%（中性）和 49.6%（消极）。综合来源的报道，实际上是报社就相关议题集合国内外媒体信息而再次生成的信息，因而其内容和倾向也在很大程度上取决于所参照的媒体信息。这一来源的报道中，三种倾向类别的数量比例为 16.1%（积极）、41%（中性）、42.9%（消极），同样以消极和中性取向为主。

三、《改革报》涉华报道的文本分析

本文的文本分析部分，将以头版涉华新闻和驻站中国报道为重点进而展开研究。具体的研究步骤，主要包括报道的编码归类（比照内容分析的编码方式），在此基础上对样本报道进行叙事要素的提取归类，进而对核心语段展开重点分析。关于叙事要素，已经在前文理论框架部分有所说明，这里仅列出研究中可能涉及的项目：（见表6－6）

表6－6　文本分析—叙事要素量表

一	二	三	
叙事策略	叙事声音	背景材料	引语组织
	叙事时间	情节安排	推导归因
	叙事模式	标题	导语
叙事结构	句法结构	句式	句群
	措辞结构	词语	词性
神话建构		指代标签	修辞

（一）头版涉华新闻

2012年全年，共有21篇涉华报道出现在报纸头版，见表6－7。

表6－7　文本分析—头版涉华报道列表

	标题		标题
1. 22	Reactivan denuncia contra Fox 福克斯涉案重启调查（头版报道）	8. 03	Causa choquesalida de Annan 安南辞职引发论争（头版引语）
1. 24	PierdeMéxicoatractivo 墨西哥吸引力渐失（头版头条）	8. 13	Renacerá en Río 留待里约再从头（头版引语）
2. 29	Comparten paisanos menos dólares 侨汇趋减（头版报道）	8. 15	Resultan ilegales 60% de medicinas 市面60%药品属违法（头版引语）
4. 05	Va México atrás en la era digital 墨西哥滞后数字时代（头版头条）	9. 06	Frena crimenavance del País 犯罪高企，阻碍发展（头版头条）
4. 16	Caen IP y SATen proteccionismo 设限进口价位，惹嫌贸易保护（头版引语）	9. 09	Exhiben en EUpeligro en México12 展在美国，险在墨国（头版报道）
5. 11	Abandona México top 10 de turismo 墨跌出旅游目的前十（头版头条）	9. 26	Gana una México al gigante chino 墨西哥：赢过中国巨人（头版报道）
5. 27	Faltan albercas al DF 缺少泳池的首都（头版引语）	10. 03	Notanvulnerabilidaden empleo Mexicano 墨国就业情况引注意（头版引语）
5. 31	Lidera México exportación de TVs 电视出口，墨国领先（头版报道）	10. 20	Sobran Generales 大将军官如是多（头版头条）

（续表）

	标题		标题
6.17	Pide Hu Jintao multipolaridad 胡锦涛倡导多元世界（头版引语）	11.23	Cae IED 16% 外资骤降 16%（头版头条）
7.01	Viven del llanto en China 中国：以哭为业的人（头版引语）	12.27	Monstruo Asiático 亚洲巨兽（头版引语）
7.28	La nueva conquiSta británica 全新的英伦征服（头版引语）		

在这 21 条涉华报道中，可以按照报道的不同性质分为两个类别：其一是头版报道；其二是头版引语。

1. 头版报道

头版报道指直接刊发在头版的新闻报道，实际上头版头条也是头版报道的一种。对于头版报道的研究，将主要对包含涉华信息的核心语段进行分析。在 21 条样本报道中，共有 10 条头版报道，其中 5 条是头版头条，另外 5 条属于一般头版报道。

（1）头版头条报道

头版头条也就是当日报纸在议程预设中最为重要、最值得注意的新闻信息。这类报道通常置于头版最为显著的位置且占据较大篇幅，往往以标题字体加粗以及单列引入式导语的方式予以突出，同时还经常附有大幅照片或数据图表以增强视觉显著性。

①Va México atrás en la era digital 墨西哥滞后数字时代

关联程度：他国报道，墨国内新闻；

中心议题：国家信息技术竞争力；

主题类型：国际影响，文化科技；

价值倾向：中性；

背景信息：世界经济论坛（WEF）；

数据列表：México está por debajo en conectividad digital respecto a otras economías con las que compite. . . . 51 China. . .

墨西哥的信息联通能力不及主要竞争经济体。（排名 51 位的中国在列）

关键词语：otras economías con las que compite 与之竞争的其他经济体

②Abandona México top 10 de turismo 墨跌出旅游目的前十

关联程度：他国报道，墨国内新闻；

中心议题：国家旅游经济；

主题类型：国际影响，经济大国；

价值倾向：中性；

背景信息：世界旅游组织；

数据列表：Ranking de países que recibieron más turistas internacionales en 2011：1. Francia，2. EU，3. China，4. España，5. Italia，12. México.

2011 年接待国际游客数量最多的国家：1. 法国，2. 美国，3. 中国，4. 西班牙，5. 意大利，12. 墨西哥。

③Frena crimenavance del País 犯罪高企，阻碍发展

关联程度：他国报道，墨国内新闻；

中心议题：社会稳定与经济发展；

主题类型：国际影响，新兴经济；

价值倾向：中性；

背景信息：全球竞争力指数报告；

核心语段：El País sígue por debajo deotras economías emergentes，como China（29），Chile（33）y Brasil（48）.

本国仍落后于其他新兴经济体，例如中国（排名 29）、智利（33）和巴西（48）。

关键词语：economías emergentes 新兴经济体

④Sobran Generales 大将军如是多

关联程度：他国报道，墨国内新闻；

中心议题：墨国的国防军事力量；

主题类型：国际影响，军事影响；

价值倾向：消极；

背景信息：国防部（墨）报告，美国国防部信息；

导语编写：Reporta la Sedena 541 altos mandos，uno por cada 386 subalternos.

国防部报告，现役 541 位高级将领，平均每人麾下 386 兵士。

En China hay 365militares de ese rango，con mando cada unosobre 6. 3 mil efectivos.

中国有 365 名高级将领，每位将军麾下有 6300 名士兵。

（前一条是引题，位于正题之上，横向通栏排版；导语为单列引入式，与正文分开单独置于标题下方左侧，正与前者形成相对反差）

核心语段：En contraste，el Departamento de Defensa de EU reporta 620 Generales para 565 mil efectivos，lo que hace un General por cada 911 elementos，y en China，los

2. 3 millones de integrantes del Ejército son comandados por sólo 365 Generales.
相比之下，美国国防部报告的数字为 620 名高级将领、565000 现役部队，即每位将军指挥 911 名兵士，然而在中国，230 万军队仅由 365 位将领指挥。
(在关于中国的部分，变换成为被动语态，一方面隐去了信息来源，另一方面将 230 万军队置于前部予以突出，并且使用程度副词 sólo 加强语气。)

数据图表：(将文中提及 4 个国家的将领和部队数量并置对比，差别更加凸显。同时，彩色制作的数据表又配以军队照片，放在通栏标题下方靠右位置，提高整体显著性。)

⑤Cae IED 16% 外资骤降 16%

关联程度：他国报道，墨国内新闻；
中心议题：墨国吸纳外资减少；
主题类型：国际影响，新兴经济；
价值倾向：中性；
背景信息：经济部，墨西哥银行
导语编写：Recibe inversionChina por 83 mmdd; Brasil, 47 mmdd, y Chile, 17 mmdd
中国吸引外资 830 亿，巴西 470 亿，智利 170 亿。
核心语段：El País ha quedado muy atrás de otras naciones emergentes en recepción de inversión foránea. En el mismo periodo, llegaron a China 83 mil 400 millones de dólares; a Brasil, 47 mil 300 millones, e incluso Chile ya lo rebasó, con un flujo de 17 mil 758 millones, 36 por ciento más que México en los primeros 9 meses del año.
本国在吸引外资方面已经远远落于其他新兴国家之后。同一时期，中国吸引外资达 830. 4 亿美元，巴西 470. 3 亿美元。即便智利，今年 9 个月的外资投入也达到 177. 58 亿，比墨西哥高出 36%。
关键词语：naciones emergentes 新兴国家

(2) 一般头版报道

与头条报道相比，其他刊登于头版的新闻报道在媒体议程中稍微靠后，但在同期刊载的所有新闻中，仍然属于位处议程前列的重要报道。这 5 篇报道中，既有比较短小的简讯新闻，也有篇幅仅次于头条的第二位序报道。①

① 在报刊媒体的编辑操作中，头版的不同新闻报道通常会按照新闻的重要程度划分为头条、二条、三条，操作中常以标题字体的大小/粗细、位置的高低/偏正等稍显区别。不过，其中只有头条是每期报纸必有，二条、三条则按实际需要而设，没有亦可。

①Reactivan denuncia contra Fox 福克斯涉案重启调查

关联程度：他国报道，墨国内新闻

主题类型：其他，背景信息（地理意义）

②Comparten paisanos menos dólares 侨汇趋减

关联程度：他国报道，墨国内新闻；

中心议题：墨西哥海外侨汇减少；

主题类型：其他，海外华人；

价值倾向：中性；

背景信息：拉美研究机构数据；

核心语段：Empero, las remesas crecieron 6.9 por ciento el a? o pasado, con lo que México se mantuvo como el tercer receptor en el mundo, detrás de India y China.

尽管，去年侨汇同比增长 6.9%，使得墨西哥成为世界第三大侨汇输入国，位于印度和中国之后。

③Lidera México exportación de TVs 电视出口，墨国领先

关联程度：他国报道，墨国内新闻；

中心议题：墨西哥对外贸易情况；

主题类型：国际影响，双边经贸；

价值倾向：中性；

背景信息：美国商务部数据；

引语采用：业内专家；

核心语段：China, el principal competidor de México en esos artículos en el mercado estadounidense, vio caer sus exportaciones 21 por ciento y participó con 33 por ciento del mercado.

中国，墨西哥在相应领域对美市场的主要竞争对手，同期内出口量下降了 21%，市场份额降至 33%。

关键词语：el principal competidor 主要竞争对手；

指代标签：la nación Asiática 亚洲国家

④Exhiben en EUpeligro en México 展在美国，险在墨国

关联程度：他国报道，墨国内新闻；

中心议题：墨是世界上新闻工作最危险的国家之一；

主题类型：自由民主，新闻自由；

价值倾向：消极；

背景信息：美国新闻博物馆展览，自由之家人权组织；

引语采用：自由之家研究人员；

图片配置：文中提及的地图（图片说明中涉及“中国”）

Un mapa del Newseum colorea de rojo a México – lo que significa queno hay libertad de prensa, al igual que a China, Corea del Norte y Cuba.

（图为）新闻博物馆展出的地图，墨西哥标为红色，意为“新闻不自由地区”——与中国、朝鲜和古巴一样。

核心语段（导语）：México comparte con China, Corea del Norte y Cuba el cuestionable honor de ser exhibido en el Newseum, en Estados Unidos, como uno de los 59 países del mundo en los que no existe libertad de prensa.

墨西哥和中国、朝鲜、古巴分享了这么一份“非议荣耀”，在美国新闻博物馆的展览中，共同进入世界59个没有新闻自由的国家之列。

关键词语：el cuestionable honor 非议荣耀，使用反语修辞。

⑤Gana una México al giganteChino 墨西哥：赢过中国巨人

关联程度：他国报道，墨国内新闻；

中心议题：墨国对外经贸；

主题类型：国际影响，双边经贸；

价值倾向：中性；

消息来源：美国商务部数据；

引语采用：国立自治大学中国研究学者；

导语编写：México le está ganando batallas a China en la competencia por el mercado estadounidense.

在与中国就美国市场的竞争中，墨西哥胜出占上风。

核心语段：“... en medio de un pesimismo generalizado con la idea del país asiático como competidor, e incluso es uno de los porcentajes más altos de los que se tiene registro...”

“……弥漫着普遍的消极观点，将中国视为竞争对手，甚至（持此种看法者）达到有史以来的最高比例……”（引语本身并非支持此种观点）

其他配置：附有数据表，将两国并置作为比较。

指代标签：gigante 巨人，el país asiático 亚洲国家

2. 引语报道

引语报道是指出现在头版的小段新闻信息，其目的是吸引读者深入了解刊载在其他版面中的最为重要、最具价值的新闻报道，起到要闻索引的作用。在11篇引语报道中，一部分是与中国关联较为紧密的新闻，或者说其报道的核心就是中国，对这部分报道的研究将作为重点，包括对头版引语和主体报道的整体分

析；另一部分则主要是对国际议题和他国新闻的报道，将主要就引语中的涉华信息部分进行分析，并视具体情况做出调整。

（1）中国报道

①Pide Hu Jintao multipolaridad 胡锦涛倡导多元世界

关联程度：中国报道；

中心议题：中国政府对墨国及拉美关系；

主题类型：国际影响，外交关系；

价值倾向：中性；

背景信息：驻站采写；引语采用：胡锦涛访问；（报道大量直接引用访问原文，仅提取开篇的简述部分作为分析内容）

报道篇幅：正文 285 字/词；

版面位置：头版右下角，模 3～5：栏 A～D；①

导语编写：Solicita líder chino，antes de arribara la Cumbre del G－20，más cooperación
赴会 G20 行前，中国领导呼吁增进合作

核心语段：Para China，es necesario construir un mundo multipolar donde el poder se reparta major entre continentes y países，dijo en entrevista con REFORMA el Presidente del Gobierno chino，Hu Jintao，poco antes de viajar a México para participar en la reunión del G－20 que se realizará lunes y martes en Los Cabos.
对中国来说，应该推动世界多极化发展，权力应由各个大洲和主要国家共同执掌。中国政府主席胡锦涛在专访中向《改革报》谈到上述观点，胡近日将赴墨参加即将于下周一至周五在洛斯卡沃斯举行的 G20 峰会。

国内版 P11——②

正文标题：Hu Jintao：Presidente de China，‘Contribuye Chinaa la recuperación’
中国主席胡锦涛——“中国致力于推动（全球经济）复苏”

报道类型：对话访问（严格保持原文样式和内容结构）；

价值倾向：中性；

报道篇幅：正文 1404 字/词；

版面位置：顶部中间靠左，模 3～14：栏 C～F；

导语编写：El Presidente delGobierno chino，Hu Jintao，reivindicó el Grupo de los20

---

① 版面位置的标记方式，参照《改革报》的广告版面标准。报纸版面按照从下至上、由右到左的顺序，划分为 1～14 模块（共计 53cm）和 A～F 栏区（共计 29.4cm），具体位置标记以“模块：栏区”为基准。具体划分方式，参见附录 4：《改革报》广告版面标准图示。下同。

② 见附录 5，2012 年 6 月 17 日，胡锦涛专访报道版面。

(G20) como "la principal plataformade la gobernanza económicaglobal" en entrevista exclusivecon REFORMA, antesde víajar a México para participaren la Cumbre de Los Cabos.

中国政府主席胡锦涛表示，20 国集团是"全球性经济统筹的平台"，(胡) 在赴墨参加洛斯卡沃斯举行的峰会之前接受了《改革报》的专访。

其他配置：大幅照片，人物正面（挥手致意），位于标题下方中间位置（模 9～12：栏 D～E），图片来自法新社；

知识链接：(关于胡锦涛个人) Experiencia: Durante su mandato, Hu restableció el control estatal en algunos sectores de la economía que habían sido flexibilizados. Ha sido conservador con las reformas políticas.

Ha presidido casi una década de crecimiento y desarrollo que consolidó a China como una potencia mundial.

经历：在任期间，胡在一些较为松散的经济领域重新建立起国家领导权力，在政治改革领域趋于保守。

胡在任期间经历近十年的增长和发展，奠定中国成为世界强国。

(对胡的评价：经济成就突出，政治领域保守。)

指代标签：una potencia mundial 世界强国

②Viven del llanto en China 中国：以哭为业的人

主题类型：国内情势，社会生活；

价值倾向：中性；

报道篇幅：正文 187 字/词；

版面位置：右下角，模 3～4：栏 A～D；

背景信息：驻站采写；

引语采用：受访人物，直接引语；

核心语段：Se trata de un servicio habitual en China, donde muchas funerarias contemplan el duelo profesional en su hoja de servicios.

这是一种在中国很常见的服务，由专门的祭奠者到坟墓前代为致哀。

其他配置：人物照片（以职业哭灵女性为中心的照片，突出戏剧化场景）

En China es una práctica comúncontratar servicios de plañideras.

在中国，雇人代为哭灵祭奠日益常见。

国际版 P20——

正文标题：Lucran chinos con el duelo 中国有种故人生意

报道类型：驻站采写；

价值倾向：中性；

报道篇幅：正文 540 字/词；

版面位置：右侧上半部分，模 6 ~ 14：栏 A ~ C；

导语编写：Ofrecen plañideras sus servicios en internet desde 45 dólares
网络上提供的代人祭扫服务收费 45 美元

引语运用：（中国）退休学者。
（除了正文中采用引语就传统予以解说，还有单独列出的“突出引语”，属于版面设计中附件配置的一种。）
“（A los animadores fúnebres）se les llamaba maestros Yinyang. Algunos componían canciones sobre los difuntos y las cantaban, lloraban gritando letanías, o hacían participar a los familiares”.
“（负责葬礼策划）称为阴阳先生。（哭灵）包括表演为故人编写的哀悼唱词，一边哭灵一边诵悼，有时家人也会参与其中。”

其他配置：图片（代人祭扫服务网店截图）“Díversos sitios web ofrecen paquetes para contratar serviciosfúnebres en el país. 很多网站提供代人祭扫的套餐服务”；
列表（祭扫套餐的内容、收费等说明）

内容说明：从职业哭灵到代人祭扫，中国文化中与故人的情感维系逐渐在时代变迁中浓缩体现在这样两种行业中。传统要求在亡故亲人葬仪上的哭灵，很多时候是由职业哭灵人代为，而这一带有争议的行业也随着丧葬习俗的改变而日益衰退；现代社会的节奏和压力，尤其是墓葬成本的高昂，越来越多人选择移风易俗的新方式，并且由此衍生依托互联网实现的代人祭扫服务。

③MonstruoAsiático 亚洲巨兽①

主题类型：国内情势，经济发展；

价值倾向：积极；

报道篇幅：正文 57 字/词；

版面位置：顶端左上，报头下方，模 8 ~ 12：栏 E ~ F；

背景信息：图片报道，新华社消息；

核心语段：China estrenó ayer la línea de tren bala más larga del mundo, la cual va de Beijing al centro económico de Guangzhou, al sureste del país. El viaje entre ambas ciudades durará 8 horas – en un tren convencional, son 20 –. La nueva ruta mide 2 mil 298 kilómetros, casi la distancia entre Ciudad Juárez y Oaxaca.
中国开通了世界最长的子弹头列车线路，从经济中心北京直达位于东南

① 见附录6，2012 年 12 月 27 日，高速列车开通报道版面。

部的广州。两地间旅途全程 8 小时，乘坐普通火车需要 20 小时。这条新线路全程 2298 英里，相当于由华雷斯市到瓦哈卡的距离。

其他配置：图片（图片是这则新闻的核心信息，全版最大的一幅图片，内容是蜿蜒前进的子弹头列车）

指代标签：monstruo Asiático 亚洲巨兽

国际版 P21——

正文标题：Tiene China súper ruta de tren bala 中国开通超级子弹头列车线路

报道类型：通讯社综合，图片报道；

价值倾向：积极；

报道篇幅：正文 167 字/词；

版面位置：右上，模 5 ~ 12：栏 A ~ C；

核心语段：Con este estreno，el gigante asiático se afianza como el líder mundial en la alta velocidad ferroviaria，con más de 9 mil 300 kilómetros de vías en funcionamiento en todo el país.

随着该线路的开通，这个亚洲巨人使自己成为世界高速列车的领军者，全国共有 9300 公里高速线路投入运行，预期到 2015 年实现倍增。

其他配置：多幅图片（高速列车线路，列车乘客与乘务人员，列车司乘人员）

El tren hará paradas en las ciudades y provincias más habitadas de China.

“沿线将在多个人口众多的省市设站经停。”

El servicio en los trenes es de primera calidad.

“列车上提供最高级别的服务。”

China es líder en “trenes bala”.

“中国是子弹列车的领军（国家）。”

插图资料（线路图例）

数据列表“新线路将节省 12 小时；每日对开 150 次列车；快速列车达到每小时 300 公里。”（强调突出）

指代标签：el gigante Asiático 亚洲巨人

（2）其他报道

①Caen IP y SATen proteccionismo 设限进口价位，惹嫌贸易保护

关联程度：他国报道，墨国内经济；

中心议题：本国市场开放；

主题类型：国际影响，双边经贸；

价值倾向：消极；

核心语段：Este mecanismo fue dise? ado luego de que los industriales denunciaran que los precios de algunos productos de importación, en especial los de China, eran demasiado bajos, lo cual los hacía poco competitivos.

这一机制是在工业部门批评部分进口产品价格过于低廉，尤其是中国进口产品，导致国内工业部门毫无竞争力。

②Faltan albercas al DF 缺少泳池的首都

关联程度：他国报道，墨国内经济；

中心议题：首都的城市建设；

主题类型：国内情势，经济（基础建设）；

价值倾向：积极；

核心语段：En la capital de China, Beijing, hay 800 albercas públicas para una población de 15 millones de personas, esto es, 5.3 por cada 100 mil habitantes.

在中国的首都北京，建有800多个公共泳池供1500万居民使用，即平均每10万人5.3个。（同等情况下，相对马德里、巴黎、纽约和墨西哥联邦特区，北京的数字最高，作为公共服务较好的对比案例）

③La nueva conquiSta británica 全新的英伦征服

关联程度：国际议题；

中心议题：伦敦奥运会开幕；

主题类型：其他，背景信息

④Causa choquesalida de Annan 安南辞职引发论争

关联程度：国际报道；

中心议题：叙利亚问题；

主题类型：国际影响，政治；

价值倾向：消极；

报道形式：一句话引语，完全索引；

核心语段：Estados Unidos culpóa Rusia y China porla renuncia del enviadoespecial de la ONU yla Liga árabe para Siria.

美国就联合国及阿盟代表辞职指责俄中

国际版 P15——

正文标题：Chocan potencias por salida de Annan 安南辞职引发大国论争

主题类型：国际影响，政治影响；

价值倾向：消极；

引题内容：Responsabilizan a Rusia y China de renuncia del mediador para Siria.

叙问题协调员辞职，责任在于俄中。（直接引述美国观点，隐去“声音”发出者，淡化观点的主体特性。）

背景信息：本社采写；

导语编写：Asegura Moscú que EU y aliadosse opusieron a ‘propuestas razonables’

美国指责莫斯科及其盟友无故反对“合理建议”；

引语采用：Annan... dijo, debe renunciar, y contra las divisiones en el seno del Consejo de Seguridad, donde Rusia y China han utilizado su poder de veto para blindar al régimen sirio, que tiene estrechos vínculos con Moscú.

安南……表示他必须辞职，由于安理会内部存在分歧，俄中两国利用否决权掩护与莫斯科联系紧密的叙利亚政权。（在间接引语中，通过从句的使用来糅入附加信息，将安南所称“安理会内部分歧”专指成为针对俄中的负面批评义项。同时，使用一系列内涵价值取向的词语，utilizado 利用、blindar 掩护、régimen 政权）；

... dijo la Secretaria de Estados Unidos, Hillary Clinton. " Por desgracia, el Consejo de Seguridad estuvo bloqueado para darle las herramientas clave para avanzar en sus esfuerzos", completó, en una clara alusión a los recurrentes vetos de China y Rusia en el máximo órgano de la ONU.

……国务卿希拉里说。“很不幸，安理会受阻未能给予支持他们努力的关键工具”，她又说，明白指向俄中两国在联合国最高权力机构投出的反对票。（直接引语和附加信息，集中于美国的指责，只有所谓“论争”的一方观点。estuvo bloqueado 受阻，被动语态的使用隐去受阻的原因，将“分歧”偏指为特定“责任者”。）

⑤Renacerá en Río 留待里约再从头

关联程度：国际议题；

中心议题：伦敦奥运会闭幕；

主题类型：其他，相关信息（奥运奖牌榜）。

⑥Resultan ilegales60% de medicinas 市面 60% 药品属违法

关联程度：他国报道，墨国内新闻；

中心议题：国内药品市场混乱；

主题类型：国内情势，社会；

价值倾向：消极；

背景信息：国家药品工业研究协会，世界卫生组织报告；

核心语段：... según estimaciones de la Organización Mundial de la Salud (OMS), México ocupa el sexto lugar por el volumen de artículos médicos ilícitos comercializados, detrás de China, India, Pakistán, Rusia y Brasil.

……据世界卫生组织估算，墨西哥是世界第六大非法医药市场，排在中国、印度、巴基斯坦、俄罗斯和巴西之后。

⑦Notanvulnerabilidaden empleo Mexicano 墨国就业情况引注意

关联程度：他国报道，墨国内新闻；

中心议题：就业情况；

主题类型：国内情势，经济；

价值倾向：积极；

背景信息：联合国发展报告；

核心语段：... algunos países como China o Brasil tuvieron una moderada pérdida de empleo, mientras que México, Rusia y Turquía reportaron grandes pérdidas.

……中国、巴西等国就业情况变化不大，而墨西哥、俄罗斯、土耳其三国则失业率陡增。

（二）驻站采写报道

相对于头版涉华报道，对于驻站采写报道的研究，不再采取上文逐条加以分析的方式，而是通过类别归纳对同类报道进行集合性的探讨。2012 年，《改革报》亚太驻站发表的涉华报道共有 112 条，其中包括部分复合报道（有些报道以长文和短文套发的形式发表，长文以新闻事件为主，短文则是对相关信息的报道，如访谈内容、关联事件等。这类报道在文本研究的过程中，将合并一起进行分析）。通过限定新闻议题（以中国为核心议题的报道）和报道类型（排除“一周简讯”“环球要闻”等报道），并且剔除前文已经分析过的报道，然后再从中提取版面以对驻站采写的中国报道展开文本分析。其中，大多数驻站采写的中国报道都发表在要闻版叠次的“国际板块”，而且这一板块的报道广泛涉及中国的不同主题领域。下文将国际板块与其他板块区分开，分别进行讨论。

1. 国际板块

国际板块的驻站中国报道，涉及的新闻事件和报道议题较为广泛，下文将就不同主题领域展开进一步论述。国际板块的驻站涉华报道涉及多个主题领域，报道数量也不一而足。下面将按照国内经济、国内政治、国防军事、对外关系、社会科技的主题分类，依次进行综述。

其一，国内经济。

（1）劳动力成本上涨——“变化中国”。

农民工一直是国外媒体报道中国的热选主题，一方面浓缩了过去几十年经济发展的成就，另一方面也体现着现在正在发生的转变。报道同样高度评价农民工集体“以辛勤工作和默默奉献巩筑‘经济奇迹’”，然而现在情况正在改变，很多用工密集地区出现民工荒。在此基础上，报道将产生这一现象的原因阐释为推拉两方力量。城市生活不易，工作苦、收入低、生活难、没有福利待遇、孩子无法入学，等等，“不同地方的案例都回归到同样的模式”，种种因素推动农民工辞工离城；相反，内陆地区也在迅速发展，各地广推乡镇鼓励创业的政策，加之已经长成的二代民工对各方面的要求也明显提高，成为民工返乡的拉力因素。从整体来看，报道阐述事实现象，通过对民工和专家的引语采用，陈列事实提供见解，进而从正反两个方面说明了中国的变化。

（2）中国制造——“中国品牌”。

报道以海尔、华为、联想等企业为例，说明中国企业在提高产品质量、投入科技研发、实现全球发展等方面的成就，称“中国正在实现一项仅在几年之前还被认为是不可能的事情——消除中国制造‘价廉质低，不可能与国际生产商相比’的印象”。报道通过对海尔作为“世界知名的跨国公司”的实际案例阐释，提出中国公司致力于科技研发，在很大程度上是出于政府对相关领域的重视和投入，并且采用专家学者的引语说明“在世界前40位经济体中，中国的科技研发投入排名15”，同时指出中国每年占GDP1.5%的科技研发投入“对于发达国家来说也是相当高的”。最后还评价说，中国品牌“开始沿着国际公司进入这个亚洲巨人时的道路，以相反的方向带着他们自己的产品以及生产走出国门”。在总体上，报道呈现为高度的积极倾向，提出“中国制造升级中国品牌”的观点。

（3）经济软着陆——“信心中国”。

2012年第二季度，中国经济季报给出一个三年以来的最低增长，旋即引起“亚洲内外分析评论的忧虑”。报道对中国经济近年来的表现综述为“世界第二大经济体，同时也是世界经济发展的引擎”，“一直保持7.5%以上的发展增速，引得这个星球的其他地方无比艳羡”（cifras que resultan envidiables para el resto del planeta），而且“国际精英阶层期待中国的上佳表现能够助力欧洲度过危机，带动世界经济恢复”。由于这些高评价高期待，使得季报的结果更加引人担忧，尤其是“虽然短期内不会对世界经济产生冲击，对于澳大利亚和拉美国家等主要贸易对象会有明显震动”。在很多专家学者的眼中，这不仅是“中国经济疲软”的表现，甚至意味着“一种发展范式的转折”。报道在给出各种数据信息和观点分析的基础上，以对世界银行等权威信息来源的引述，说明“多数分析都认为亚洲巨人将实现经济软着陆”，而且中国政府“不会让那样的事情（经济形势急转）发生”。通篇反复出现“亚洲巨人”（gigante asiático），强调中国对于世界经济的重要作用和地位。

其二，国内政治。

（1）台湾大选——海峡两岸日趋紧密。

对于1月中旬举行的台湾当局领导人选举，相关报道主要分为两个部分：一是对选战过程的关注，二是对选举结果的评述。在关注双方地区政纲要点（主要集中于选战后期在马英九和蔡英文之间的竞争）的过程中，报道指出目前台湾的核心焦点是与大陆的关系，双方的主要区别点也在于对大陆政策。然而，通过专家学者的引语，报道认为两岸关系的焦点已经不再是“或独或统”的身份问题，也不再是一个必须判定非此即彼、分明泾渭两边的根本问题，台湾目前面临的关键是经济问题。在此基础上，报道指出蔡方虽点到经济问题所在，却反以所谓“丧失主权”来指责现任地区政府。尽管没有做出明白的评价，态度倾向已然自明。选战尘埃落定之后，报道将大选结果总结为“马英九获得又一个四年以进一步推进与大陆之间的经济政治交流”（El Presidente taiwanés Ma Ying – Jeou dispone de otros cuatro años para seguir estrechando lazos económicos y diplomáticos con Beijing. Ene 15, 2012. *Reforma* – Internacional. P22. 新闻导语）。报道称马的大陆政策为“积极取向”（un progresivo acercamiento）。其中 progresivo 一词内含正向价值倾向，意为“积极的、进步的”。

（2）香港变迁——特区逐渐失去“特色”。

2012年是香港回归15周年，作为一国两制下的特别行政区，香港的变化在《改革报》的驻站报道中浓缩为“钞票多了，自由少了”。报道在导语部分开宗明义，“香港回归15年来的经历就是，以些许的自由换来经济的繁荣”（Prosperidad económica a cambio de un ligero decrecimiento de las libertades civiles…Jul 24, 2012. Reforma – Intertional, P17）。报道整体上肯定香港的经济繁荣，主要源于背靠大陆而获得的优势，并且特别刊出数据列表作为理据。同时，又通过对市民和学者的访问、引语，说明香港社会在经济繁荣之后的变化。尽管也有港人认为“没有什么大的变化”，与内地并无太大差异。相对来说，对于香港变迁的表述没有表露强烈的价值倾向，属于正反平衡的处理方式。

其三，国防军事——破除成见重新定位。

国防军事并非驻站报道的常规关注领域，《改革报》亚太驻站在2012年共发表了2篇相关报道：其一是辽宁号航母正式投入服役，驻站记者发表一篇常规报道，全文共计246字/词（正文部分），认为辽宁号的意义在于：一方面“中国在联合国五大常任理事国中最后一个拥有航母”，另一方面航母入役选在中日领土争端锋芒正锐的时机，旨在增强海防实力。报道以说明新闻事件和叙述背景信息为主要内容，没有体现明显价值倾向，整体呈中性取向。

同一时期内，西方媒体发布一系列报道，认为中国的武器装备是以“借来的技术”生产制造的。正如洪文军在其聚焦于“西方媒体涉华军事报道”的研究论文中所提出，此类报道的特点之一就是：一边说“中国军事威胁”，一边说“中国军力落后”①。《改革报》也注意到这一特点，在随后刊发的专题报道中，以套文的形式（即大文章套配小文章），一边陈列出西方媒体的基本论调，一边以自采报道做出阐释。在作为背景信息的“小”报道中，首先引述“国际媒体在报道中指出，中国部分先进军事技术成果并非原创”，而是通过非常手段获得的美俄成果，进而指出：“（这些说法）没有确实的事实依据”（no hay pruebas contundentes），所谓的见证是来自一些欧洲国家政府官员的“再建构”（Esta reconstrucción de los hechos）。

在主体部分，报道提出“过去十年间，军事实力显著增强”，尤其在先进武器装备的技术研发方面表现突出。接下来，报道认为很多西方报道在强调“中国威胁”的时候，往往以巨大的军费支出作为论据，然而“尽管没有确切数字，不论是中国官方发布的1020亿，还是国外媒体估计的1800亿，都要远远低于美国军费开支的6140亿”，同时还指出“军费开支的核心在于研发投入，中国军费开支的一半以上都要用于维持军队花销，然而美国则大部分用于武器研发”。基于这两点，报道认为所谓“中国威胁”是建立在相对数据的绝对比较之上，不足以为信。随后，报道从历史发展的角度来说明中国的军事实力，认为中国从1980年代末开始加大军事研发的投入，主要是受到欧美主导对华武器禁运的触动。开始于对苏联武器的研究，“投入很快结出硕果，虽然仍是武器进口大国之一，数量已经开始锐减。”在能够国防自给的基础上，中国的军事实力将“很快可以与俄罗斯媲美”。从而说明，所谓“中国军力落后”属于出自主观的臆想论断。另外，随同报道还刊登了一组图片资料，展示中国“最精密、最尖端”的武器装备（En los último años, China ha logrado dotarse del armamento más sofisticado y avanzado del mundo. Nov 11, 2012. *Reforma* – Internacional, P22.）

① 洪文军：《〈纽约时报〉（2000—2009）中国军事报道与解放军形象塑造研究》【博士学位论文】，北京：中国传媒大学，第2010年，第48～49页。

其四，对外关系。

（1）中国：拉美——潜力待发的合作伙伴。

2012 年 11 月 22 日，墨西哥当选总统恩里克·培尼亚·涅托，在候任期尚未结束的时候，正式接见了中国工商银行董事长，揭开新任政府面向中国开放发展的积极态势。由此次会面引发的报道，直至一个月后才得以发表（Ponen bancos chinos mira en Latinoamérica，Dic 26，2012. *Reforma* – Internacional，P24. 题目译为“中国银行看好拉美”）。报道介绍称，这家“世界最大的商业银行”（el más grande del mundo）已经准备好“实现全球化并且在世界范围扩展业务”（para globalizarse y expandirse por el mundo），并且经由中国专家之口表示“拉美是其首选之一，计划在接下来十年里加大投资量”（De acuerdo con estos expertos，una de sus prioridades es Latinoamérica，donde esperan hacer grandes inversiones en la próxima década）。同时，报道也提及“有其他一些国家表示对中资银行进入的担心，害怕招致大批中国企业随之而来”，随即就以详细的引语阐明了中方的立场，“中资银行将会循序渐进地进入拉美市场，不会为墨西哥或其他拉美国家带来任何‘嘈杂’”，并且“致力于学习管理经验、熟悉当地市场”，不仅为中国公司对拉美投资提供资金，也要“服务当地经济、推动中拉经济合作”。从整体上看，报道对中国投资进入拉美呈现积极倾向。

（2）中国：日本——难解的民族主义。

2012 年 9 月，中日两国间因领土争端导致的局势紧张，报社一连发表 4 篇相关报道（15 日、17～19 日），围绕两国之间产生对抗情绪的时事变动，集中探讨中日两国之间的关系。首先，报道对两国关系的基本定位是“两个大国，一个正在崛起，一个趋于衰退，有着几世未解的共存矛盾”。作为世界排名第二和第三的经济大国，“他们的经济相互依存度非常高，双边贸易量非常大”。然而“紧张情绪日渐升级”，在平时忙碌工作、平静生活的中国，多个城市爆发反日的民族主义活动，甚至伴随有伤人损物的暴力事件。随着“国耻日”的临近，反日活动很快升级到“机制层面”（al plano institucional）。在这个过程中，媒体的表现尤为引人质疑，“大多报纸电视都在反复强调政府所持的历史、政治论调”，“国家电视台公开撤销日本企业的广告”，尽失作为新闻媒体的客观公正，成为煽动对抗情绪的主力。即便事态如此严峻，各方专家学者都认为“基本没有爆发战事的可能性”。中国似乎认为“经济抵制是可取的战略选择”，然而从中期来看也并不可行，中日“两个相互依存的巨人”是构成彼此经济地位的重要支撑，经济联系的断裂“对双方都是巨大损失”。总体上，中日之间无论从哪个角度来看，没有任何一种解释能够使人确切的信服：如此一损俱损的局面是必然的选择？

（3）中国：美国——对立角抵的实力大国。

在研究参考报道中，共提取出两篇发表在国际板块的相关报道：一则是针对美国发布新的国防政策（准备重新部署该国在远东和亚太地区的军事力量），中国对此表示“不舒服”（su incomodidad, Defiende China intereses, Ene 7, 2012. *Reforma* – Internacional, P13），提醒美方必要维护中国权利；另一则是就美国国务卿希拉里·克林顿准备“调停中国与周边邻居关系”的言论，中国公开表达“愤怒”（su irritación, Irrita Clinton a China, Sep 6, 2012. *Reforma* – Internacional, P13），强烈反对美方干涉别国事务。反过来看，美国也对中国抱有“忧惧”（el principal temor）。报道认为，美国重返亚太是两国近期矛盾的聚合点。两者之间的关系，体现为“一个既存大国和一个崛起大国的相遇”（un poder establecido y uno emergente se encuentran）。

（4）中国：俄罗斯——行动一致的同盟伙伴。

在中国和俄罗斯的双边关系报道中，出现频率最高的词语是“叙利亚”，因为“两国关系的加固紧密在很大程度上是为了协同一致，以制衡美国为主的西方力量”，尤其对于“诸如叙利亚之类的相关事务”（sus relaciones han mejorado en gran medida por la necesidad de hacer un contrapeso a Occidente, en especial a Estados Unidos, como en el caso de Siria. Hacen Hu y Putin un frente común, Jun 6, 2012. Reforma – Internacional, P26. 文章题目意为“胡锦涛和普京达成统一阵线”）。除此之外，两国在其他领域的联系同样紧密，尤其是能源贸易，“世界第一大石油生产国和第一大能源消费国。”

（5）中国：欧洲——援助者与受援者。（chinos ayuda a Europa，中国援助欧洲）

Hasta ahora, el Gobierno chino ha colaborado comprando bonos europeos, respaldando al Fondo Monetario Internacional y defendiendo, cada vez que ha tenido ocasión, la solidez de la economía de la UE y el proyecto del euro. “至今为止，中国政府一直致力于援助欧洲，购买欧洲债券、支持国际货币基金组织计划，每当有机会伸出援手，无论是助力欧盟经济，还是扶助欧元计划”。

（6）中国：中东——利益攸关的阵线同盟。（Se cubre China la espalda，中国

后顾可无忧）

China estά recurriendo a sus armas comerciales y diplomáticas para evitar que su economía se vea afectada por el cerco que Estados Unidos y la Unión Europea están desplegando alrededor de Irán, país del que obtiene 11 por ciento del crudo que consume. 伊朗的石油供应和贸易出口。

Arabia Saudí, su principal proveedor. 沙特阿拉伯是主要能源供应国

el gigante asiático tiene participación en la explotación de hidrocarburos y en la construcción de infraestructuras. 在叙利亚涉及石油开采、基础建设的投资利益

其五，社会科技。

按照发表时间顺序，该主题类型的驻站中国报道主要有：

表 6－8　文本分析—国际板块社会科技报道

时间	标题	倾向	内容说明
1－05	CensuraChina la TV de' malgusto 中国电视节目审查“不良品味”	消极	政府推出“新的、更加严格”的政策，审查电视节目（自由民主）
2－04	Enciende focos rojos caso Apple en China 苹果中国亮起红灯	消极	报道核心是批评苹果公司，但更涉及中国整个劳工环境的问题（劳工环境）
	. . . pero enloquecen por un iPhone “果粉”热潮	中性	苹果专卖店前排起长龙，店里人满为患，年轻的中上阶层掀起果粉热潮（生活消费）
3－20	Quieren ojos de ‘manga’ 流行漫画式的大眼睛	中性	中国审美崇尚自然，普遍接受的整容手术是“双眼皮”（文化差异）
4－02	Presumen chinosalta seguridad 中国社会治安良好	积极	与大多发展中国家相比，中国的治安情况很好（城市管理）
4－29	Rescatan ‘guerrillas’ a perros en China 中国：营救流浪狗	积极	非政府组织发起营救流浪狗的活动，但是隐含吃狗肉习俗的消极因素（社会组织）
5－15	Buscan futuro…en el tubo 钢管上舞出个未来	积极	钢管舞学校火爆，很多学生准备开设学校教舞为业（观念变迁）
5－29	Aumenta en China miedo a extranjeros 中国兴起恐外风潮	消极	猥亵视频和清理三非，引发中国恐外热议，反思傲慢无理、不法乱纪（社会变迁）
9－08	Pierde lujuria a cúpula china 促使官员收敛欲望	积极	网络反腐，中国网民通过互动发起搜索调查，成为反腐败的新渠道（打击腐败）
9－12	‘Esclavizan’ a chinos por iPhone 5 苹果新品生产滥用学生工	消极	网络曝光多家苹果代工使用学生工，质疑苹果剥削压榨获取利润（劳工环境）

（续表）

时间	标题	倾向	内容说明
9－16	Triunfa el café en la nación del té 洋饮咖啡征服茶国	积极	咖啡进入中国市场的历程变迁和发展前景（社会变迁）
	Adoptan cultura a su ritmo 怡然包容外来文化	积极	咖啡传入中国，并为中国吸收、接纳的历史过程（社会变迁）
10－22	Cultiva China ‘semilla espacial’ 中国：培育“太空种子”	积极	随着航空技术，伴生航空育种技术，培育出新品植蔬（科学技术）
	Genera proyecto recelos 引生疑虑	积极	消费者对经过技术改良的植蔬产品有所顾虑，专家引语作出阐释（科学技术）
12－29	Refuerzan en China control en internet 加强互联网管控	消极	网络实名、体系审查，抑制批评声音（自由民主）
共计 15 篇报道		5 篇消极倾向，劳工问题、信息审查为主要议题；8 篇积极倾向，以社会变迁、科学技术为核心。	

2. 文化板块

除去国际板块以外，其他驻站中国报道多刊载于文化板块。2012 年共有 9 篇驻站中国报道刊登在文化板块，在新闻议题上主要集中于三个方面：一是介绍中国文化艺术的发展现状，二是中拉之间的艺术文化交流活动，三是围绕人物展开文化艺术报道。

（1）当年的双方艺术文化交流主要有四篇报道：

3 月 23 日，Felguérez en China 菲尔盖雷斯中国展：作为当代墨西哥艺术大师，受到墨使馆和中国政府共同邀请，作为中墨建交 40 周年文化交流活动之一。

4 月 7 日，Abre México centro de estudios en China 墨西哥研究中心成立：亚洲地区首个墨西哥研究中心在华设立，推动墨国文化在中国的传播，促进学术层面交流。

8 月 29 日，Gana Gabo batalla a la piratería china 加夫赢得版权尊重：著名作家马尔克斯代表作《霍乱时期的爱情》首次在中国授权出版，背景信息涉及中国的知识版权问题。

Anteriormente la mayoría de los autores latinoamericanos contemporáneos estaban disponibles sólo en ediciones “pirata”, sin el consentimiento de los autores y, a menudo, mal traducidas. 此前多数当代拉美作家的作品，只有盗版译本四处流行，既

无作者授权而且译文质量低下。

Las autoridades chinas que apoyan la publicación legal de estos títulos, parecen decididas a transformar la industria cultural del país para modernizar su propio panorama editorial y, de paso, suavizar su imagen de "nación pirata". 中国政府支持出版这一系列译著作品，旨在升级本国的文化产业、推进出版业的现代化，同时淡化改善"盗版国家"的形象。

9 月 3 日，Viven con arte chino 带着艺术活在中国：在华墨西哥艺术家专访。

Chino es uno de los más complicados del mundo para el artista extranjero. 中国是对于外国艺术家来说最为复杂的（环境）之一。（指富于变化、充满挑战）

…el pulso vital de la capital china, una de las urbes que más deprisa cambia del mundo.（体会）中国首都的活力脉动，这个全世界发展最快的城市之一。

"Lo más importante es la experiencia formativa que nos llevamos. Intentamos crear un espacio entre ambas culturas". "最重要的是我们在这里的学习体验，努力创设一个两种文化之间的场域"。

（2）关于中国文化艺术的现状，共有两个版面：

3 月 17 日，Lideran chinos el arte mundial 中国引领世界艺术品市场：2011 年世界艺术品拍卖中，齐白石、张大千作品创下天价，打破 14 年来由毕加索占据的首位。同时，中国艺术的发展也体现在众多当代艺术家在近年间蜚声国际。(整体持积极取向)

El arte asiático, irrelevante en el mercado hace tres décadas, está protagonizando un meteórico "boom" comercial. 亚洲艺术在过去 30 年间为市场所遗落，现在成为迅速上升的商界新贵。

. . . el empuje económico viene acompañado además de una explosión de creatividad, propiciada por la apertura de cientos de academias, la creación de barrios bohemios y la creciente sofisticación de la sociedad.（中国）经济的繁荣同时伴随着创造力的爆发，数百家艺术院校的建立极大推动了艺术氛围的成长，而且整个社会的内涵层次也越发丰富多元。

报道也指出，创下最高拍卖纪录的往往是中国买家，但是"这与民族文化情节无关，人们欣赏进而选择艺术作品的首要逻辑就是文化接近性"。(No se trata, dicen los expertos, de una cuestión de nacionalismo, sino de la selección lógica de gente que acaba de descubrir el arte y se siente más cómoda con lo más cercano a su cultura。)

另外，整个报道在版面设计上凸显中国韵味。报道文字整体刊载在一个“画轴”形象的文本框中，以仿古的浅黄色区别与版面其他报道。全版正中彩色刊登张大千的《荷花鸳鸯》，篇幅占到全版五分之一左右（模 5～11：栏 C～E）。同时还附有蜚声国际的中国艺术家，艾未未的个人照片并附有引语。①

5 月 15 日，Crean una ‘falsa’ China imperial 复建仿古中国：北京重建永定门，引发争论热议。各地兴起的仿古重建热潮，中国在文化和传统面前显露迷失茫然。（就行政做法提出质疑，同时以学者、民众的观点为论述提供支持，整体呈现平衡中性。）

Se trata, en teoría, de rendir tributo a una de las herencias culturales y arquitectónicas más antiguas de la Humanidad, devastada por guerras, revoluciones, fanatismo comunista y especulación urbanística. 理论上说，这是为了恢复人类最为古老的文化建筑遗产，（弥补）那些在战乱、革命以及共产党曾经的执迷和投机时期中遭到的破坏。

Además de criticar la funcionalidad y belleza de estas falsas antigüedades de piedra, expertos e historiadores aseguran que la presunta recuperación del patrimonio cultural esconde motivos económicos. 除了功能和审美方面的问题，专家还指出这些所谓的文化遗产修复实际上是出于经济目的。

... aunque tengan una cierta apariencia antigua, acaban ocupados por tiendas de moda y lujo y por apartamentos para ricos... 即便有着貌似古典的外观，却大多成了时尚精品店，甚至富人的奢华住所。

（3）在对中国文化艺术的报道中，关注的核心往往是人物，进而围绕艺术家个人展开对议题的探讨。样本年度的涉华驻站报道中，共有 3 位中国艺术家进入文化板块的主题报道。

4 月 7 日，“Hago una marca, como estrella pop”，“我把艺术做成标志，变成明星”：岳敏君专访。同时，随文刊发艺术家本人在代表作品前的照片。

报道介绍岳为“中国当代艺术领域最为知名，同时也是商业价值最高的艺术家之一”，开篇以“与其作品一样标志性的笑脸”“从第一句话开始就带着极度真诚”为访谈内容做好铺垫。通过来自艺术家的引语，报道传达“中国社会变化飞速，在物质生活提升的过程中，中国人处在一个时期的失重状态中”来阐释

① 见附录 7，2012 年 3 月 17 日，中国引领世界艺术市场报道版面。

中国社会的现状，同时认为“与西方艺术的殿阁高堂相比，中国的当代艺术更多是深入生活的平易近人”。最后，报道指出，“艺术最为重要的功能就是实现不同文化之间的交流”。

6月1日，Viven fiebre Lang Lang，郎朗万岁：作为国际知名音乐家的郎朗，对于中国社会的影响具有不同侧面。报道占据全版三分之二篇幅，配以大幅彩色照片，以郎朗教授小朋友演奏为主题。

报道首先介绍郎朗“刚刚30岁已经成为代表中国的一个标志性符号”。通过专家引语，报道提出郎朗已经“成为推动中国音乐教育的重要力量”，一方面他的经历激励了很多学习者，另一方面他本人致力于推动音乐教育；接下来，报道又通过年轻学生的视角，说明他的影响更在于“将古典音乐带到中国人面前”，促使了高雅艺术的大众普及；在此基础上，报道进而指出“中国有3000多万名钢琴学习者，然而其中很多是迫于父母压力，要打造出郎朗式的成功”。最后，报道以“如是说”（Así lo dijo）单列引语的形式，以专家观点的方式总结“郎朗是中国青少年的榜样，不仅在于钢琴或艺术领域，更在于精神方面作为中国年轻人的代表”。

10月12日，El autor que ‘no habla’，写者“无声”：莫言获得诺贝尔文学奖的特别报道。报道占满全版，并以半幅刊发作家大幅近景头像。

报道从作家笔名的来由开始，特别之处在于除了做出“莫言”的字面翻译之外，进一步说明“谨言而慎行，是中国人非常珍视的一种美德”（era una manera de tener presente que morderse la lengua y actuar con prudencia son virtudes importantes en China），并且评价说“一直以来秉承这一箴言……用满含酸涩、幽默和讽刺的23部作品叙述中国社会的过去一个世纪间的变化”。随后，报道谈及这一奖项与中国的渊源，以及莫言获奖引发的一些讨论。其间再次出现对于中国媒体的评议，以往几次诺奖颁发都“引起中国媒体当即爆发愤怒”并将斥责该奖充满政治意味，而今却是“全城耸动，其中部分甚至直接将此称为首个中国诺奖”。报道后部主要关注莫言与拉美文学之间的联系，通过引语指出“他本人非常喜欢略萨、马尔克斯等拉美作家的作品”。莫言作品的海外编辑直接称他为“中国的马尔克斯”，认为两人在魔幻现实主义的风格上互为呼应。

四、《改革报》报道呈现的中国

以上是本文的研究主体部分，包括对《改革报》涉华报道进行的内容分析和文本分析两大部分。下面将以研究内容为基础，归纳涉华报道中对照反映的中国形象。

（一）内容分析部分

第一，在宏观层面的量化分析中，本文主要对4年样本报道的数量规模、时间分布以及文图比例进行了参考分析。从整体上看，该报对中国的报道量总体上呈逐年上升的趋势，数量分布主要受到热点新闻议题的影响。另外，尽管该报一向重视报道的可视呈现，涉华报道的配图比例相对仍然较低。

第二，在中观层面的量化分析中，本文将分析探讨的重点放在5个每日出刊的常版叠次。第一步分析这部分涉华报道的结构分布情况，结果显示经济版和要闻版是涉华报道最为集中的板块。考虑到经济版在内容上的高度专业化性质，本文将研究的第二步落在要闻叠次，结果说明涉华报道广泛见于各个不同内容领域的报道中，其中尤以国际板块数量最多。在此基础上，由于驻站报道的“第三只眼”性质，本文专门分析了驻站涉华报道的量化特点，结果显示：中国是亚太区域内最为重要的议程国家，不论是聚焦一国的专门报道，还是对地区/国际议题的报道，中国都是出现频次最高的国家。此外，分析还显示，中日两国的关涉程度较高。

第三，在微观层面的量化分析中，本文进一步将分析的重点聚焦在2012年刊载在国际板块的涉华报道。经过内容编码和数据统计，研究发现：在国际板块的涉华报道中，除了以中国为核心议题的中国报道之外，“中国”在国际议题的报道中也有较高出现频次。在这部分样本报道中，最受关注的主题是中国的“国际影响”，其次是对中国“国内情势”的说明介绍。而且，在以中国为核心议题的中国报道中，主要关注中国自身的发展变化（国内情势），此外“自由民主”相关议题的报道也较为集中；最后，通过对不同编码维度的交叉分析，研究发现：从整体上看，该报涉华报道的价值倾向以中性为主，但在各个主题领域差别较大，“自由民主”主题的报道偏重集中于消极倾向，而“国际影响”主题的积极报道则稍多于其他几项。从来源上看，国际板块的涉华报道以自采为主，而且自采来源的报道以中性倾向占大多数，同时积极倾向的报道中也以自采报道为多。

（二）文本分析部分

基于内容分析部分的研究分析，本文将文本分析的样本选取划定在头版涉华报道和驻站中国报道两个部分。

第一，对头版涉华报道的文本分析，集中呈现出作为竞争者、参照者的中国形象。经济发展惹人艳羡的背后，自由民主缺位，军事实力强大，科技成就惊人。

总体来看，头版的涉华报道既有直接刊载的头版报道，也有作为索引为后续版面作铺垫的引语报道。在21篇头版涉华新闻中，很明显绝大多数都是围绕本国为中心议题的报道，其中又以经济为关注度最高的领域，涉及国内经济发展、对外经贸、引进外资、市场开放等具体议题。在这部分报道中，涉及中国的话语仅占很小篇幅，通常只有一两个语段或几个句子，而且多为信息性内容（诸如排名或数据之类），不含明显具有价值倾向的词语及表达。然而，这些语篇却在整体上呈现出中国作为“竞争者”的形象，尤其很多报道都是在论述本国经济表现不佳的基础上，引出包含中国在内的相关信息以为论据。于是，在竞争的前提下，其他并不相关的领域中，中国也成为与己相对的“参照者”出现在报道中，在探讨本国的就业情况、城市建设、市场管理等议题时，往往也把中国拉进来作为参照。

多数报道中，既没有采用具有强烈感情色彩的词语表达，也没有做出明显的主观价值评判。然而，在涉及国防军事和叙利亚问题两个议题的报道中，则显示出相反的趋向。前文内容分析的结果已经说明，这两个议题的涉华报道在量化维度上呈现消极的价值倾向。文本分析结果则进一步说明这一倾向是以何种叙事结构表述的，又通过怎样的叙事策略加以强化凸显。在涉及国防军事的报道中，尽管中国并非报道的核心议题，文中出现次数和所占篇幅均不高（正文中仅提及1次，所在段落共有40字/词），但是通过导语的编排和数据图表的使用，将中国置于强烈反差位置。还有一篇关于叙利亚问题的引语报道则更加突出，首先在行文用语中使用很多内含感情色彩的表达方式，并且通过从句和语态的使用做出主观推导。此外，在引语的运用方面，非但没有依照平衡原则给予两方以同等的表达空间，甚至显露出强烈的价值倾向。

在头版涉华报道中，有三篇是以中国作为核心议题的报道。其一是对胡锦涛的专访。报道以访谈方式展开，没有参与价值评判的内容，并且在导语编写和图片运用方面也倾向于积极正面。只有在提供背景资料的过程中，做出“经济成就斐然，政治领域平庸”的评价，这也与报道所呈现的中国形象相为呼应。其二是以中国社会为聚焦的报道，内容主要陈述事实、说明人物，体现出“传统与时代”的主题。不过，通过分析头版引语的编排写作，以及相关图片的选用，可以明显看到《改革报》作为商业报刊的市场本色。强调新奇性的标题、充满戏剧化的图片等技巧操作，都以吸引眼球为目的，带有娱乐化、猎奇化的性质。最后一篇以京广高铁开通为主题，报道整体呈积极价值倾向，并且通过附加图片、背景信息和数据列表等方式突出成就。然而，在头版引语的标题部分，报道避开常见的“gigante”而采用了“monstruo”一词，两者属于近义词，区别在于后者具有“恐怖、可怕”的感情色彩内涵。

第二，对驻站中国报道的文本分析，由于报道内容所涉领域广泛、关注议题多样，呈现出近景观察下的多元景观。在影视术语中，近景的作用在于以细节表现对象，具有构图主体突出、简捷有力的特点，而能够吸引观者的也正是这些主体的典型细微部分。[①]因此，这部分文本分析的结果，正是散焦近景观察下的中国，体现出来的特点有——

2012 年中，在国际板块的涉华报道中，国内经济领域显现为处于转型期的“变化中国”，依托科技投入实现产业升级进而打造“中国品牌”，对于增长降温实现软着陆的“信心中国”；国内政治领域体现为台海关系日趋紧密，通过乌坎首开基层选举的民主先例，不安定因素趋向和平稳定的同时，热议中的“政治体制改革”似乎也有希望。然而，香港特区则是经济发达的同时，呈现质性的日渐同化；对于国防军事领域的报道，积极尝试在破除西方成见的基础上实现重新定位；在中国的对外关系中，体现出拉美将中国视为“潜力待发的合作伙伴”的积极倾向，此外，中日之间的纠葛成为难以理解的民族主义困题；对中国社会的关注，在劳工问题、信息审查方面持消极倾向的批判态度，但在解读社会变迁方面则呈现出积极为主的正向态度。同时，对于中国在科技领域的成就表露明显的积极倾向。

对文化领域的报道大都刊载于专门的文化板块，尽管报道数量上不占优势，但是明显表露出积极倾向。在报道的主题上，体现出对中拉之间艺术文化交流活动的关注，同时介绍阐释中国文化艺术的发展现状，一则在国际上的认可度提高，二则市场层面的经济效益凸显。对文化艺术的关注，还进一步突出体现在对人物的聚焦，倾向于以人物为核心展开报道评述。在对中国文化艺术的报道

---

① 王才：《用全景与近景打造魅力—浅说全景和近景镜头功能及其组接》，《采写编》，2002（5）：38 页。

中，整体上呈现为积极的价值倾向，尤其是对中国艺术家及其作品的肯定和推崇。对其呈现出的发展变化也多持积极态度，包括涉及“盗版国家”的背景信息，也是在说明既往前提的基础上阐释趋势性的改变。在报道一些现象性的事实和议题的过程中，报道也都提供了正反两个侧面的信息，呈现为平衡的中性倾向。只有在涉及地方行政的议题中（例如仿古建筑），报道内含部分消极的批评倾向。

第三，指代标签。

在用于指代/形容中国的词语中，主要有：

（1）突出“竞争”，诸如 el competidor“竞争者”。在具体使用中，还经常辅以其他修饰成分，例如 el principalcompetidor 主要竞争者，或者采用动词形式 compite 构成的同意表达；

（2）强调“新兴”，比如 economías emergentes“新兴经济体”，或者 naciones emergentes“新兴国家”；

（3）以“亚洲”为核心，标显地理及文化上的特指意义，如 la nación Asiática 或 el país asiático，“亚洲国家”；

（4）强调在世界范围内的经济地位，经常直接以 el segunda economía“第二大经济体”、motorasiático“亚洲引擎”等词组指代中国；

（5）称中国为“政权”，即内含贬义的 régimen，尤其多见于自由民主主题的报道中；

（6）用“巨人”指代中国，经常出现 el competidor“巨人”或者 el gigante Asiático“亚洲巨人”，在强调国家实力、经济发展、人口大国等意象时均有出现。

上述这些作为指代标签的词组之中，出现频率最高的是 el gigante Asiático“亚洲巨人”。此外，诸如 drágon“龙”一类的特殊词语，也有偶尔出现，但是仅限于涉及传统文化等意向性内容时。

第四，中国媒体。

在进行文本分析的过程中，呈现出该报对中国媒体的评述。例如，在对中日关系的报道中，报道指出部分中国媒体在中日关系紧张升级的时期内，有一些煽动民族主义情绪的“鼓吹手”做法，虽然没有明白表露批评，但其中隐含批评的价值指向。此外，在其他一些提及中国媒体的报道中，呈现出对中国媒体及从业人员的新闻思维和从业实践的不理解和不认同。综合来看，报道对中国媒体同行抱有强烈的消极倾向价值批判。这一特点，严重影响到他国媒体对中国媒体的信任度，极大降低他们对中国媒体新闻信息的采信率，进而使得中国媒体在自我表述，实现中国形象自塑的接收效果大打折扣。另外，这也体现出双方在新闻专业化理念方面的差异，进而反映到不同的新闻媒介体制中，这也是下章中将要探讨的问题之一。

下篇 眼光的解析

在国内新闻传播学界，拉美长期处于一个被遗忘的角落，至今仍乏深入研究拉美新闻传播体系及其历史发展的专著。然而，国外学界的境况也不过寥寥，为数不多的研究基本集中偏重于20世纪80年代、90年代拉美民主化浪潮中的媒体转型，尤其是新闻媒体与国家政治民主化之间的关系。正因如此，新闻传播学者莱昂纳多·费雷拉将拉美新闻传播的发展历程喻称为“数个世纪的沉寂”（Centuries of Silence），一方面说明拉美新闻传播长久以来被学界所遗忘的落寞，另一方面也反映了西方的强势话语主导下拉美新闻传播研究的失声。本篇将从发展历程与体系现状两个层面来梳理说明拉美的新闻传播体系，并在此基础上探讨拉美媒体在中国形象传播方面的基本特征。

拉美媒体看中国的媒介生态环境

在前面的章节中，本文已经就拉美新闻传播的发展历程、新闻传播体系及其国际新闻传播的总体特点进行了说明，并且在此基础上对样本报刊的涉华报道展开内容分析和文本分析，由此总结归纳出拉美媒体报道中的中国形象所具有的量化概貌和质性特征。本章是本文的分析部分，如果将拉美媒体报道中的中国形象视为一个既存的现象，那么这部分内容就是期望可以解析现象背后的构成因素与衍变缘由的尝试。英国诗人艾略特曾说过，“中国是一面镜子，你只能看到自己，永远也看不到镜子的另一面——中国”。这个说法未免论断绝对，尤其当探讨的对象是以事实为基础的新闻报道时，虽然仍旧不可能看到绝对如实的映照对象，却也不至彻底全无踪影。至于拉美受众从中能够看到多少中国的本来样貌，不是本文所要讨论的问题。这里的分析研究，旨在了解这样的中国形象是以何种机制得以再现传播，或者采用新闻叙事学的术语，探讨“话语生成的语境因素”。

对于这一问题的研究，即影响国际新闻传播的因素，属于传播学中控制分析的范畴。至今为止，传播学界已经就此问题在微观、宏观层面上展开广泛探讨，微观层面主要关注传播主体在传播活动中的特点和方式，宏观层面则将研究重点放在传播主体与社会的政治、经济、文化及意识形态之间的关联。也有学者将对这一问题的研究归纳为三大视角：一是从国际传播结构出发进行宏观的考察，主要讨论世界信息秩序对国际新闻的影响；二是从新闻的生产角度进行考察，研究构建共识（意识形态的影响）、媒体机构和新闻生产者个人等宏观、中观和微观三方因素的作用；三是从新闻内容出发，考察国家新闻的选择，包括背景格局导向（主要考虑外部因素）的宏观研究和事件导向（主要考虑新闻事件本身）的微观研究。①

① 刘笑盈：《国际新闻学：本体、方法和功能》，北京：中国广播电视出版社，2010 年，第 226 页。

在集合参考既有研究成果的基础上，本文倾向于将新闻媒体的传播活动置于媒介生态环境中展开整体的系统考量。作为一种常态的大众传播机构，新闻媒体的新闻生产传播（也包括其经营运作）都是在媒介生态环境中实现的：一方面，媒介生态环境具有时空性质，呈现为由相对特质构成的具体存在；另一方面，媒介生态环境包括媒介因素和环境因素两部分，前者表现为以媒介形态、媒体机构等为核心的媒介体制，而后者则表现为媒介体制以外的环境系统。下文的讨论，将在这一理论基础上展开，首先探讨媒介因素在媒体构建中国形象过程中所具有的作用，然后对相应媒介生态中的环境因素进行分析。其中，国际关系也是环境因素的一部分，但是作为一个较为复杂的多元集合，将单独列为一节进行阐释。

第七章

媒介因素

对于影响新闻传播生产过程的媒介因素，最为基础的具体研究是以“把关人”理论为核心，对某一媒体及其从业人员进行微观层面的观察研究。然而，对于国际新闻来说，由其跨国界、跨文化的根本性质决定，影响其新闻传播生产过程的媒介因素也具有不同国家/文化的参照对比性质，因而相应的研究分析也应放在比较分析的框架下进行考量。本文借鉴哈林和曼奇尼建立的比较媒介体制研究框架，作为分析相应媒介因素的模式基础。需要特别指出的一点在于，比较媒介体制是一个经验性的研究机制，用以描述不同媒介体制的同质与差异。其原本的研究设计是以国家为单位对象，并且提供了一个以三种理想模式类型为基点的三角图式，各个不同国家及其媒介体制可以对应到相应的位置。然而，本文的探讨并不是专门对应于特定国家的媒介体制，也不在于确定该国在模型图式中的位置所属，而是借鉴其理论基础和分析维度，以此作为考量媒体及其媒介体制在新闻传播生产过程中的影响。这里有一个特殊性到一般性再到特殊性的转移过程，也就是说：提取研究具体国家媒介体制的框架，作为一般性的媒介分析范式，在实际的探讨中不仅呈现为相应的体制，更要以特定新闻媒体机构的媒介体制特性为核心。

本文的研究案例《改革报》，是一家根植于墨西哥的报刊媒体，尽管该报的影响已经达至地区乃至国际范围，而且改革新闻集团的经营也具有跨国性质，但其新闻生产活动仍不能脱离母国的媒介体制。在这里，墨西哥的媒介体制是作为《改革报》新闻生产活动过程中的媒介要素，进入本文的讨论。

一、媒介体制的历史溯源

建立比较媒介体制研究框架的两位学者之一，丹尼尔·哈林曾经撰文解析墨西哥的媒介体制①。然而遗憾的是，这篇文章讨论的内容是截至20世纪90年代中后期的墨西哥媒介体制，也就是新闻媒体改革初始以及之前。而且，该文重在批判思维下的方法解构，即指出自由主义的媒介理论及批判的政治经济学视角并不适用于对墨西哥媒介体制的研究。回到比较媒介体制的研究框架中，哈林和曼奇尼认为，极化多元主义模式中有许多相关的特征，适用于对拉美国家媒介体制的研究。② 而且，通过阿尔布克尔克等学者的研究，也验证了这一框架在包括拉美在内的非西方世界的广泛适用性。

对于目前的墨西哥媒介体制来说，本文认为其具有类似于南欧国家的极化多元主义模式的诸多表征，包括大规模报刊的有限发展、高政治平行性等。然而，在其他一些局部特点上，又与北美的自由主义模式有所接近，例如新闻专业主义的规范以及媒介产业的高度商业化。实际上，拉美国家尤其是墨西哥的媒介体制，属于二者交互因素下形成的自有个体。或者具体点说，墨西哥的媒介体制处于极化多元主义与自由主义之间，在体系上更为接近于前者，而在模式上趋向于后者，也可以按照哈林和曼奇尼的说法，“各国媒介体制在差异化基础上形成趋同的全球新闻文化。”墨西哥媒介体制的这一双重性质，在实践中也有切实的体现，即墨西哥报刊最为推崇的业界范例，一是来自极化多元主义模式下的西班牙

① ［美］丹尼尔·哈林：《墨西哥的媒介、政治权力与民主化进程》，出自［英］詹姆斯·卡伦，［韩］朴明珍，卢家银等译：《去西方化媒介研究》，北京：清华大学出版社，2011年，第121～139页。

② ［美］丹尼尔·C. 哈林，［意］保罗·曼奇尼，婵娟，展江等译：《比较媒介体制》，北京：中国人民大学出版社，2011年，第302页。

《国家报》，二是源于自由主义典型的美国《纽约时报》。在很大程度上，这一特点与拉美的“双重边缘”身份密切相关，也即来自两个“中心”的辐射影响共同构成了边缘的“色彩”交汇。下面将从历史和现实两个层面，说明墨西哥媒介体制中的极化多元主义与自由主义因素，及其“融容汇化”之后形成的个体特点。

从历史的视角来看，墨西哥的媒介体制发展可以分为两个阶段——首先是从报刊出现到国家巩固时期，媒介体制逐步形成尚处衍化阶段；其次是在威权政治专权统治下，媒介体制的强化定型的阶段。

1. 根植于政治的媒体渊源

前文已经提及，墨西哥是拉美地区最早诞生现代新闻传播的国家。而且，包括印刷技术和报刊形式在内的媒介模式，基本上完全是由殖民宗主从母国照搬过来的。在寻求独立过程中萌发的革命报刊，也在很大程度上源于革命领导者们对欧洲报刊的范例模仿。进入国家的建立、巩固时期，深深浸染政治色彩的革命报刊进一步发展为具有鲜明论争色彩的政党报刊。这一时期的墨西哥报刊媒介，所具有的主要特征为——

报刊的创办运营，不会考虑也无需考虑发行数量，主要作为政治精英群体内部的横向交流；作为政治领域中不同精英集团之间的权力斗争工具，所有的报刊都具有单一忠诚性和鲜明的立场，甚至很多报刊就是由政党人士直接开办、亲自主笔，整体呈现为高度的外部多元政治平行；报刊内容一律以评论为主体，无论是国内问题还是外交事务，都是党派间论战的不竭源泉；由于动乱多变的政治形势，国家对媒介的干预在很大程度上取决于当权党派，甚至是在位总统个人的具体政策，尤其在考迪罗统治之下。诸如圣安纳、迪亚斯等以强权专政为特色的领导执政期间，报刊都受到不同程度的高压控制。不仅有开办、扶持政府报刊的正向助推，也有关闭报社、流放报人的逆向打压，以在最大程度上实现社会舆论的同一化为唯一目的，总体上构成国家对媒体强力的、直接的干预。

其间也有一些总统及其政府，在施政过程中提倡包括言论出版在内的自由和权力，并且适量的放开言论管制以推动报刊业的发展。尤其是这期间颁布的三部宪法，即 1824 年《墨西哥联邦宪法》、1857 年《墨西哥共和国政治宪法》和 1917 年《墨西哥合众国宪法》，从制度上赋予墨西哥人民以言论出版及思想表达的自由。[1] 墨西哥的宪法制度，以及其他相关司法体系，一直深受西班牙法律体系的影响，尤其是1812年加的斯宪法，同时又吸取了法国资产阶级革命以及美国独立宪法的部分要素，在赋权思想和基本框架上都带有明显的来自地中海伊比利亚的印记。在类同的司法体系和相近的行政系统下（尽管西班牙实行议会君主制，但实际上又以地方层面的高度自治为主要特色；墨西哥的政治体系最早由殖民者依照母国的城邦市镇建立，大部分的商业和行政模式源自塞维利亚[2]。革命之后的墨西哥属于联邦制，但是在进入稳定的一党政治之前，多数时候仍是由政党强人控制的中央权力为主），墨西哥逐渐形成与南欧国家近似的媒体机制和管理体系，但是此时尚未形成真正意义上的媒介体制。

尽管早就建立起了民主政治制度，国家权力实行普遍选举，但是墨西哥几十年间都以频仍的军事叛乱和阴谋刺杀为政治生活的主线，甚至总统府在很多年间都被称为“坟墓的前厅”。直到1929年以后，全国性的革命联盟——国家革命党（PNR，也即后来的革命制度党PRI）开始建立起长期稳固的一党政治，从而使得墨国的国家政治、经济模式，包括媒介体制进入一个具有延续性的发展时期，从而正式形成并巩固强化墨西哥具有极化多元主义性质的媒介体制。

2. 完美独裁下的侍从媒体

随着革命制度党的登台掌权，墨西哥开启了一个长达70余年的政治稳定时期。在官方党长期一党执政的政治体系下，墨西哥形成了一个介于独裁与民主之间，高度集权同时又广获接受的权力结构。经由卡德纳斯剧变[3]，墨国的政治秩序得以制度化，扩展为一个包括工人、农民在内广泛参与的政治组织，新党打破原本的地域基础，进而形成以不同职业部门为基础的职团结构政党。这一重新划分，将原本横向并置的权力转变为自上而下的条框规制。如此一来，各个社会团

---

① 1824年宪法赋予公民言论、出版的自由，使墨国人民形式上获得了新闻自由，政党报刊得以自由出版；1857年宪法专门设立“权利法案”以保障公民的言论和出版自由及其他各项自由的权利，言论性期刊得到发展；1917年宪法的第六章规定：“思想的自由表达不受任何司法、行政的干预，除非这种表达有害于道德及他人的权利、引起纠纷或妨碍公共秩序。”

② ［美］迈克尔·迈耶，威廉·H. 毕兹利，复旦人译：《墨西哥史》（上册），北京：东方出版中心，2012年，第41页。

③ 1938年，卡德纳斯总统主导的政党改组以及整个国家政治体制的改革，从根本上重塑了墨西哥的政治制度，被很多墨西哥知识分子称为墨国革命的高潮线，也因此获称“卡德纳斯剧变”。［美］加布里埃尔·A. 阿尔蒙德等，杨红伟等译：《当代比较政治学：世界视野》，上海：上海人民出版社，2010年，第523页。

体和部门组织不得不成为一党政权的“利益同谋”，政治精英与民众之间构成一种“代理”关系，即前者为后者提供物质利益和政治参与的机会和途径，以换取后者在政治上的忠诚和依附性。[①] 1990 年，著名的秘鲁小说家马里奥·巴尔加斯·略萨将这一政权体制形象地描述为“完美的独裁”，能够把稳定性、合法性和持久性结合起来。[②]

在完美独裁统治下的墨西哥媒介体制，在比较媒介体制框架的四个参考维度上体现为下述特点：

（1）媒介市场发展有限

虽然报刊的数量、覆盖地域乃至经营管理方面都有所发展，但是报刊的发行量相对很小。根据墨西哥政府的官方数据，1990 年墨西哥城 9 大报刊的发行总量为 550315 份，这个数字比起当时美国排行第九的《旧金山纪事报》单份发行量还要少 12000 份。[③] 如同南欧纸媒发行量小的国家一样，报纸只是起到沟通政治精英与行动分子的作用，而且政治精英又在极大程度上等同于国家官方政党，革命制度党。

（2）高度的政治平行性

在革命制度党为中轴的一党专权统治下，报刊的政治属性并不完全对应于政党，而是以政党内部的不同职团主义派别为中心，形成代表工会联盟、公企业界、公民社团或党系学儒的媒体阵营，大多数政治领域的报道都以官方媒介的发布为准。同时，媒体与政治之间长期存在“旋转门”关系，报刊编辑可能转身就变成政府官员。尤其在广播电视行业，墨西哥的电视行业长期由特莱维萨集团一手垄断，多年之中一直都是墨西哥唯一的电视内容生产商，成为“国家意识形态工具”，服务于国家政权和革命制度党。

（3）利益腐蚀的新闻专业性

在完美独裁时期，墨西哥的绝大部分报界都经由代理式政治体系融合为权力体系的一个内在部分。新闻记者行业多年来一直实行低薪资，媒体人员收受“果子”贿赂或其他好处成为常态，用以交换的就是自己在政治上的“忠诚性”，以

---

① ［美］丹尼尔·哈林：《墨西哥的媒介、政治权力与民主化进程》，出自［英］詹姆斯·卡伦，［韩］朴明珍，卢家银等译：《去西方化媒介研究》，北京：清华大学出版社，2011 年，第 123 页。

② ［美］加布里埃尔·A. 阿尔蒙德等，杨红伟等译：《当代比较政治学：世界视野》，上海：上海人民出版社，2010 年，第 524 页。

③ William A. Orme, Jr.: A Culture of Collusion, An Inside Look at the Mexican Press. Miami: North – South Center Press, 1997. P22.

“为政府、政客说好话”为媒体工作的原则。新闻信息的发布，大多取决于政府部门和官员政客的主导意志。在很多情况下，记者编辑会将从政府部门获得的发布信息不加证实的予以采信，甚至直接采用到新闻报道中。掩饰为新闻报道的“付费新闻”，成为内容信息的常态形式，并且作为报刊创收的主要渠道之一。

（4）国家施以“无形压力”

墨西哥媒介的商业化和私有化程度很高，官办媒体仅占极小的一部分，然而国家权力对媒介却一直保有强有力的影响。媒介对国家政权是恭顺的，在很多时候甚至可以说是依赖于后者而存在的，国家则通过经济（广告、股份、补贴）、行政（例如经营、税务等方面的管理规制）和行业（主要包括对新闻纸及发行渠道的经专营垄断）等手段对媒介施以影响。多数时候，这种权力结构是以一种“无形压力”的形式存在，进而在此基础上促成媒介的“自我审查”。尤其报界都已融入前述的代理式政治体系中，通过职团主义的条框在政治和媒介之间达成“精英合谋”并由此获取相应的利益。

综合以上四个维度要点，“完美独裁”时期的媒介体制呈现出：大众报刊发行低、政治平行性高、新闻专业性低，并且国家干预程度高的特点，符合极化多元主义模式的描述。在不同维度的诸多特点上，与南欧国家的媒介体制相近似。

二、媒介体制的期望与现实

随着20世纪90年代民主化浪潮的开始，媒体业界也历经一个转变的过程。墨西哥的媒体“放开”始于60年代，1968年学生暴乱之后逐渐出现媒体就政治问题发出不同声音的尝试。1976年《进程》周刊的创办，引发一系列定位为独立媒体的新兴出版刊物的涌现，包括《一加一报》（unomásuno）、《每日报》（La Jornada）、《21世纪报》（Siglo 21）以及《改革报》为主要代表。新兴的媒体业界，在很大程度上是以美国的商业模式为榜样建立，并在此基础上形成了对于媒介体制发展前路的期望图景。

（一）公民趋向的期望

萨利·休伊斯将墨国媒体的发展划分为三个模型，其一为公民趋向模型（civic - oriented model），其二为威权主义模型（authoritarian model），其三为市场导向模型（market - driven model）。[①] 在这三者中，威权主义模型指向前改革时期的媒介体制，既“完美独裁”下的“寻租媒介”，以媒体自治的缺位、内容表达

① Sallie Hughes：Newsrooms in Conflict，Journalism and Democratization of Mexico. Pittsburgh：University of Pittsburgh Press，2006，P4.

的政治逻辑（支持既在权力合理性的观点信息）以及消极被动的新闻采集为主要特点。与此相比，市场导向模型同样未能实现媒体的自治，或者说仅仅是“让步交换”之下的有限自治，幕后的主导力量从政治精英转向经济领域，新闻内容的组织、构架和传播依照商业机制运行，趋于市场效益而刻意构建“景观”甚至“奇观”，包括袭击、丑闻、罪案等在内的戏剧性新闻事件成为报道追逐的主体。

摒除前述两者的问题与弊端，所谓公民趋向模型的媒介体制，是休伊斯试图在研究中证明的墨国媒介体制的变革方向，同时也是新兴媒体在仿照美国同行的基础上形成的期望图景。在公民趋向模型下，新闻媒体的功能定位为“提供信息以供公民将需求交流至政府，监督政府责任执行，并且促进社会思考与观点讨论”①。也就是说，媒体的内容不局限于某个层面，而要建立社会大众之间、精英群体之间以及社会大众与精英群体之间的横、纵双向传播过程。要实现这一功能定位，新闻媒体必须实现自治、为公众呈现多元的观点、自主采集新闻信息。作为“现实的定义者”，媒体决定着多数社会成员所认识的现实，并且影响他们如何理解现实，进而构成公共领域的重要一环。

《改革报》总编辑拉萨罗·里奥斯（Lázaro Rios）将该报的定位表述为信息提供，并由此赋予公民参与事务的能力。“我认为应该由社会本身对政治施行监督，这一过程取决于公民的明智判断。正因如此，作为信息提供者的角色要远比媒体舆论监督更为重要，在拥有足够信息以供判断的时候，社会民众自会实现权力的监督和制衡。”②

（二）现实的复杂层面

随着公民趋向模型逐步获得认同，新闻媒介的变革日渐积极显著，一方面新兴独立报刊在各个地方和全国范围纷纷涌现，另一方面传统报纸中也开始参与到变革进程中来。1994 年被普遍认为是墨西哥媒介变革的关键转折点，由这一年开始，独立报纸普遍比传统的官方性报纸更受读者欢迎，新闻媒介从传统的“侍从”角色中断裂脱离。③ 然而，与期望的美好愿景相比，媒介变革最终呈现出来的是一个复杂的多元层面。休伊斯的研究也表明，21 世纪以来的墨国媒介是一个三者（威权主义、市场导向和公民趋向三种模型）并立共存，同时彼此竞争

---

① Sallie Hughes: Newsrooms in Conflict, Journalism and Democratization of Mexico. Pittsburgh: University of Pittsburgh Press, 2006. P4.

② Sallie Hughes: Newsrooms in Conflict, Journalism and Democratization of Mexico. Pittsburgh: University of Pittsburgh Press, 2006. P6.

③ William A. Orme, Jr.: A Culture of Collusion, An Inside Look at the Mexican Press. Miami: North – South Center Press, 1997. P4.

主导地位的现实图景——

第一，媒介的市场化发展程度不足，商业性报刊的发展仍然有限。及至目前，墨国媒体已经高度市场化，绝大多数报刊和广播电视都属于私有性质。然而，大多数独立报刊都是以新闻业而非商业企业的性质而创建，尤以《进程》周刊和《每日报》为代表，很多报刊都是由新闻人筹资开办的，创设初衷完全出自意识理想。起初阶段，只有《改革报》是由资本力量推动建立，并且从一开始就兼顾到市场经营方面的问题。因而，很多报刊在日后寻求发展的过程中，不得不面对自治、专业与经营生存之间的冲突困境。

第二，媒介仍呈较高的政治平行性，大多报刊具有政治立场。除去部分已经提及的新兴报刊以外，大多数现有的报纸杂志媒体都是由传统媒体转型而来。原来的政党报刊也随势转型后继续发行，仍旧具有较高影响力，并且始终保持党派性质。国家所属的媒体仅有国家通讯社 Notimex 一家，但是仍有不少媒体在很大程度上依附于国家，以来自国家（尤其是国有企业）的广告、股份等作为营收主渠道。根据休伊斯的研究，2003 年时位列墨国三大日报之一，同《改革报》一样作为新兴独立报刊而广受欢迎的《每日报》，有 40% 左右的盈利来自于政府部门的广告，另外还有 10% 来自选举期间的党派宣传广告收入。①

第三，媒体业界并未形成对新闻专业的制度性共同认识。新闻专业化程度的一个重要指标，就是是否在对专业的认识上形成广泛共识，同时这套包括实践规则、伦理原则、评价标准等在内的共识体系对于实际工作的影响程度如何。这种共识的达成，不仅在于具体的媒体机构之内，也在于同业的其他媒体机构之间，以及相通的不同媒介之间。然而，在墨国的媒介体制内，在不同媒体之间并未形成对于新闻专业的广泛共同认识，对于不同媒介形式的媒体来说则差别更大。在报刊中，三种模型的新闻媒体都有，即便同是公民趋向模型下的媒体，也有功能定位偏重于舆论监督或是意识形态，抑或社会动员的差别。至于广播电视业，一直以来都以提供娱乐消闲为首要职责，并且与党派政治保持紧密联系。②

---

① Sallie Hughes: Newsrooms in Conflict, Journalism and Democratization of Mexico. Pittsburgh: University of Pittsburgh Press, 2006. P205.

② 作为最大的电视集团，特莱维萨一直以其与革命制度党的亲密关系而广受诟病。2012 年总统选举期间，再次曝出特莱维萨与革命制度党候选人涅托之间的“贿赂合盟”丑闻，最终不得不通过法院审判来确认大选结果。英国《卫报》在报道中称，两者间关系“足够悠久足够紧密”，并且引用资料说明，“30 多年前，时任特莱维萨集团总裁埃米略·阿斯卡拉加·米尔莫就曾公开称自己为‘革命制度党的尖兵’。”Luis Hernández Navarro: Televisa should apologise to Mexicans for its Peña Nieto election bias. *The Guardian*, June 12, 2012. http://www.guardian.co.uk/commentisfree/2012/jun/12/televisa-mexicans-tv-bias-pena-nieto/

第四，变革的力量并非来自内部，而是包括政治民主化、经济自由化在内的国家改革外部推动。媒介体制的变革是整个社会进程的一部分，并且与整个社会的变革彼此协调、互为促进。在萨利纳斯总统期间，政府推行的新自由主义政策以国有企业的私有化作为核心，在改革国家经济体系的同时，极大地改变了媒介体制的运行根本。在很大程度上，媒介领域的变革是受到这一由上至下的改革力量主导推动，并非出于媒体的自发认同和主动转变。很多媒体甚至向政府表达对改革的“难以接受、无法适应”，要求政府继续以往的共谋合作关系。与此同时，来自其他领域的强大力量，持续对媒体自治和信息自主带来极大的影响。尤其是与腐败和毒品紧密相连的犯罪活动，是威胁媒体自治和新闻自主的最大问题。

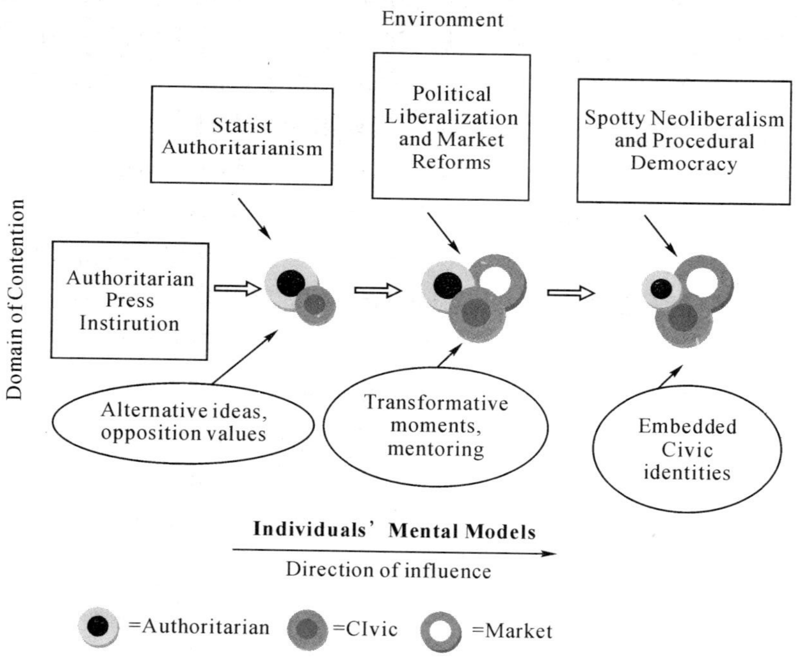

图 7－1　媒介体制变革模型图①

墨西哥媒介体制的发展变革历程，正如图 7－1 所示：强调新闻专业主义的公民趋向模型生发于威权主义的媒介体制内部，其发展壮大与市场导向的商业经

① Sallie Hughes: Newsrooms in Conflict, Journalism and Democratization of Mexico. Pittsburgh: University of Pittsburgh Press, 2006. P39.

营相形相生，在最终形成的媒介体制现实中，尽管重视新闻专业主义的公民趋向模型居于主要地位，但威权主义的影响因素仍存，同时伴有市场导向的因素如影随形。

综合来看，墨西哥的媒介体制，在很大程度上类同于来自南欧的极化多元主义模式，同时又在多个维度上趋向于美国式的自由主义模式。新闻媒体的经营发展历程中，在离弃威权主义模型的基础上，一方面强调突出公民趋向模型的专业主义倾向；另一方面也同时并轨进入市场导向的发展模型，在很多方面显露出浓重的商业色彩因素。与此同时，大多数新闻业界人士并不讳言媒介产业的高度商业化，在肯定市场的积极作用进而强调重视受众的前提下，也对美国部分媒体的“庸俗市场化”提出了批判和警惕。

三、媒介体制与中国形象——专业主义秉持兼顾市场利益谋求

上述这些构成媒介体制的模型、特点等，构成了不同程度参与到媒体新闻生产过程中的媒介因素。体现在媒体报道的中国形象中，相应形成以下特点——

1. 中性为主的价值倾向

以公民趋向模型为主体的新闻专业主义，要求媒体在新闻报道的过程中担任作为“信息提供者”的角色，为公众了解、判断并进而形成决定提供充足的知晓信息。因此，在《改革报》的涉华报道中，明显可以看到持中性价值倾向（包括不含价值倾向，仅仅提供平衡论点）的报道在数量上占绝对优势。在报道的文本中，也较少使用含有感情色彩的词语表达。

2. 自采信息的备受重视

新闻媒体的自治不仅体现经营和管理上的独立不受干扰，更体现在业界共识的专业规范能够摒除其他因素干扰，进而作为影响新闻传播实践的唯一标准。在这些外部影响之中，尤以信息来源的影响最为潜移默化，媒体的自治必然要求信息的自主。因而，在《改革报》的涉华报道中，绝大部分是由自己的采编队伍（包括评论）自主生产的。同时，研究也注意到以外电消息为基础的综合编写报道，虽然不及自采信息的自主性强，但也属于含有自主性质的再创作。

3. 外源观念的批判吸纳

尽管重视自采信息来源，拉美媒体的国际新闻报道仍在很大程度上依赖于外部来源，尤其是国际通讯社及大国媒体。在外源信息的选择上，也体现出媒体对于新闻专业主义的认同，主要倾向于美欧为主的西方新闻传播媒体。同时也注重

强调保持相对的自主性，在采用相关信息时，尽量侧重采用新闻事实的部分，而非全盘接受其观点论述。因为如此，在面对西方媒体主导的“中国军事威胁”等议题中，《改革报》不仅提出对西方新闻信息的质疑，并且通过主题报道阐释了自己的观点。

4. 眼球经济的采编侧重

作为一份高度市场化的报纸，《改革报》的商业色彩集中体现在新闻报道的呈现方式上，尤其是在报纸头版的编排制作上。通过大幅标题和单列导语、注意聚焦的图片和数据等叙事策略的使用，突出对比反差并且强化视觉效果。这一特点在头版引语的制作上更为突出，头版导语有时与主体报道并不完全对接，突出新奇性和戏剧化。文本分析部分涉及的隐含感情色彩的标题和导语，基本都出自头版。

5. 不同体系的媒体同行

前文已经提及，在文本分析的过程中，报道多次涉及对中国媒体的评价。基本都是消极倾向的批判观点为主，包括：对“自我审查”的做法予以奚讽，对“鼓吹”性质的新闻报道表示批判，对政治逻辑的新闻思维和从业实践的不赞同。反过来看，这些观点实际上反映了其自身发展的专业价值取向，受到批判的实践符合遭到离弃的威权主义模型。在其他报道中，也隐含有对西方媒体的“庸俗商业化”以及“意识形态导向”的新闻报道实践的批判。

第八章

环境因素

传播媒介对意义的建构表达过程，除了取决于媒介自身的特点，同时还受到来自周围环境的影响，媒介的外部生态环境在广义上指向媒介所在的国家社会及其文化系统。现代拉丁美洲的国家版图以及社会文化的基本要素，大部分形成于殖民地时期。跟随着哥伦布的航船，东西两个半球之间产生了最初的联系，相对于“中心”欧洲来说，美洲成为被发现的新大陆载入由中心主宰的历史，这一时刻也被铭记为“伟大的相遇”“史诗般的聚会”“历史性的征服”，然而在拉美的记忆中却是另外一个既不伟大也无激情的故事版本，它是如同“切开的血管”一般的伤痛，也是满含心酸的“丰饶的苦难”。由此开始的殖民历史，奠定了以不断的碰撞、融合为主线的拉美社会文化发展历程，这一特点也同样构成拉美认知外部世界时的立足所在。对于拉美媒体的国际新闻报道来说，这也是影响其信息传播的环境因素的本质属性。

一、“碰撞融合”的主线

从旧文明发现新世界的一刻开始，拉丁美洲的历史就开始了以“碰撞与融合”为主线的发展历程。不论是殖民时代、依附时代，还是后来不断探索独立与自主的发展时代，直至今日的拉美，仍未脱离“碰撞与融合”的反复上演。首先是新旧大陆不同介质文明之间的碰撞，随后开始长达300年的多种文化之间的融合；然后是新生的拉丁美洲与撒克逊美洲之间的碰撞，带来近百年间在观念和体制上的融合；之后还有拉美与世界其他地区之间，在接触与交流中产生某些领域的碰撞，同时又在某些领域发生融合。最初由地理大发现带来的新旧世界的碰撞与随之而来的融合，以及由此带来的一系列特征，为拉美社会文化留下了深刻的印记，也是理解整个拉美新闻传播的环境因素的核心主线。

（一）传统断裂与融合新生

当1519年的早期探险者最初到达新大陆时，他们对于自己的发现满怀失望，尽管在加勒比和中南美的海岸发现了矿产资源，但是这里却没有他们扬帆启航时所期盼的东西——城市和市场。因此，当特诺奇蒂特兰展现在面前时，西班牙人立即深深折服，“它是如此美妙，我不知道怎样来描述我第一次看到它时的感受，这是从来没有听到过，看到过或者之前梦到过的。”① 在后来的无数文学作品中，这座城市往往被描绘成一座漂浮着的仙境之城。科尔特斯所见到的，正是阿兹特克帝国的都城，也是科尔特斯与蒙特祖马实现“史诗性会面”的地方。相遇时刻，美洲当地的印第安人业已历经近千年的发展，在中部美洲和安第斯山区创造了灿烂的文化，形成了阿兹特克、玛雅和印加三大文明中心。

在两个世界相遇的15世纪末期，美洲尚未发展出成熟的文字系统，也没有发达的生产工具，但也绝非早期探险殖民者所说的野蛮人。传统的美洲社会已经具有了人类文明社会的重要标志，包括发达的社会管理机制、具有审美意向的建筑艺术、体系完整的天文历法知识等。遭遇西班牙人之前的阿兹特克帝国，是一个集约型的农业生产社会，拥有在整个中美洲通用的纳瓦特尔语言，由贵族和平民组成的等级社会，由神学宗教和中心王权相结合的权力体系集中统治。这样的中美洲在很大程度上实现了殖民者的梦想和期望，因为这是一个文明社会，一个拥有大的城市和繁荣市场的社会。

然而，征服战争同时也摧毁了它想要的战利品，胜利的征服者们摧毁了曾经令他们叹服的城墙、建筑、供水系统与民居体系。殖民者按照西班牙中世纪的城市模型完成殖民地重建，或者应该说是在新世界新建了一个卡斯蒂利亚。沿承西班牙城市以商业活动为中心的建设理念，新大陆的城市大多由笔直的街道、方正的街区和四方形的中心广场构成。处于飞地文明形态的印第安群落遭到彻底的破坏，与城市重建相伴发生的，还有王城被洗劫焚毁，神庙被破坏损毁，大量印第安人遭到屠戮。原本隐然世外的印第安文明发展进程横遭斩截，与当地自然地理环境紧密相连的社会文化传统就此断裂。

反过来看，殖民者将母国的欧洲文明移植来到美洲大陆，依照中世纪西班牙的风格建立起殖民地的城市行政系统、商业运营模式以及宗教文化体系。直至今

---

① ［美］迈克尔·迈耶，威廉·H. 毕兹利，复旦人译：《墨西哥史》（上册），北京：东方出版中心，2012年，第56页。

日，现代的拉美文化在很大程度上仍与西欧保持着亲族关系。然而，移植而来的西欧文化成分也经过不断地调整与改造，并且在与当地散存的印第安文化、来自非洲的黑人文化以及少量的东方文化成分彼此融合中，形成了全新的拉美文化结构。从某种程度上说，拉美的欧洲传统也在发展衍变过程中出现了断裂。因此，现代拉美的社会文化，整体上就是由新旧世界相遇碰撞，在各自的传统断裂的同时，彼此之间兼与其他因素的融合新生。

（二）上层建筑与下层基础

新旧世界之间的相遇碰撞，不仅带来印第安文明的发展断裂，同时也经由外力促使拉美社会发生跳跃式的变化，即从16世纪到19世纪，拉美社会实现了从土著原始社会或早期奴隶社会一跃进入资本主义社会的跳跃。这一特点，使得拉丁美洲的社会经济发展具有极强的独特性，既不同于西半球的欧洲大陆，也不同于东半球的其他殖民地区。下层基础的发展受限于内外因素而缓慢滞后，外力介入却致使上层建筑得以超前，长期呈现为上下不能对应的错位并置。

殖民历史开始之前的拉丁美洲，主要由城邦形式的农业文明飞地构成，以城邦为基础实行宗教与王权合一的神权政治。以农业为主辅以手工业和较为普遍的城邦贸易，构成带有原始及奴隶社会性质的自然经济。当西欧殖民者来到拉美时，伊比利亚国家内部的封建势力强大，尽管经济发展不及西欧强国，但也已萌生资本主义。他们将国内的政治经济和社会文化一并移植到新大陆，将拉美直接裹挟进入封建—资本主义阶段。作为金属矿产源地、农牧产品供给者以及工业制成品市场，拉美沦为伊比利亚以及西欧国家的附属。拉美的社会系统，呈现为奴隶制与依附性的综合产物，既有发展不完全的封建因素，又有受到限制而不能发挥作用的资本主义成分。

从独立运动时期开始，拉美地区进入向资本主义的过渡阶段。独立革命的胜利，从形式上确立了共和政体，并且废除了奴隶制和封建残余。然而，拉美社会中属于殖民时期的旧有结构并未得以消除，财富高度集中到以种植园主和矿业寡头为代表的少数阶层。同时，刚刚赶走伊比利亚殖民者的空位，很快由英国资本填上，资本家在殖民者的废墟上建立起自由贸易投资的资本主义结构。拉美的经济体系，同时包括了封建殖民色彩浓重的农业庄园与外国资本主义投资介入的基础工业。所谓的共和政府，实际上落入以考迪罗为代表的军事强权手中。

两次世界大战前后，拉美国家通过国内民主革命试图推进社会变革，以解决日益尖锐的财富集中问题。在墨西哥，卡德纳斯的改革鼓励建立新的农民组织和城市工人组织，通过土地改革和产业国有化破除财富在地主和外资的手中高度集中。与此同时，通过职团主义的政治联盟可以让更大比例的民众参与到国家体制内扩大政治制度的民主化。然而，这种广泛基础的民主仅仅存在于理论层面，现实则是“选举”的结果仍然由中央政府与执政党总部内部敲定，而财富也旋即在快速工业化中再次集中起来。近几十年间，经过社会民主化的快速发展，墨西哥在包括政治体制到媒介体制在内的整个社会系统，从形式到实践上都出现了急剧的变化。然而，“非正式与正式的制度之间的差异”①，始终是贯穿墨西哥整个社会文化体制的特色。

正如所有后发展国家所具有的共性特点，拉美地区的现代化是一个“外源性”的发展历程，主推动力来自于外部介入，而非内部的自然转承。从寻求独立到21世纪以来的多数时候，拉美国家所套用的制度体系都是从外部移植而来的，与本土的社会现实，尤其是经济发展环境相比，具有超前的不适应性。按照期望模型建立的上层建筑，与落后于发达世界的下层基础之间，长期的错位并置状态，使得这样一种制度性的高开低走成为理解拉美社会文化体系的关键线索之一。

（三）全球化的边缘与中心

殖民化的历史在各个层面都对殖民地国家产生了深远的影响，一方面导致其内部社会发展历程的断裂，另一方面肆意的剥削和掠夺成为这些地区长期贫困的苦难根源。从另一个角度来看，殖民化的过程也是将殖民地社会卷带进入全球化的过程。全球化这一历史现象，扩展到世界范围并且深化到生产和交换成为一个统一整体的程度，是在16世纪初随着西欧资本主义的产生和发展而出现的，具体说来是由哥伦布发现美洲开始。“殖民化与全球化这两个历史进程是紧密交织在一起的，西方国家向海外的殖民扩张推动了全球化的进程，非西方世界是以殖民化的方式卷入和参与到全球化进程之中的。”② 被殖民宗主裹挟进入全球化体系的拉美地区，迅速成为西方为中心的世界资本主义经济体系的边缘。

从寻求民族独立的革命时期开始，拉美地区进入了非殖民化的历程。非殖民

---

① ［美］加布里埃尔·A. 阿尔蒙德等，杨红伟等译：《当代比较政治学：世界视野》，上海：上海人民出版社，2010年，第536页。

② 董经胜，高岱：《拉丁美洲的殖民化与全球化》，南昌：江西人民出版社，2010年，第3页。

化这一概念，“是指在民族解放运动的促进下，宗主国不得不在政治和经济方面调整策略，从而终结殖民统治的过程。”① 然而，民族独立运动使拉丁美洲地区摆脱了宗主国在政治上的殖民统治，却没有摆脱欧洲在经济上对它的控制。非殖民化并不彻底，既没能带来社会结构的变革，也无力改变拉美地区的边缘地位，随之而来的是西欧国家主导的新殖民主义的资本控制。19 世纪初，英国取代西班牙和葡萄牙确立了在拉美地区的经济霸权。到 19 世纪末，美国工业生产跃居世界第一位，向外扩张势力的渴望促使其向英国势力发起冲击。于是，主导拉美发展的外部中轴再次发生转移，由英国转向美国。

拉美对于非殖民化的追求与对现代化的探索同时开始，由于这一历程是在西方资本主义主导的全球化背景下展开，其核心特点就是以寻求“欧化”为发展的目标模式。作为全球化体系的边缘，拉美的现代化历程，从一开始就是一个步入由西方中心构建的现代性话语体系，并且在其中不断寻找自身定位的过程。或者说，拉美所寻求的现代化，实际上是在西方现代性的支配话语中的角色确认，因而在实际中导向一个不断确认自我、调适自我的过程。可以说，不论是“依附发展”或是“自主发展”的模式，拉美的现代化都脱离不开以西方为中心的自我边缘化。与此同时，又在以中心为镜鉴的自我异化，以及参照其他边缘的对象异化中，谋求三点对照下的自我肯定。

二、多重维度的环境因素

邵培仁认为，在媒介生态的理论关照下，大众媒介作为社会的一个具有自我特点和结构的子系统，它自身的各种要素和资源之间，它与政治、经济、文化等社会系统之间均存在着相互联系、相互作用、相辅相成的互动关系。② 因而，对影响媒介新闻信息生产传播的媒介生态环境因素的考量，也应该从构成大众媒介所在的国家社会及其文化系统的多重维度上展开。其中，政治体制、经济模式和社会文化是最为主要的三个项度。

（一）政治体制

与其媒介体制一样，拉美的政治体制同样是在由边缘向往中心的路径中逐步生成的。独立之前的殖民体系政治体制，主要是一种剥削和榨取的制度。殖民者

① 高岱，郑家馨：《殖民主义史·总论卷》，北京：北京大学出版社，2003 年，第 263 页。
② 邵培仁：《论媒介生态的五大观念》，《新闻大学》，2001（冬）：第 21 页。

踏入拉美的时候，一并带来由王权和教会构成的集中结构，由国王授权的总督和殖民中央政府代为行使全部的权力。相对于地方来说，中央殖民政府是强势的、压制的力量，从而形成渐成传统的地方观念，代表着一种保护性的反作用以对抗来自中央政权的剥削和榨取。这种对政府权威的离异，成为拉美国家政治体制中的一个具有普遍性和延续性的特点。

殖民地后期，拉美地区受到欧洲启蒙思想的影响，开始寻求自由和民主，并且在独立革命实现民族解放之后，普遍依照西欧和美国的模式建立起自己的政治体制。然而，伴随着“西化—西化失败—再西化—再西化失败”的周期性反复，拉美的政治现代化历程呈现为一段民主与专政不断交替的坎坷曲折。对于拉美国家来说，国家政治体制的首要问题变成如何实现并维持稳定性。然而，相对稳定的政治阶段，往往是由专制而腐败的官僚权威和极权体制带来的短暂镇痛效用。对于腐败和专制的深恶痛绝，对于官僚权威和极权体制的抗拒抵制，进一步加强了对政府权威的离异传统。传统的对权威的离异，同时又伴随着对其所能带来的稳定的期望，成为拉美国家政治体制的主体色调，进而在具体的不同国家演化出各具特点的具体政治生态。

对于墨西哥来说，其政治文化模式中最明显的特征，就是这种“离异与期望”相生相对进而呈现出的不平衡与不协调，即：公民对政府并不抱太高期望，对其“公正和认真”的评价也不高，然而墨西哥人的国家自豪感却在很大程度上扎根于他们国家的政治制度。① 与此同时，“今天的墨西哥人一点也不犹豫就批评他们政府运作的方式，而更多的人通过投票拒绝坏蛋而自由表达他们的不满”②，这一方面演示着他们从革命意识形态的传统熏陶中继承下来的政治参与积极态度，另一方面也构成了让他们引以为豪的政治体制的“民主”的特色之一。反过来看，这一“不平衡与不协调”不仅体现在公民的政治心理态度上，

---

① 在民调研究中，墨西哥人在“一般地说，这个国家中最使您感到自豪的是什么?”这一问题的答案中，选择“政府的、政治的制度”比例最高，其次是“经济体系”“国家的自然特征”。参见［美］加布里埃尔·A. 阿尔蒙德等，徐湘林等译：《公民文化——五个国家的政治态度和民主制》，北京：东方出版社，2008 年，第 93 页。

另外，调查完成于 1972 年，距离现在已经有很长时间，不过在 2006 年出版的第八版中，阿尔蒙德及其同事又对相关研究进行了事实和观点上的更新，在国别研究的墨西哥一章中，作者特别指出这一点（引以为豪的政治制度）仍未改变。

② ［美］加布里埃尔·A. 阿尔蒙德等，杨红伟等译：《当代比较政治学：世界视野》，上海：上海人民出版社，2010 年，第 529 页。

同时也体现为“制度性的高开低走”在墨国政治体制中的具化。

正如政治学者科尼利厄斯和韦尔登的评价，“在纸面上，墨西哥政府的结构非常像美国政府：总统制、三个相互监督制衡的独立的政府分支（立法、行政和司法）、在地方（市）层次有一定自主性的联邦制。然而……在实践中与美国模式有很大距离。”① 墨国的宪法和其他相关法典早早就确立了政府实行联邦制，同时强调市镇自由，即州市具有自治权力，然而现实却是高度的中央集权。从对选举活动的控制权，到多数政策的决策权，大多数政治权力都由联邦政府或联邦政府的州级实体来掌握。高度的政治集权被认为是墨西哥长期政治稳定的主要因素，包括联邦政府和各州在内的不同政治层级都有意愿维持这一体系。

在立法机构层面，墨国的联邦议会由两院构成，均采用混合成员制度，也就是说，两院中的议员都是分别通过多数选举和比例代表两种方式当选。通过这一“混合成员”的议会选举制度，直接影响了三大政党构成的政党制度，同时也在理论上形成“分立政府”的局面。然而，每个党派实际上在议会中是作为共同体一起投票支持或反对具体的议案，从而使政党获得在内部寻求协商法案的动力，而非在议院中达成普遍的妥协一致。这一体系直接导向立法部门的高度集权，作为议会多数党的领导人，总统实际上能够在不改变任何先整规范的情况下实施近乎独裁的统治。

基于这一点，墨国的行政制度实际上是总统中心制。在历史和现实的多数时候，总统都是“支配性的政治行动主体”，并且“拥有广泛的未成文但通常被承认为‘超宪法’的权力，这些权力在传统上保证他对于国家所有其他政治机构的支配”②。总统不仅能够对大多具有全国性政治意义的问题做出决定，包括提请制定法律、对法官的任命以及对州市长官和议员的安置与解除，并且能够影响下任总统候选人的提名。在近年的民主化改革中，总统的超宪权力已经受到很大限制，尤其是通过民主选举的程序化以及体系保障（由专门联邦选举委员会系统地监控选举过程以及媒体的选举报道，进而确定媒体是否偏袒某些党派，并且保证选举结果的公正公开），总统对继任候选的结果已经基本不具影响。不过，在行政决策方面，总统仍然具有极高的独立决断权力。这一点在2012年大选后的

① ［美］加布里埃尔·A. 阿尔蒙德等，杨红伟等译：《当代比较政治学：世界视野》，上海：上海人民出版社，2010年，第533页。

② ［美］加布里埃尔·A. 阿尔蒙德等，杨红伟等译：《当代比较政治学：世界视野》，上海：上海人民出版社，2010年，第539页。

相关新闻报道中也有体现，涅托在候任期间就开始以“下任总统”的身份接见外国商界，为新任政府在经济和外交方面的转向做足准备。

这一具有传统性、体系性特色的“体制与现实”的差距，未能影响墨西哥人的国家政治自豪感，他们的民主观念更多强调的是经济和社会后果，而不是程序上的自由。正因如此，经过2000年到2012年两届国家行动党政府之后，墨国民众认为革命制度党未能解决好的问题，在国家行动党手中仍旧突出，甚至在某些领域更趋尖锐，于是转而再次选择革命制度党。

（二）经济模式

作为现代化的“实验室”，拉美是第三世界中唯一一个经历了自由主义、发展主义和新自由主义三种现代化战略，初级产品出口、进口替代工业化和新的出口导向三种发展模式的地区，也是唯一经历了经济全球化全过程的地区。① 然而，不论选取何种现代化战略、采用哪种经济发展模式，拉美地区与发达世界之间作为边缘与中心的依附关系始终未变。16世纪，西方殖民者来到拉美，开启了殖民化与全球化的双重历史进程，同时也打破了拉美原本遗世独立的原始经济形态，重新围绕殖民宗主的资本主义发展需求建立起以资源矿产和农产消费为核心的供求源地形式。在被迫成为世界分工链条的一个环节的同时，拉美地区也与发达世界之间确立起了依附关系。

19世纪初，英国以政治和军事上对独立运动的支持为成本，换取到新独立的国家允许其商品自由贸易。在此基础上，英国在拉美逐步建立起强大的贸易霸权。70年代起，随着资本主义向帝国主义过渡，英国在拉丁美洲的投资迅猛增长。到一战前夕，英属垄断资本控制了整个地区绝大部分的铁路港口、通讯事业以及能源开采。整个19世纪乃至20世纪的初期，英国都是拉美经济依附的中心。于19世纪末完成向帝国主义的过渡之后，在“泛美主义”的旗帜和“大棒政策”加“金元外交”的扩张主义政策下，美国成功地排挤西欧国家在拉美的经济垄断，并且摒除了他国插手拉美的可能，就此开始了美国作为中心主导拉美经济发展的长期历史。二战以来，美国一直是大多拉美国家的第一贸易国和最大的投资者。

直到现在，拉美的经济发展仍然未能挣脱这一边缘对中心的依附困境。20世纪80年代以来，在“华盛顿共识”的引领下，拉美地区掀起了以新自由主义

① 韩琦：《世界现代化进程·拉美卷》，南京：江苏人民出版社，2009年，第30页。

思潮为主导的经济改革，主要内容包括：强调国家减少对经济的干预，进一步放开资本和金融市场，放松投资限制并为引入外资创造条件，实现贸易自由化和进口管制合理化等。新自由主义经济改革的重要后果，就是拉美经济快速度而高程度的融入全球化进程，国内市场开放导致外资大量涌入，降低贸易壁垒使得进口大幅增加而国内工业备受冲击。与此同时，跨国公司作为全球化的经济主体，对拉美国家的政府和市场产生越来越大的影响。与以往相比，拉美经济更加依附于外部经济。

如果说这种对外挣不脱的依附困境是拉美经济发展模式的束缚，那么拉美国家内部由于分配不公而导致资本和财富的高度集中，就是其经济发展模式的陷阱。早在20世纪80年代初，几个拉美大国就已成为中等收入国家，日益接近发达国家的门槛。然而，整个拉美地区却仍属于发展中国家。有的国家已经成为富裕国家的一员，其他国家仍然处于最不发达阶段，拉美成为世界上两极分化最为严重的地区。“比利印度”这样的二元结构普遍存在于拉美各国，即“一部分像是比利时一样的现代、富有，另一部分则像印度一样的传统贫穷”①。少数很富有的人和大多数可怜的穷人，共同生活在同一个国家社会中。正如墨西哥经济学者赫拉斯所阐释，“拉美在经济社会发展中出现严重的失衡情况，主要特征包括：外资主导型开放经济下出现阶段性经济高速增长，只重增长却不公平分配，加上威权统治导致官商勾结、政治腐败，导致富者愈富，贫者愈贫。”②

对于墨西哥来说，这一外部依附、内部不均的困局，同样是影响其经济发展的主要问题。从80年代末开始，墨西哥就被视为是新自由主义经济模式的典范。时任萨利纳斯政府推行贸易自由化政策，大幅度降低贸易壁垒，同时进一步放松对外资的限制，通过修改“外资法”将多数产业的外资比例放宽到100%，并且为外资的汇出利润和抽出资本方面给予更多优惠。1992年，萨利纳斯又做出更大的举动，与美、加签订北美自由贸易协定，进一步拉近了墨西哥与北美之间的经济联系，对美、加的区域贸易成为国家经济的主要增长点。此外，主要来自美国的侨汇收入也是国家外汇收入的主要来源。很多批评者认为，北美自由贸易协定使得墨国在政治、经济上进一步依附于美国，丧失了作为独立的拉美国家的立场。

---

① 韩琦：《世界现代化进程·拉美卷》，南京：江苏人民出版社，2009年，第19页。

② 张翠容：《拉丁美洲革命现场：一个香港独立女记者的真相之路》，北京：法律出版社，2010年，第23页。

到2000年时，新自由主义模式下的经济增长在拉美国家中名列前茅，但是社会两极分化、高度对外依附的问题依旧突出。在历史性的总统选举之后，国家政权完成了由官方党向反对党的首次交接，国家行动党又于2006年连续接下了第二个总统任期，但是新的政府在经济发展模式上并未做出根本的改变。卡尔德龙政府一直主张坚持经济自由化与自由贸易，采取开放的、市场导向的发展战略。然而，卡尔德龙执政的6年间，墨国新增贫困人口1200万人，贫困率从2008年的44.5%上升到2011年的50%。① 与此同时，从2007年开始雄踞世界首富位置的卡洛斯·斯利姆·埃卢也出自墨西哥。另一方面，墨国经济对美国市场的依赖性不断加强，尤其是墨制造业与美国工业发展关系密切，美国经济活力不足导致墨国对美出口大幅下降。② 与美国联系过于紧密的经济发展模式，也使得美国的经济疲软连带墨国受累。经济模式所带来的这两个方面的问题，一直都是墨国民众最为关注的议题。

（三）社会文化

现代拉美文化的基本要素，主要形成于殖民地时期，是新旧不同介质文明之间碰撞断裂与融合新生的产物。来自殖民宗主的西欧文化传统，与根在美洲的印第安文化、来自非洲的黑人文化以及少量的东方文化成分相融合，最终形成了属于拉美的独特混合文化结构。历经独立战争和国家建设与发展历程中的反复变迁和几度变革，殖民地时期形成的文化基本要素仍然保留至今。可以说，现代拉美文化主要由西欧文化传统、印第安成分和其他文化元素共同构成，其中包蕴有来自各个不同部分的诸多要素，又在多个层面显示出自身的特点。

第一，西欧文化传统作为这一地区的文化主体，在拉美社会文化的各个领域中起着主导作用。经过欧洲旧世界与拉美新大陆的碰撞，来自伊比利亚的殖民者开始了一段长达300多年的殖民统治。期间，来自西欧的文化成分通过不同的途径和手段被移植到拉美，而且随着军事征服和政治统治一并确立了它的统治地位，而且作为殖民统治阶级的文化，西欧文化传统得以在权力支持下强行扩大其影响。来自欧洲的殖民者，以及他们的白人后裔，一直是拉美社会上层精英的主体，从而使得西欧文化传统能够一直保持强势的主流地位。从独立运动时期开始，拉美的精英阶层（包括革命领袖）大多受到欧洲思想文化的启蒙影响，并

---

① 徐世澄：《墨西哥革命制度党为何能东山再起》，《拉丁美洲研究》2012.10－34（5）：第15页。

② 吴白乙：《拉丁美洲和加勒比发展报告》（2011～2012），北京：社会科学文献出版社，2012年，第151页。

将大量源自欧洲的思想理念和科学技术引入拉美。乃至独立以来，拉美对欧美中心国家的依附，也是欧洲文化传统能够一直以来占据拉美文化主体的动因。整体来看，拉美文化在很大程度上，与西欧文化间保有千丝万缕的联系。

第二，拉美文化是一个碰撞融合后形成的全新文化，与构成其内在本源的每部分要素都有所不同。为适应新的自然社会环境，以及多元并存的文化环境，各种成分都在不断地调整改造中逐渐彼此融合，从而演变为一种独特的文化传统。移植而来西欧文化传统逐渐沾染上拉美的地方色彩，从而具有了本土适应性以及进一步发展的可能。根植于拉美的印第安文化在对外来殖民力量的抗拒、抵制过程中，一方面被迫吸收了由社会主导力量强加的西欧文化成分，另一方面也将自身的很多元素楔入以西欧传统为主体的全新文化当中，尤其是在自然环境和日常生活方面。另外一个构成现代拉美文化的要素，就是来自非洲的黑人文化。由于跨越大洋的黑奴贸易，非洲黑人随着殖民开拓的进程而大量进入拉美，来自非洲的要素在民间文化领域影响较为明显。除此之外，还有一些拉美地区的文化中混杂有东方文化和阿拉伯文化的因子，主要是通过殖民贸易的方式流通引入的。

第三，在文化的传播和融合过程中，天主教的教会及其传教士起到了核心的推动作用。每到一处新地，西欧殖民者必做的一件事就是要求当地土著无条件承认“教会、教皇与国王的至高权力”。传教活动与殖民扩张两者，基本是同时开始的。西欧的传教士将这些美洲土著人视为“最后的异教徒”，对他们的思想归化，或者称为“基督教化”，是实现基督教千年王国的神圣使命。由于他们谴责殖民者对土著居民的虐待压迫，提倡通过学习和交流使其皈依基督教，从而在不同文化的碰撞中起到了某种亲和力作用。为了实现教化的目的，传教士们学习当地语言，编撰出版词典和语法手册，进而开办学校、建立图书馆，向当地人传授欧洲语言和基督教义。在转译阐释的过程中促进了语言的融合，在借助形象手段的同时激发了艺术创作，在宗教仪式的活动中推及了理念的深入。直至今日，天主教伦理是拉美文化体系的主要基础，对人们的思想意识和行为方式影响巨大。

第四，在碰撞融合的过程中，拉美文化形成了多元的对外开放性，并且在一定程度上具有世界主义倾向。从殖民时代开始，各殖民地都依赖于相应的欧洲宗主国，因而各国的政治经济和宗教文化基本都系出同源。在基督教化的过程中，欧洲传教士有意无意间推动了拉美地区在语言和思想的归流合一。共同的宗教和语言，使得拉美成为一个相当统一的大陆，与人种混血相一致的文化融合，又使拉美成为一个多样化的大陆。来自宗主国的西欧文化传统，本身就是由源自伊比利亚的风格、出于意大利或法国的艺术等，泛欧洲的多元要素所构成。在与当地土著文化和其他文化要素交汇的过程中，融合新生的拉美文化始终处于不断自我更新的衍化中，始终保持着对外开放的特性，对外来文化成分采取兼收并蓄的态度。与此同时，长久以来的移民传统，在新形成的拉美人群中形成一种世界主义的倾向，具有一种超越了绝对化的“民族身份”的认同机制和“民族文化”的概念，主张把人们所具有的一系列不同的文化体验联系起来，以此来形成新的文化认同。

三、环境因素与中国形象——现代性的自我认同与对照定位

在历史的碰撞融合中，拉美的社会环境整体呈现出上层建筑与下层基础之间错节的体制性特点，同时也形成了拉美作为边缘依附于中心的结构性特点。拉美的社会环境，也就是拉美媒体所在媒介生态系统的环境因素，主要由政治体制、经济模式和社会文化三大维度构成。在不同的环境因素构成维度中，中国形象透过拉美媒体的涉华报道呈现为一组相应的映像——

1. 自由民主的框架命题

自由民主是一个十分泛化的概念，可以是泛指的国家政治的思想原则及组织方式，也可以是带有具体指向的具化意义。在本文的论述中，“自由民主”是指包括公民权利、国家民主、言论自由和人权问题等义项在内的一个特殊具化义项，也就是按照现代西方政治的“自由民主”为标准来划定的新闻议题。在这部分报道中，主题及内容明显都是照搬西方的框架，套在自己身上的同时也因势利导地移用到对他人的观察中，套用西方现代性的眼光来批判非西方的现象，自然大多数报道都呈现消极负面的倾向。

2. 引以为豪的选举政治

大多数拉美国家，包括墨西哥都实行选举政治，国家的权力机构和领导人选都是由民众通过票选决定，这是很多拉美国家引以为豪的民主成就。因此，在看待中国的政治制度，观察中国的党内民主、代表大会选举的过程中，自然而然套用自身“成就性”的标准来进行判断，而这样一种不同的民主形式是他们所不熟悉的。总体来看，选举政治的特色之一，就是选举过程中参选人作为公众人物的高曝光，包括个人生活在内的整体透明。对比之下，中国领导人的低调内敛和不为人知，在拉美媒体及其受众眼中成为一种奇怪的现象。

3. 中国模式与拉美探索

作为现代化的“实验室”，拉美历经不同道路、各种战略的经济发展，但是始终难以脱离对西方中心的依附境地，同时国内的贫富不均也成为长期的困扰。经济发展既是最为切怀的问题，也是最为难解的命题，不论是国内新闻还是国际新闻，经济都是拉美媒体中最主要的议题。在涉华报道中，经济领域的报道占绝对多数，尤其是在对本国经济和国内建设的报道中，几乎不论任何议题都带有与中国的对比，从而形成中国作为“竞争者”“参照者”的形象认识。在其中，既有对竞争和崛起的警惕，也暗含有对中国模式、中国经验的肯定与钦羡，将中国作为“新兴经济”的典型，强调中国作为“第二大经济体”的地位。

4. 精英腐败与财富集中

历经多年的集权专政，以及“完美独裁”的“利益共谋”统治，墨国对于政界和商界都怀有深刻的离异感，抱有极不信任和极不好感的心理态度。在他们看来，“多数政府官员和政治家都是腐败的，不然也是冷漠、精英主义、专图私利的”①。对于腐败问题和贫富不均，是媒体长期以来最为关切的新闻报道议题。在对其他国家社会的报道中，也延续了对这一议题的关注，同时也继续保持了对政治官员和商界精英的离异态度。

5. 遥远的风物以及景观

在对社会文化领域的报道中，报道呈现出两个层面的中国形象：一个侧面是作为理解欣赏的风物，对于中国社会中呈现动态变化的一面，包括传统与现代的异质特性，以及中国文化艺术的多样纷呈，都能够抱持多元的开放态度，接受并欣赏来自其他文明、不同文化的风物；另一个侧面则是不能理解、难以接受的，相对于现实生活，更多是由媒体通过新闻报道来构建的媒介景观。对于中日之间的民族主义纷争，是持世界主义倾向的拉美所无法理解的一个难题，另外还有中国历史中传统的、王权的部分。对于没有过封建王朝历史，始终处于吸纳衍化的拉美文化来说，在很大程度上，“紫禁城”“龙”之类的符号就是他们眼中的中国，不是真实切在的具象，而是在媒介信息中隐现的神秘、朦胧的媒介景观。此外，对于天主教信仰深入精髓的拉美文化来说，没有宗教信仰的中国，或者说不信仰天主教、与梵蒂冈关系不睦的中国，也是难以理解的。

---

① ［美］加布里埃尔·A. 阿尔蒙德等，杨红伟等译：《当代比较政治学：世界视野》，上海：上海人民出版社，2010 年，第 529 页。

第九章

国际关系

著名的拉美史专家托马斯·斯基德莫尔和彼得·史密斯曾经为拉美现代以来的国际关系作过一个注脚，“拉美未来的命运在很大程度上将取决于它与国际权力中心之间的相互关系。”① 事实上，这一论断的重要性，不单单是因为拉美后来的发展进程验证了它的正确性，而是因为即使放在不同时空环境中，仍能看到它所阐述的观点是正确的。或者换句话说，站在这一时段来看拉美的发展前景与其所在国际环境能够体会到这一特点，然而站在拉美历史的任何一个截点上来回顾或者前眺，实际上都能够看到这样一个属性。对于拉美来说，国际关系始终是影响其发展的重要环境因素，对于拉美媒体的新闻传播来说也是如此。

一、西方抑或拉美

在拉美走向现代化的历程中，始终没有脱离对西方或是北美的中心依赖，以至于拉美长期以来都被视为是另外两者的附属、后院。长期以来的学术探讨中，拉美与西方，尤其是同北美之间的关系，始终都处于一个暧昧不明的境况。在论述人类社会多元文明之间关系的知名著作《文明的冲突与世界秩序的重建》一书中，塞缪尔·亨廷顿在对拉丁美洲文明做出定位时，也未免几分含混地表述道：“拉丁美洲可以被看作西方文明中的次文明，或者被看作是与西方文明有紧密联系，但在它是否属于西方的问题上有分歧的独立文明。对于把注意力放在文明的国际政治含义（包括以拉丁美洲为一方和以北美和欧洲为一方两者之间的关系）的研究来说，后者是更恰当的和有用的称呼。”②然而，就文明的认同来说，

① 韩琦：《世界现代化进程·拉美卷》，南京：江苏人民出版社，2009年，第29页。

② ［美］塞缪尔·亨廷顿，周琪等译：《文明的冲突与世界秩序的重建》，北京：新华出版社，1998年，第30~31页。

基于“普遍”的语言和宗教，拉丁美洲文明又是可以纳入西方文明体系之中的。尤其是在缺乏核心国家的情况下，鉴于巴西隔阂于文化差别，同时“墨西哥试图重新确定自己的认同，从拉丁美洲转向北美，智利和其他国家可能紧随其后”的现实，“拉丁美洲文明最终可能融入西方文明并成为分成三支的西方文明的一个亚文明”。[①]

在众多理论观察看来，拉美国家就是这样处于“无所适从”的中间地带，它们在经济上的现代化、政治上的民主化，乃至在社会文化领域对西方的融合和吸纳，都是其不断趋于西方化、北美化的现实表征。在这个过程中，墨西哥与美、加共建北美自由贸易区，中美洲和加勒比地区的很多国家也与北方邻居签订双边、多边的自由贸易协定，其他国家与北美以及西方整体的联系也十分紧密。曾经一度，拉美似乎面临着两个紧密相关的选项，一是与传统上缔结的欧洲情谊结成伊比利亚国家的文明联盟；二是和北美一道构成泛美洲的共同体，两者的共同之处就是结果一致导向拉美的西方化，“把西方融入它们的社会，并把它们的社会融入西方”。在面对拉美的这一境遇时，亨廷顿也不认为拉美能够通过真正实现西方化以摆脱无所适从的尴尬境地，相反他对拉美的前路抱持悲观态度，“西方的病毒一旦植入另一个社会便很难根除。病毒会继续存在但并不致命，病人能活下去但永远不会是个完好的人”，只能饱受“文化精神分裂症”之苦，并且成为“持久和确定的特征”。

然而，在拉美的角度看来，或许这个问题的确曾经构成令其困扰的“两难”，但也不能说是无所适从的无解之题。尽管与西方在历史上紧密相连，但拉美的核心却是非欧洲的，经历长达数个世纪的殖民命运之后建立起的民族认同是拉美的。另外，早在独立运动时期，拉美就已开始形成关于“两个美洲”的深刻认识。作为“泛美主义之父”的南美革命领袖玻利瓦尔，就曾一针见血地指出南北美洲之间存在本质属性上的差别：美洲的英国人和讲西班牙语的美洲人。继承了基督新教“上帝选民”思想的北美，在欧洲殖民者被逐出美洲大陆的间隙，马上就着手将拉美变为自己攫取利益的资本附属。一个大陆结出两生花开，一边崛起为新的殖民者，而另一边再度被殖民。这一历史上的伤痕，成为拉美不可能真正融入西方以及北美的根本所在。

---

① ［美］塞缪尔·亨廷顿，周琪等译：《文明的冲突与世界秩序的重建》，北京：新华出版社，1998年，第142页。

从20世纪70年代以来，拉美兴起以“多元主义”和“第三世界主义”为主体的国际关系思潮，主张“从过去片面的、相对单一的外交格局转到超越‘泛美体系’的藩篱和‘意识形态边疆’的束缚，独立自主地开展外交活动”①。在此思想主导下，拉美各国积极开展多元外交，加强同第三世界国家的联系，希望以此摆脱对西方国家，尤其是对北美的单边依赖。与此同时，拉美国家之间也逐步加强区域内的合作交流。在地区大国的推动下，区域一体化也在加速发展的进程当中。目前，包括里约集团、加勒比共同体等在内的区域性组织以及南方共同市场（巴西、阿根廷、乌拉圭和巴拉圭）、南美国家联盟（包括南美所有国家在内）、太平洋联盟（秘鲁、智利、墨西哥和哥伦比亚）等次区域合作机制，都是拉美地区内部的活跃因子。

相对于西方化或是北美化，抑或分裂为“大西洋集团和太平洋集团”的预设，拉美国家选择了共同组成一体化的“团结”的拉丁美洲。2010年2月，拉丁美洲和加勒比地区各国领导人共同参加了在墨西哥坎昆召开的“团结峰会”，将目标确定为“组建没有美加参加的拉美和加勒比国家共同体”（简称“无美联盟”），极大地推动了拉美的区域一体化。会议刻意排除了主导泛美组织长达120年之久的美、加，而邀请了受前者封锁达50年的古巴，从而成为拉美国家独立200年来首次由拉美和加勒比地区独立国家自己发起、自己主持召开的历史峰会。《坎昆宣言》的签署标志着一个共同发声的拉美，“将一起创造新的历史”，并以此作为回应西方化的最强音。② 次年12月间，在委内瑞拉召开的首次峰会宣告了由33个国家地区参加的“无美联盟”正式成立，代表了拉美国家团结与繁荣的象征，其重要意义堪比乌拉圭总统穆希卡所称的“美洲的第二次独立”③。

二、中—拉—美三角制衡

中国与拉美之间，本身是一种双边关系的发展，但是由于历史、地缘、文化等多重因素的介入，在很大程度上已经成为中国、拉美以及美国之间的三边，甚至涉及其他国际主体在内的多边关系。随着国际地位不断提升，拉美国家在国际

---

① 徐世澄：《拉丁美洲现代思潮》，北京：当代世界出版社，2010年，第552页。

② 洪国起：《“拉美人民将一起创造新的历史”——对墨西哥“团结峰会”发出时代强音的历史解读》，《中国拉丁美洲史研究会第17届年会暨“纪念拉美独立200周年”学术讨论会论文集》，2010-10-16。

③ 吴白乙：《拉丁美洲和加勒比发展报告》（2011~2012），北京：社会科学文献出版社，2012年，第129页。

关系交往中的被动性及依附性正在改变，呈现出“角色上的逆转”。随着中、美、拉三边之间的互动频繁、交往日深，这个三边关系也越来越凸显动态的非对称性特征。

（一）动态三边：非对称联动

中、美、拉三边关系的发展，经历了冷战前、冷战后和21世纪初三个阶段。自20世纪70年代以来，这个三边关系始终处于动态变化之中，而贯穿至今的最大特点就是不对称性，主要指中美关系在其中所具有的偏重影响。在中、拉、美的三边关系中，中美关系的重要性明显大于美拉、中拉两边，美拉关系也比中拉关系更具有影响力，同时美国在三边关系整体中处于主要地位。①

首先，中拉关系的发展进程从一开始就受到中美关系的牵拉制动，冷战结束前期中美之间关系的改善直接促进了中国与拉美关系的发展。冷战时期的拉美地区，基本上都属于以美国为代表的西方阵营。受到冷战意识形态的制约，拉丁美洲成为与中国建立外交关系最晚的一个地区。1949年新中国成立以来，大多拉美国家仍延续保持与台湾当局的所谓“邦交关系”，直到1959年革命成功的古巴与中国建交，一举打破中拉之间的关系禁绝。然而，中拉关系真正实现发展实际上是在1972年尼克松访华之后，秘鲁、墨西哥、阿根廷等国先后与中国建交，当年成为中拉建交的第一个建交高潮。从这一时期到冷战结束，三边关系处于互动阶段，由中美关系的改善促进中拉关系的发展，而中拉关系尚处初始阶段，还未能对中美关系产生实际影响，属于一个强双边（美拉关系）和一个重双边（中美关系）带动另一个弱双边（中拉关系）的状态，呈现完全不对称性。

冷战结束以来，中拉关系的发展长期在很大程度上取决于中、美两者之间的交流互动和境况对比，并且在很大程度上成为考量中美关系发展前景的题中之意。尤其是进入21世纪以后，随着中国和拉美之间的经贸关系进入快速发展期，外交层面和社会文化领域的交流也日益频繁，美国开始将中拉关系纳入关注范围。2005年4月，美国在国会的西半球事务委员会专门讨论了“中国在西半球的影响”。2006年时，美国负责西半球事务的助理国务卿香农访华，与中国政府在中美战略对话的机制框架下就拉美事务展开磋商，就拉美形势、各自对拉美国家的关系及两国对拉政策、中美在拉美事务方面的合作等议题展开交流。此后连

① 朱泓博：《中、美、拉三边关系互动与中国的拉美政策》，《拉丁美洲研究》2010.8－32（4）：第6[illegible]页。

续几年间，拉美都是作为重要议题进入中美战略对话的总体讨论参议之中。这一时期，三边关系互动频繁，中拉关系作为重要因素进入中美关系的范畴，构成一支相对稳定的强双边（中美关系）和一个相对固态的强双边（美拉关系）与另外一个活跃的上升双边（中拉关系）之间的联动。

其次，美国是三边关系中的主导因素，中国的作用也越来越大，而中拉关系则是推动三边关系发展的主要动力。到目前为止，中、拉、美之间始终没有三边性质的交流与合作，仍然缺乏三边之间交流合作的平台。中美关系涉及议题广泛，也有诸多相关因素，然而拉美问题仅是偶然进入双方的考量视野，远未能够形成常规性的影响。中美关系在很大程度上具有影响世界格局的意义，而美拉关系和中拉关系的意义更多在于地区范围内。在三方各自的国际外交和国家政策的议程中，中美长期互为彼此的重点，美国始终都是拉美国际外交政策的核心重点，而中拉双方在对方的外交议程中的地位还有待进一步深化。综合多种因素考量，美国在长期内仍将处于三边关系中的主导地位。目前，美国已经对中拉关系的发展投以广泛而持续的注意，不过至今主导美国外交政策的行政部门对于中拉合作的目的、前景及其影响并无定论，同时存在“威胁论”和“机遇论”两种对立的论调，持这两种观点的共同之处就是认为美国不能忽视，而是要注意中国在其“后院”的行动。在这样的理论前提下，美国是把拉美关系的发展放到中美关系的框架内，从全球视野、地区层次和双边关系的角度中考量其对美国利益的影响。①

在中、拉、美三边关系中，中国是最主要的可变因素。在中美关系中，美国无疑是起主动作用的重要因素，但是随着中国综合国力的提高，中国的作用也在不断提升。中美之间的战略对话交流，已经远远超出了双边范畴，将包括拉美事务在内的很多地区性、国际性议题纳入其中，成为一种大国之间的商讨协调机制。在中拉关系中，中国的经济发展已经直接带动中拉贸易的发展，促使拉美国家的国际贸易结构发生改变，进而助推拉美各国的经济发展。近年间，中拉贸易呈“加速度”增长态势，双方合作格局也在快速由贸易向投资、金融等领域的合作扩展。在部分国家来说，中国已经超过美国成为其第一大贸易伙伴或者第一大出口目的国（包括智利、秘鲁、巴西等）。与此同时，中国的外交政策主张对

---

① 魏红霞，杨志敏：《中拉关系的发展对中美关系的影响——从美国政策的角度分析》，《拉丁美洲研究》2007－29（6）：第55页。

包括拉美在内的发展中国家予以偏重，这也在很大程度上影响着美国对相应国家地区的态度、政策。

（二）与美国关系：依附与离异

拉丁美洲国家与美国之间的关系，可以从19世纪初算起，至今已经两个世纪有余。对于美拉双方来说，彼此都是除去欧洲殖民宗主以外最早建立联系的国家/地区。对于与美国之间的关系，拉美国家长期以来处于在政治、经济乃至社会文化等各个领域的依附地位，同时又基于对这一依附关系的深刻认识，以及其他相关因素影响，始终对美国怀有离异之心。拉美与美国之间的依附与离异，正如墨西哥前总统波菲里奥·迪亚斯留下的名言："离上帝太远，离美国却太近"。

拉美与美国之间的关系，一直以来都是由美国的政策导向为宰制，而拉美始终处于被动应对的境地。因此，双方关系发展基本可以按照美国对拉美政策的衍变梳理为一条具有沿承性的线索——

19世纪拉美地区逐步取得独立以来，美国对拉美的政策主要以"门罗主义"为原则方向，申明不会介入新成立国家的事务，同时也要求欧洲国家不予参与，实际上以"不干涉"实现了对其他势力介入拉美的排除；进入20世纪初期，美国对拉政策在"门罗主义"基调下进一步开始"罗斯福推定"为核心的介入干涉阶段，以一种"居高临下的家长式姿态表达华盛顿对南面那些没有在国家建设上取得多大建树的邻居们的所谓责任"①，以此作为美国介入拉美的合法化阐释；20世纪30年代开始，美国的对拉政策又转向新的"睦邻政策"，提出"在政治上任何美洲国家不应干涉另一个美洲国家的内政，在经济上奉行美洲国家之间的互惠贸易政策"②，标志着美国面向拉丁美洲的扩张政策的改变，以垄断组织为先头的经济封锁、财政压力、策划阴谋等手段推行的隐蔽扩张，代替以往直接公开干涉拉美国家内政，甚至出兵进行武力干涉的做法；二战结束进入冷战时期，美国再改不干涉为选择性干涉，以"进步联盟"为指导思想，旨在防止共产主义的蔓延，同时确保美国的领导地位，在拉美地区大力扶持右翼势力的同时压抑扼杀左翼政治力量；随着苏联解体标志冷战终结，美国开始以"华盛顿共识"

---

① ［墨］罗兰多·加西亚·阿隆索（墨西哥驻上海总领事）：《美国的没落与中国拉美战略》，《东方早报》，2012－6－22，A15版。

② 张文峰：《从门罗宣言到"睦邻政策"——兼论美国对拉丁美洲政策的指导思想》，《拉丁美洲研究》，1986（4）：第61页。

引导拉美国家向自由主义转变，一边力主市场经济改革，一边推行民主政治改革；“9·11”事件之后，小布什政府将外交政策的重点集中放在以“反恐”为核心的对外战略，实行带有强烈的扩张性和侵略性的“新保守主义”对拉政策，一方面继续推进自由贸易区的建设、加强民主化进程和扫毒战争的深入，另一方面也在拉美展开反恐斗争，同时对潜在的反美轴心“古巴—委内瑞拉”不断施加压力。但是在整体上，由于集中在中东地区的反恐战争频仍开展，拉美在一定程度上为美国所遗忘冷落，致使美拉关系一度降至历史最低，国际媒体称小布什主政的八年是美国“失去拉丁美洲的八年”；到奥巴马当选并再次连任，其少数族裔背景以及多边主义的政策主张，并且在选举过程中就提出改善美拉关系的承诺，一度使拉美国家对奥巴马时代的美拉关系充满期待。然而，现实却让美好的承诺大打折扣，一则对古巴的封锁仍未解除，改善人权、实行民主仍是卡在古巴脖子上的硬性手腕，二则洪都拉斯政变以及美国与哥伦比亚之间的军事协定，使得美国与拉美地区左翼国家关系进一步恶化。美拉关系的发展正如巴西总统卢拉所说，“奥巴马承诺与拉美开创建设性的关系，但此后什么也没有发生。”① 尽管奥巴马倡导多边主义的巧实力外交，但是在维护美国在拉美地区的霸权这一点上，奥巴马政府与其前任未有任何区别。

在这一美拉关系发展的脉络基础上，长期以来形成了拉美对美国在各个领域的依附关系。首先，拉美的经济发展在很大程度上依赖于国际市场特别是美国市场，美国利用它对市场和国际借贷机构的控制来影响拉美的政治，跨国公司在拉美的扩张常常左右拉美国家的政府及其政策。美国一直把持着拉美各国进口来源地和出口目的地的前两位，同时也是毫无争议的最大投资来源国；其次，美国输出其政治制度模式的最早目的地就是拉美国家。早在拉美独立革命时期，就有很多效仿美国的政治体制而建立自身国家机器的拉美国家，包括墨西哥等在内的拉美国家追随美国建立起共和民主制度，依照美国的独立宪法制定本国首部宪法，进而依样画圆的建立起联邦制国家组织和代议民主制的政府形式。随着拉美国家的进一步发展，美国对拉美的民主政治输出也更加积极多样；再次，美国对于拉美在制度体系和思想文化上的内在引力，是一种具有历史根源的深刻关联。从历史上来说，美国与拉美国家之间具有相似的殖民地经历和文化上的同宗同源，具有同样的多样性、开放性特征。交流上的方便性再加之地理上的接近性，拉美首

① 贺双荣：《拉丁美洲国家对外关系的变化与调整》，《拉丁美洲研究》，2010－32（1）：第16页。

当其冲地成为受美国大众文化冲击的地区，影响力也尤为深远。更重要的是，美国长期以来将“扫盲”作为援助拉美发展的重要内容之一，在拉美地区大量投入用以建设推广教育培训，从而使美国化的思想文化在拉美各国扎根立足；与此同时，美国也是拉美各国侨民的首要居住国。这一方面是美国的生活方式、经济水平、思想文化等方面对拉美产生内向引力的结果，另一方面也进一步增强了拉美国家与美国之间的现实联系。

然而从另一个角度来看，美国对拉美的政策始终秉承霸权主义的强权思想和实用主义为核心的基本政策，将拉美地区视为自己的“后院”，对拉美国家施以控制、干涉。对这一事实的深刻了解和不断验证，使得拉美国家在根本上对美国抱持一种离异态度。其中有几个要素，是近年来拉美地区产生非美倾向的主要动因，包括：其一，美拉两头趋冷，双边关系渐行渐远。美国的全球战略重心始终不在拉美，只是需要一个稳定的后院，以便使其将精力集中于中东的反恐战争和向亚太地区的转移。然而对于拉美来说，随着经济平稳发展、国际地位上升，拉美国家需要进一步融入国际社会，因而积极通过多元化的对外关系，与亚太、印度、俄罗斯等地区及国家的关系取得不同程度的发展，但是与欧盟国家的关系处于暂时停滞，而与美国的关系则日渐趋冷。其二，马岛之争等涉及拉美与西方盟国之间矛盾冲突的事务，美国所作所为令拉美心寒。美国向来把与拉美国家的关系置于其西方盟国之后，每当两者发生纠纷时，美国通常都会介入并且站在西方盟国一边，这是拉美国家对美国离心倾向逐步增大的主因之一。尽管在奥巴马任内，美国在马岛问题上有所松动，但也仍未做出令拉美满意的积极举动。① 其三，在制裁古巴、洪都拉斯军事政变和哥伦比亚军事协议等地区事务上，与拉美国家存在根本分歧。作为拉美第一个社会主义国家，古巴一直是美国的眼中钉，实施制裁打压已经长达半个世纪，尽管受到整个拉美地区的一致反对，美国仍旧一意孤行，使得双方分歧日深乃至彼此对立。2009 年 6 月 28 日，洪都拉斯发生军事政变，美国以“默许支持”的方式实现对非美倾向的塞拉亚政府的“合法变更”，充分暴露其表面倡导民主政治实则扶持亲美势力的行径，令拉美各国深

① 在马岛之争这一问题上，美国向来支持英国，并且在 20 世纪 80 年代的阿英马岛战争中为英国提供军事帮助。2010 年以来，奥巴马政府首次表明不干涉并且在阿英之间倾向于采取中立与平衡的立场。评论认为，美国虽未公开支持阿根廷，但将马岛之争视为外交纠纷，本身就是对于英国对马岛具有主权的否定，实际上体现了美国立场的转变。参见李紫莹：《奥巴马政府拉美政策评析》，《国际问题研究》，2010（6）：第 54 页。

表不齿。同年10月30日，美国与哥伦比亚签署军事协议，确定美国将在哥伦比亚建立军事基地并派驻军队，此举受到拉美国家的强烈反对，认为美国在哥驻军是为了在必要时对有关国家进行军事干涉和入侵，是对拉美国家独立、主权和安全的威胁。其四，与拉美国家之间的关联矛盾未获有效解决，双方关系更趋紧张。美国与拉美国家之间的关联矛盾包括缉查毒品、武器禁运和移民问题，然而美国政府在这三个问题上都未能取得正面成效。2011年10月初，属于亲美右翼派别的墨西哥总统卡尔德龙公开指责美国政府，“美国人需要在哪些方面与墨西哥合作呢？减少毒品消费是一方面，但是他们没有做到这一点；其次是阻止武器流入墨西哥，但流入的武器没有减少反而增多了。”① 另外在移民问题上，奥巴马虽曾承诺进行移民改革，但是出于安全考量，美国的移民政策日趋严厉，多个州府出台了新的移民法，同时也加大了对非法移民的打击及遣返力度。加之美国经济衰退，对移民的吸引力也出现下降。

（三）与中国关系：遥远又切近

在阐述中国与拉丁美洲之间的关系时，学界经常以“源远流长”来做总评，将两者关系追溯到数千年前，以公元5世纪中国僧人东渡墨西哥为肇始，并且就此问题形成了“华夏同源说”和“自我发展说”两个对拉丁美洲古代文明缘起的学术派别。且不说各派就“扶桑国”归属与“殷人东渡”真伪等问题的争论始终未有定论，中国与拉丁美洲在历史上的联系，或者说华夏古文明对拉美古文明的影响只是间接的偶然个案，仅仅在拉美文化中留下稀薄而又朦胧的历史印记，例如样本报道的文本中就曾出现印第安民族服饰以“中国裙”为名，就是其中一则小例。

从历史上来看，中国与拉美之间的联系并非完全没有，但又长期以如此间接、迂回的形式存在。美洲的“发现”是偶然的，是伊比利亚人在寻找新航路，渴求与东方进行直接贸易的过程中意想不到的副产品。② 也可以说，从一开始，拉美就是闯入西方与东方之间的一个意外因子，而西方就此成为牵连中国与拉美之间的一根纤纤红线。在殖民地时期，拉美作为原料矿产以及金银财富的源地，成为了联系东方与西方的中继站点，在中国—菲律宾—墨西哥为核心的大三角贸

---

① 《巴西×墨西哥，拉丁美洲的双规样本》，《东方一周》，2012-6-8，2012（23）：第17页。

② ［美］E. 布拉德福德·伯恩斯，王宁坤译：《简明拉丁美洲史》，长沙：湖南教育出版社，1989年，第33页。

易圈基础上，构成联通亚洲、美洲和欧洲的世界性贸易循环。16 世纪至 18 世纪正是“中国热”席卷欧洲的年代，欧洲人对东方情调的追求同样感染着拉美的权贵阶层，使得中国情调的商品以及生活方式成为一时风尚。① 从 1573 年首航两艘中国大帆船抵达墨西哥阿卡普尔科港开始，横跨太平洋的大三角贸易持续长达 250 年。期间也有不少中国人抵达拉美，成为拉丁美洲最早的华人移民。商贸和人员的流动促成了中国与拉美之间的文化交流，也使拉美成为整个欧洲展开早期东方研究的资源基地。②

从 1949 年新中国成立以来，中国与拉美之间的关系实际上是从“负”开始逐渐发展起来的。早在辛亥革命之后，就有很多拉美国家出于对中国谋求民族独立的共和革命抱以同情，于 1913 年先后承认中华民国并与当时的国民政府建立关系。③到 1949 年时，败退台湾的国民党当局以“中国”的名义将民国时期建立的对拉美国家外交关系非法继承下来，并且在美国的支持扶助下大力拓展外交地盘，对中华人民共和国与拉美国家发展关系极力进行干扰和破坏。④ 直到目前为止，台湾地区在世界范围共有 23 个所谓“邦交国”，其中 12 个都在拉美地区。在 1949 前新中国成立后的最初 20 年间，由于台湾地区与拉美国家的“邦交关系”，加之美国从中作梗横加阻挠，对中国实行政治孤立、经济封锁和军事威胁的政策，而且拉美国家本身也对社会主义国家怀有意识形态性质的敌视成见，在很长时期内中拉之间都没有建立交流接触。可以说，中国与拉美之间的关系是在这样一种不及原点的“负象限”处境中艰难走过来的。

与此同时，中国与拉美同属“第三世界”，作为发展中国家，彼此之间具有“发展共识”作为关系发展的重要前提和推动要素。20 世纪 70 年代，第三世界国家上升成为国际舞台上一支不可忽视的力量，进一步要求建立国际政治经济新秩序。在 1971 年第 26 届联合国大会上，智利、秘鲁、厄瓜多尔、圭亚那、墨西

---

① 冯秀文：《中墨关系—历史与现实》，北京：社会科学文献出版社，2007 年，第 67 页。

② 大三角航线同时也作为学术资源和研究人员的流动集散渠道，将众多关于中国的资料文献汇聚到拉美地区（尤其是墨西哥），很多早年的欧洲学者就是在这里展开对东方的研究。1581 年，胡安·冈萨雷斯·德门多萨奉国王之命前往中国未果，最终在墨西哥搜集到大量相关资料，完成了著名的东方研究经典之作《中华大帝国史》。参见冯秀文：《中墨关系——历史与现实》，北京：社会科学文献出版社，2007 年，第 99 页。

③ 1913 年，巴西（4 月 9 日）、秘鲁（4 月 10 日）、墨西哥（5 月 2 日）、古巴（5 月 4 日）先后宣布承认中华民国，成为最早一批与国民政府建交的国家。

④ 程洪，李岩：《试论中拉关系中的台湾因素》，《江汉大学学报》（社会科学版），2011 – 28（5）：第 27 页。

哥、古巴、特立尼达和多巴哥等7个拉美国家投下赞成票，支持恢复中国在联合国的合法席位，并且于随后一年内纷纷同中国建交。80年代，邓小平在与拉美领导人的会面中提出，“希望太平洋时代、大西洋时代和拉美时代同时出现”，进而将中拉关系的核心定位在双方共同的“发展共识”。作为中国与拉美之间关系发展的主推力量，促进共同发展始终都是中国对拉美关系的核心思想。2008年11月，胡锦涛也在秘鲁国会的讲话中指出，“发展是中拉最为紧迫的任务，中国和拉美的发展都处于关键时期，也都是对方的发展机遇”，进而确立中拉关系要为“发展利益”服务是双方共同诉求的战略考量基准。对于拉美国家来说，它们从来不曾像现在这样感受到中国的发展与自身的发展如此密切相关。中国这个巨大的“潜在市场”一旦变为对拉美出口产品有着巨大需求的“现实市场”，就成为拉美国家发展的重要历史机遇。截至目前，中国已经成为拉美第二大贸易伙伴，是阿根廷、巴西等多个国家的主要出口目的地，共有16个拉美国家将中国列为排名前五的进口来源国。同时，中国也是拉美地区的第三大投资国，而拉美也已成为中国第二大海外投资目的地。①

然而相对来看，目前中拉关系拉近的主要因素是中国经济发展的引力所致，经贸金融领域的关系迅速拉近，中国在拉美形成“利益存在”的巨大形象，并且已经逐渐扩展到不同行业各个领域。与此同时，现阶段中拉双边关系的“跨越式发展”，在很大程度上也是借由美国与拉美关系波动趋冷的时机，加之金融危机和欧债危机的外部压力，促使中拉双方都在加紧探索对外合作的战略调整。拉美作为一个“战略大陆”和潜在的巨大市场对于中国的下一步发展和对外合作整体格局具有重要意义，同时拉美国家也意识到中国在全球经济增长乏力的背景下成为引领未来世界主要消费和生产趋势的极大可能。但是，经贸关系之中除了合作的成分也包含有竞争的一面，从而为双方关系增添了几分不确定性。与此同时，双边关系的整体发展缺乏战略基础和深刻的社会文化基础，导致中拉关系呈现出一条腿前进的不平衡性，在政治体制和社会文化领域依然存在巨大差距，彼此之间的交流理解不足，成为中拉关系中的结构性问题。这样一种建立在“利益”前提下，并且以经济为核心要素的双边关系，缺乏体制和文化上的共识基础，始终都具有极大的不稳定性和脆弱性。

为了改变这一现状，实际上中国方面已经在做出相应的努力，大力推动中拉双边关系在包括党际交往、军事交流、文化交流和科教合作在内的多领域全面发

① 吴白乙：《拉丁美洲和加勒比发展报告》（2011～2012），北京：社会科学文献出版社，2012年，第55页。

展，整体上可以总结为中国对拉美的“软实力”影响。2000年至2009年，共有90多位拉美国家元首、议长和政府首脑访问中国，中国领导人也访问了大约20个拉美国家，中国共产党也已与拉美地区的80多个政党建立起新型党际关系，并且长期保持密切往来，与巴西劳工党之间还建立了常规性的研讨会谈机制；双方之间的军事交流合作也取得提升进展，2011年内共有约十批次中国军事代表团访问多个拉美国家。中国三军仪仗队也继2010年赴墨西哥参加庆典活动之后，于2011年参加委内瑞拉的阅兵庆典；2011年与2012年，多个拉美国家先后进入与中国建交的40周年纪念，在相关主题的推动下，中国与各国彼此之间都举行了一系列纪念交流活动，包括历史、文化、艺术、教育等主题展览，还有在拉美各国陆续开展的“中国文化节”和“汉语桥”中文比赛等活动；此外，中国已与十多个拉美国家签署政府间科技合作协议，共同研制、发射科研通信卫星，建立科技实验基地。为推动人文交往，中国还与绝大多数建交国签署了文化和教育交流协议，并在墨西哥、巴西、智利等国共开设23家孔子学院和9个孔子课堂，教授汉语知识传播中国文化，并且为拉美各国学生提供赴华留学的机会和奖学金资助。与此同时，中国政府有关部门还组织邀请拉美媒体组成代表团，到中国来进行实地的考察访问。例如，国务院新闻办自2006年起，连续5年举办5期拉美国家媒体高级考察团，组织来自拉美各国主流媒体的社长、总编、总经理或国际部主任、高级编辑等来华访问。从2011年起每年连续举办拉美国家媒体新闻记者研修班，向来自拉美各国主要媒体的编辑记者介绍以中外新闻合作与发展为主，涉及政治、经济、文化和社会等领域的中国概况，访问中国政府有关部门和主要新闻媒体。除此以外，中国政府还与部分拉美国家签署新闻出版领域的交流合作备忘录，并且通过国内对外媒体与拉美媒体之间形成新闻信息交换共享的合作方式。

三、国际关系与中国形象——三边联动之中的牵拉效应

在多元的国际关系环境中，中国、拉美以及美国之间构成了动态联动的三边关系，其中又以中美关系为偏重、以美国为核心，而中拉关系的发展日益凸显，同时中国的影响力也在不断提升。对于拉美来说，与美国之间的关系尽管近年间处于趋冷态势，但在长期看来仍将保持重要地位，并且在一定时期之内仍将是中拉之间的掣肘力量。在这样的国际关系环境下，拉美对中国的形象认知，拉美媒体对中国形象的构建，都在各个层面上内含对这些特点的隐现。

1. 附庸跟随中的独立眼光

对于西方，尤其是美国，拉美国家长期处于依附地位，不仅在政治、经济以

及社会文化领域，在新闻传播方面更是如此。一方面西方媒体凭借自身的传播实力和话语强权，在国际新闻舆论场中占据中心主导地位，对包括拉美在内的边缘国家在议程设置和内容信息上都具有重要影响；另一方面，西方尤其是美国对拉美国家在各个领域的深刻影响，已经层层渗透入对国际事务和全球议题的观察、解读和立场中。然而，基于对这种依附关系的清楚认识，拉美国家及其媒体都在寻求站在拉美的基点来看待中国与世界的独立眼光。因而可以看到，拉美媒体对同一议题的报道既会体现出来自西方及美国的先导影响（包括报道议题选择上的跟随、观点思路以西为准先入为主等），同时也在力求从拉美的角度来进一步做出解析。

2. 寻求制衡中的对称平稳

在中国、拉美和美国的三边联动中，美国始终是最具影响力的一方。作为前庭的超级大国，已经成为遮蔽拉美后院的一个太过巨大的阴影，使得拉美的一举一动都难离美国的关切，而拉美也不得不在每举每动中隐含对美国态度的“关照”。对于拉美国家来说，它们在一只眼看着中国的同时，又不得不盯着美国的脸色。非但如此，实际上大多时候拉美都是在透过美国的荫翳来看中国及其周遭的整个世界。因此，拉美媒体投入很多精力和相当篇幅，关注美国政府的对外政策，尤其是美国提出亚太再平衡战略以来中美两国之间的力量制衡。作为夹在一个超级大国和一个上升准大国之间，同时又与双方都有深远利益关联的第三方，拉美对于双方关系衍变及其对世界格局的影响，投以绝对的密切关注。

3. 褪色的台湾与经济升调

长期以来，台湾问题是中拉关系发展中的一个关键制约。原因在于，台湾地区不仅在拉美拥有十数个忠实的“邦交国”，同时它也是中美关系中始终悬而不决的不稳定因子。在当前和较长时期内，中拉关系的“发展利益”中，台湾地区因素仍将是中国在拉美的核心利益，但因其具有多重复杂性，而且短期内难有实质性突破，正日趋转变为中国在拉美的“常规利益”①。尤其是近年间，两岸关系的日趋缓和并且朝向积极的发展变化，也促使台湾因素在中拉关系中的角色更趋淡化。拉美方面一直紧密关注台湾与大陆关系的变化，并且在媒体报道中对两岸关系的向好趋势抱以积极态度。另一方面，中拉双方业已形成涵盖贸易、投资和经济合作在内的全方位经贸合作伙伴关系，体现在媒体对中国的经济发展以

① 郑秉文，孙洪波，岳云霞：《中国与拉美关系60年——总结与思考》，《拉丁美洲研究》，2009－31（增2）：第13页。

及中拉经贸的全方位重点关注。中拉关系的重心转移，也在媒体报道中显露无遗。

4. 经济引力中的文化间距

目前，中国与拉美之间的全面合作伙伴关系定位于“以共同发展为主题，不断拓展经贸合作为重中之重”，并且双方在经贸领域的交流合作确实已经取得显著成就。然而，双方地理相距遥远、文化背景相异，彼此之间了解不足，所得信息又以间接二手为主，使得两边的文化间距在经贸来往堆砌的切身关系中尤为凸显。与此同时，中国在自身形象的自我认知和对外传播中，长期偏重以历史文化为核心、以宏大叙事为主题、以符号代表为重点的取向，这实际上与拉美地区的接收习惯存在差别。通过研究分析可知，拉美媒体对中国的关注更多聚焦于社会生活的现实层面，同时侧重于具有时代性、体现变化性的鲜活动态。在此过程中，双方之间的文化间距又进一步凸显，以致拉美媒体对中国形象的呈现折射为一面新奇、意趣而另一面传统、神秘的媒介景观。

5. 魅力效果初现仍待评估

近年来，从学术到政策层面，中国已经兴起一股增强国家“软实力”建设的热潮，尤其是面向包括拉美、非洲和东南亚在内的发展中世界。而且，在过去十年，中国已经制定实施了一系列针对拉美国家的“软实力”建设策略，包括双方政府层面、学术业界以及新闻媒体的交流共建。从现阶段来看，中国对拉美国家的“软实力”影响在一定程度上有所收效，并且在覆盖面上也已实现逐步扩大。正如国际媒体协助中心报告所述，中国在这些国家地区越来越积极的承担起媒体塑造者（media molder）、信息内容和媒介技术的提供者（content provider and technology contributor）、新闻信息传播者（news broadcaster）以及国际舆论的参与者（international viewer）。[①]在分析过程中，也的确看到参与中国方面组织的考察访问活动，使得《改革报》评论编辑对于中国的认知有所加深，并且此间采写的报道中也体现了对中国发展成就的肯定、对中国人文自然风物的赏叹。但是，作为一个长期性的对外传播战略，中国的“软实力”影响在整体上、长期上的效果仍未明了，有待进一步的评估。

① Douglas Farah, Andy Mosher: Winds from the East: How the People's Republic of China Seeks to Influence the Media in Africa, Latin America and Southeast Asia.

结　语

萨特在《存在与虚无》的“他人的存在”一章中，详细分析了他人构成自我存在的意识过程，“通过他人显现本身，我才能像对一个对象做判断那样对我本身作判断”，而且“他人不只是向我揭示了我是什么：他还在一种可以支持一些新的质定的新的存在类型上构成了我”①。萨特在个人心理经验层次上分析的“自我—他人”问题，在不同民族文化之间彼此对照的经验上也同样适用。一个民族只有在感觉到其他民族的“注视”时，才能意识到自身文化的意义。要确定“我们”自身的存在，要明白“我们”自己及周围世界的特性，或者说，要获得关于中国本身和中国文化的相关认知，须得通过辨别彼此他我才能得以实现。

实际上，不论是东方还是西方，抑或传统东西方划分之外的其他任何一方，都已“显示出对不同文化和种族背景下的其他人群描述的共同特性；民族志的研究也已论证了民族认同的界定不仅是从同种族的共同特征中产生，也从其他民族或族群中得出，这时的民族认同只有在与‘其他的族群’比较时才有意义”，任何国家民族文化对外部世界的形象塑造及其内在化趋势，都应该被视做后现代和后殖民时代文化交流的不断演化的过程，因而“相互之间的论说和映射性的隐喻都是全球互动的组成部分，它最终加强人类对世界和自我的更全面的了解”②。这一观点，不仅阐释了拉美观察中国时的视角立足，同时也为中国如何看待拉美望向自身的眼光提供了一个注解。

在寻求文化自觉与自我认同的过程中，拉美与中国都需要在彼此的对照下形成对自身的认知和判断。古希腊先哲柏拉图在一篇名为《巴门尼德斯》的艰深对话中，将这一点讲得十分明白：“如果我们谈到非我，那么非我的事物必然是

① ［法］萨特，陈宣良等译：《存在与虚无》，北京：三联书店，2007 年，第 283 页。
② 周宁：《世界之中国：域外中国形象研究》，南京：南京大学出版社，2007 年，第 370 页。

不同的，‘非我’和‘不同’乃同物异名。”① 两者之间彼此对照的关系，不一定是“否定他者以实现自我”的相互对立，也可以是在对“我”与“非我”之间的“不同”展开认识的基础上，实现接触、交流乃至理解。以一种强调同一与连续的态度，协调不同国家、不同文明之间的互动关系，强调不同种属、不同民族和多样文明之间的“跨文化空间”或“跨文化公共空间”的发展动力。不同国家、文明之间的分野，不仅是相互对立与排斥的过程，同时也是超越界限、互通有无、互渗融会的过程。

借由对《改革报》涉华报道的分析研究，本文期望可以建立这样一种拉美与中国之间的认知交流。了解总是越多越好，对于彼此之间相互了解的机制，同样也是了解越多越好。在跨文化的间性伦理中，将其他国家/文化作为另一个自我，在相互沟通、理解、渗透和建构中，进一步激发各自及共同的创造力，构筑一个同一共性与多元间性并举的和谐世界。

① ［美］史景迁，廖世奇，彭小樵译：《文化类同与文化利用——世界文化总体对话中的中国形象》（北大演讲录），北京：北京大学出版社，1990 年，第 153 页。

参考文献

1. Antonio Checa – Godoy: Historia de la Prensa en Iberoamericana. Sevilla, Espa? a: Ediciones Alfar, 1993.

2. Anthony D. King: Culture, Globalization and the World – system: Contemporary Conditions for the Representation of Identity. Minneapolis: University of Minnesota Press, 2000.

3. Carola McGiffert: Chinese Soft Power and Its Implication for the US: competition and cooperation in the developing world. Washington: Center for Strategic and International Studies, 2009.

4. Chappell H. Lawson: Building the Fourth Estate, Democratization and the Rise of a Free Press in Mexico. California: University of California Press, 2002.

5. Chris Barker, Dariusz Galasinski. Cultural Studies and Discourse Analysis: a Dialogue on Language and Identity. London: SAGE publications, 2001.

6. Christoph Riess: World Press Trends 2011, 63rd World Newspaper Congress, 2012.

7. Claude Moisy: The Foreign News Flow in the Information Age. Harvard University, 1996.

8. D' Hooghe Ingrid: The limits of China' s soft power in Europe: Beijing' s public diplomacy puzzle. Netherlands Institute of International Relations, 'CLINGENDAEL', 2010.

9. Daniel C. Hallin, Paolo Mancini: Comparing Media Systems, Beyond the Western World. Cambridge: Cambridge University Press, 2012.

10. Daniel Vickers: A Companion to Colonial America, Maldon: Blackwell Publishing, 2006.

11. Douglas Farah, Andy Mosher: Winds from the East: How the People' s Republic of China Seeks to Influence the Media in Africa, Latin America and Southeast Asia. Washington: Center for International Media Assistance, 2010.

12. Douglas Farah: Confronting the News: The State of Independent Media in Latin America. Center for International Media Assistance (CIMA). Project Report of National Endowment for Democracy. June 28, 2011. http: //cima. ned. org.

13. Eduardo Mendieta: Global Fragments: Latinamericanisms, Globalizations and Critical Theory. New York: State University of New York Press, 2007.

14. Elizabeth Fox, Silvio Waisbord: Latin Politics, Global Media. Texas: University of Texas Press, 2002.

15. Enrique Dussel Peters: Implications of China' s Recent Economic Performance in Mexico. Berlin:

FES Breifing Paper, 2005.

16. Enrique Dussel, Yolanda Trúpaga: China y México: Implicaciones de una Nueva Relación. Mexico: La Jornada, 2007.

17. Eugenio Anguiano: China contemporanea: la construccion de un pais, desde 1949. Mexico: El Colegio de Mexico, Centro de Estudios de Asia y Africa. Programa de Estudios APEC, 2001.

18. Eva Paus, Penelope B. Prime: Global Giant: Is China Changing the Rules of the Game? New York: Palgrave Macmillan, 2009.

19. Fernando Henrique Cardoso, Enzo Faletto: Dependency and Development in Latin America. Translated by Marjory Mattingly Urquidi. Berkeley: University of California Press, 1979.

20. Fernando Ignacio Leiva: Latin American Neostructuralism: the contradictions of Post – Neoliberal Development. Minneapolis: the University of Minnesota Press, 2008.

21. Gerardo Otero: Mexico in Transition: Neoliberal Globalism, the State and Civil Society. London: Zed Books, 2004.

22. Hamid Mowlana: International Flow of Information, A Global Report and Analysis, for UNESCO, 1985.

23. International Association of Mass Communication Research with UNESCO: Foreign News in the Media, International Reporting in 29 Countries, 1985.

24. Jairo LugoOcando: The Media in Latin America. New York: Open University Press, 2008.

25. Javier Santiso: The Visible Hand of China in Latin America. Development Center of the Organization for Economic Co – operation and Development.
www. sourceoecd. org/development/9789264027961.

26. John E. Richardson: Analyzing Newspapers: an Approach from Critical Discourse Analysis. New York: Palgrave Macmillan, 2007.

27. Jose Salvador Meza Lora: El Rol de Las Instituciones en Las Grandes Transformaciones Del Sector Industrial en China Durante la Reforma Económica. Mexico: UABC, 2006.

28. Joseph R. Biden, Jr.: China's Foreign Policy and "Soft Power" in South America, Asia and Africa. Washington: US. Government Printing Office. April, 22th 2012. http: //www. gpoaccess. gov/congress/index. html.

29. Josua Copper Ramo: Brand China（淡色中国）. Foreign Policy Center（UK）, 2007.

30. Juan Gonzalez Garcia: La Politica Economica en Mexico y China. Mexico: Porrula Miguel Angel, 2009.

31. Katherine Koleski: Backgrounder: China in Latin America, 2011. US – China Economic & Security Review Commission: May, 2011.

32. Kevin Gallagher, Roberto Porzecanski: The Dragon in the Room: China and the Future of Latin A-

merican Industrialization. Stanford: Stanford University Press, 2010.
33. Leonardo Ferreira: Centuries of Silence: the story of Latin American journalism. Westport CT: Praeger Publishers, 2006.
34. Leslie Bethell: The Cambridge History of Latin America, Volume VI, London: Cambridge University Press, 1994.
35. Michael B. Salwen, Bruce Garrison: Latin American Journalism. New Jersey: Lawrence Erlbaum Associates, ltd. 1991.
36. Mieke Bal: Narratology: Introduction to the theory of Narrative (Second Edition). Toronto: University of Toronto Press, 1997.
37. Monica Medel: Journalism in Times of Threats, Censorship and Violence. Austin: Knight Center for Journalism in the Americas, 2010.
38. Nicolas Kanellos: Hispanic Periodicals in the United States, Origins to 1960: a brief history and comprehensive bibliography. Houston: Arte Publico Press, 2000.
39. Osvaldo Rosales, Mikio Kuwayama: China and Latin America and the Caribbean: Building a strategic economic and trade relationship. UN – ECLAC, Santiago: 2012.
40. Peadar Kirby: Introduction to Latin America: Twenty – First Century Challenges. London: SAGE Publications, 2003.
41. Pew Research Center: Global Opinion of Obama Slips. InternationalPolicies Faulted. June 13, 2012.
42. Rhys Jenkins, Enrique Dussel Peters: China and Latin America: Economic relations in the 21st century. German Development Institute: 2009.
43. Richard R. Cole: Communication in Latin America: Journalism, Mass Media, and Society. Wilmington: Rowman & Littlefield, 1996.
44. Riordan Roett, Guadalupe Paz: China's Expansion Into the Western Hemisphere: Implications for Latin America and the United States. Washington, D. C.: Brookings Institution Press, 2008.
45. Robert T. Buckman: The World Today Series: Latin America 2012. Maryland: Rowman & Littlefield, 2012.
46. Sallie Hughes: Newsrooms in Conflict, Journalism and Democratization of Mexico. Pittsburgh: University of Pittsburgh Press, 2006.
47. Sergio M. Cesarin, Carlos Moneta: China y America Latina: Nuevos Enfoques sobre Cooperation Desarrollo, Una Segunda Ruta de la Seda? Buenos Aires: BID – INTAL, 2005.
48. Thomas F. O'Brien: Making the Americas: the United States and Latin America from the Age of Revolutions to the Era of Globalization. Albuquerque: University of New Mexico Press, 2007.
49. Tim Weiner: Mexico Ending Coziness for Press and Powerful, New York Times, Oct 29, 2000.
50. William A. Orme, Jr.: A Culture of Collusion, An Inside Look at the Mexican Press. Miami: North

– South Center Press, 1997.

51. Andres Valdez Zepeda, Rogelio Rivera Fernandez: Obama, en la Prensa Latinoamericana. *Revista Latin de Comunicacion Social*, 2009 (3): PP. 120 ~ 126.

52. Ariel C. Armony: A View from Afar: How Colombia Sees China. *The China Quarterly*, 2012 (3) 209: PP. 178 ~ 197.

53. Ariel C. Armony, Julia C. Strauss: From Going Out (zouchuqu) to Arriving In (desembarco): Constructing a New Field of Inquiry in China – Latin America Interactions, *The China Quarterly*, 2012 (3): 1 ~ 17.

54. Claudia Melado Ruiz: Periodismo en Latinoamerica: Revision historica y propuesta de un modelo de analisis. *Comunicar*, 2009 – 33 (17): PP. 193 ~ 201.

55. Cronologiá del Periodismo Centroamericano. *Revista Conservadora*, 1967 – 1 (76): PP. 2 ~ 6.

56. Cynthia Baur: The Foundations of Telegraphy and Telephony in Latin America. *Journal of Communication*, 1994 – 144 (4): PP. 9 ~ 25.

57. Dra. Montserrat Jurado Martin: La Investigacion Academica Sobre Periodismo en Mexico: una Mirada critica. *Revista de Communicacion*, 2010 (1): PP. 141 ~ 157.

58. Gonzalo Sebastian Paz: Cambio y contitnuidad en las relaciones de China con América Latina a principios del siglo XXI. *Revisa Iberoamericana de Estudios de Asia Oriental*, 2007 (1): PP. 53 ~ 75.

59. John P. Sullivan: Attacks on Journalists and "New Media" in the Mexican Drup War: A Power and Counter Power Assessment. *Small Wars Journal*, 2011(4). www. smallwarsjournal. com.

60. José Luis Benavides: Gacetilla, a keyword for a revisionist approach to the political economy of Mexico's print news media. *Media Culture Society*, 2000 – 1 (22): PP. 85 ~ 104.

61. Kenneth E Boulding: National Images and International Systems. *Journal of Conflict Resolution*, 1959 – 3 (2): PP. 120 ~ 131.

62. Kevin Gallagher: China Matters: China's Economic Impact in Latin America. *Latin American Research Review*. Vol. 43, No. 1, 2008: PP. 185 ~ 200.

63. Lye Liang Fook: China's Media Initiatives and Its International Image Building. *International Journal of China Studies*. Vol. 1, No. 2, 2010: PP. 545 ~ 568.

64. Ole R. Holsti: The Belief System and National Images: A Case Study. *Journal of Conflict Resolution*, 1962 – 6: PP. 244 ~ 252.

65. Piet Bakker: The Rise of Free Daily Newspapers in Latin America. *Revista de Comunicación*, 2012 (11): PP. 129 ~ 149.

66. R. Evan Ellis: Chinese Soft Power in Latin America: a case study. Washington: NDU Press, 2011 (60): PP. 85 ~ 91.

67. Richard Feinberg：China，Latin America and the US：congruent interest or tectonic turbulence? *Latin AmericanResearch Review*. 2011 – 46（2）：PP. 215 ~ 224.

68. Robert M. Entman：Framing – Towards Clarification of a Fractured Paradigm. *Journal of Communication*，1993 – 43（4）：PP. 51 ~ 58.

69. Silvia Hurtado Gonzalez：Prentsa espaicol eta hispanoamerikarraren titularren hainbat berezitasun. *Zer*：2009 – 14（27）：PP. 189 ~ 202.

70. ［巴西］费尔南多·恩里克·卡多佐，恩佐·法勒托，单楚译：《拉美的依附性及发展》，北京：世界知识出版社，2002 年。

71. ［德］克敏，牛海彬：《中国、欧盟与拉美：当前议题与未来合作》，上海：上海人民出版社，2011 年。

72. ［德］赖纳·特茨拉夫，吴志成，韦苏译：《全球化压力下的世界文化》，南昌：江西人民出版社，2001 年。

73. ［德］尤尔根·哈贝马斯，曹卫东译：《包容他者》，上海：上海人民出版社，1996 年。

74. ［荷］梵·迪克，曾庆香译：《作为话语的新闻》，北京：华夏出版社，2003 年。

75. ［美］艾·巴·托马斯，寿进文译：《拉丁美洲史》（全四册），北京：商务印书馆，1973 年。

76. ［美］爱德华·W. 萨义德，王宇根译：《东方学》，北京：三联书店，2007 年。

77. ［美］戴维·阿什德，邵志择译：《传播生态学：控制的文化范式》，北京：华夏出版社，2003 年。

78. ［美］黛博拉·布罗迪加姆，沈晓雷，高明秀译，：《龙的礼物：中国在非洲的真实故事》北京：社会科学文献出版社，2012 年。

79. ［美］丹尼尔·C. 哈林，［意］保罗·曼奇尼，婵娟，展江等译：《比较媒介体制》，北京：中国人民大学出版社，2011 年。

80. ［美］丹尼尔·伯斯坦，阿恩·德凯基，孙英春等译：《巨龙——商业、经济和全球秩序中的中国未来》，北京：东方出版社，1998 年。

81. ［美］法里德·扎卡利亚，赵广成，林民旺译：《后美国世界：大国崛起的经济新秩序时代》，北京：中信出版社，2009 年。

82. ［美］加布里埃尔·A. 阿尔蒙德等，杨红伟等译：《当代比较政治学：世界视野》，上海：上海人民出版社，2010 年。

83. ［美］加布里埃尔·A. 阿尔蒙德等，徐湘林等译：《公民文化——五个国家的政治态度和民主制》，北京：东方出版社，2008 年。

84. ［美］迈克尔·迈耶，威廉·H. 毕兹利，复旦人译：《墨西哥史》（上、下册），北京：东方出版中心，2012 年。

85. ［美］派克斯，瞿菊农译：《墨西哥史》，北京：三联书店出版，1957 年。

86. ［美］乔纳森·弗里德曼，郭建如译：《文化认同与全球性过程》，北京：商务印书馆，2003 年。
87. ［美］乔舒亚·库珀·雷默，沈晓雷译：《中国形象——外国学者眼里的中国》，北京：社会科学文献出版社，2008 年。
88. ［美］塞缪尔·亨廷顿，周琪等译：《文明的冲突与世界秩序的重建》，北京：新华出版社，1998 年。
89. ［美］斯蒂文·约翰，史安斌译：《传播理论》，北京：华夏出版社，1999 年。
90. ［墨］卡洛斯·安东尼奥·阿居累·罗哈斯，王银福译：《拉丁美洲——全球危机和多元化文化》，济南：山东大学出版社，2006 年。
91. ［乌拉圭］爱德华多·加莱雅诺，王玫译：《拉丁美洲——被切开的血管》，北京：人民文学出版社，2001 年。
92. ［印］雷蒙·潘尼卡，王志成，思竹译：《宗教内对话》，北京：宗教文化出版社，2001 年。
93. ［英］丹尼斯·麦奎尔，斯文·温德尔，祝建华，武伟译：《大众传播模式论》，上海：上海译文出版社，1987 年。
94. ［英］莱斯利·贝瑟尔，胡毓鼎等译：《剑桥拉丁美洲史》（第 4 卷），北京：社会科学文献出版社，1992 年。
95. ［英］雷蒙·威廉斯，刘建基译：《关键词：文化与社会的词汇》，北京：三联书店，2005 年。
96. ［英］马丁·雅克，张莉，刘曲译：《当中国统治世界：中国的崛起和西方世界的衰落》，北京：中信出版社，2010 年。
97. ［英］齐亚乌丁·萨达尔，马雪峰，苏敏译：《东方主义》，长春：吉林人民出版社，2005 年。
98. ［英］詹姆斯·卡伦，［韩］朴明珍，卢家银等译：《去西方化媒介研究》，北京：清华大学出版社，2011 年。
99. 陈力丹：《世界新闻传播史》，上海：上海交通大学出版社，2002 年。
100. 陈霖，陈一：《事实的魔方》，北京：中国书籍出版社，2011 年。
101. 董经胜，高岱：《拉丁美洲的殖民化与全球化》，南昌：江西人民出版社，2010 年。
102. 冯秀文：《中墨关系—历史与现实》，北京：社会科学文献出版社，2007 年。
103. 高岱，郑家馨：《殖民主义史·总论卷》，北京：北京大学出版社，2003 年。
104. 管文虎：《国家形象论》，成都：电子科技大学出版社，2000 年。
105. 韩琦：《世界现代化进程·拉美卷》，南京：江苏人民出版社，2009 年。
106. 郝名玮，徐世澄：《拉丁美洲文明》，莆田：福建教育出版社，2008 年。
107. 何纯：《新闻叙事学》，长沙：岳麓书社，2006 年。

108. 洪育沂：《拉美国际关系史纲》，北京：外语教学与研究出版社，1996 年。
109. 李春辉：《拉丁美洲史稿》（上册），北京：商务印书馆，1983 年。
110. 李阳：《博弈与合作——冷战后墨美双边与媒体关系》，北京：中国传媒大学出版社，2010 年。
111. 李智：《中国国家形象：全球传播时代建构主义的解读》，北京：新华出版社，2011 年。
112. 刘继南，何辉：《中国形象——中国国家形象的国际传播现状与对策》，北京：中国传媒大学出版社，2006 年。
113. 刘文龙：《墨西哥通史》，上海：上海社会科学院出版社，2008 年。
114. 刘文龙：《墨西哥——文化碰撞的悲喜剧》，杭州：浙江人民出版社，1990 年。
115. 刘笑盈：《国际新闻学——本体、方法和功能》，北京：中国广播电视出版社，2010 年。
116. 刘笑盈：《中外新闻传播史》，北京：中国传媒大学出版社，2007 年。
117. 陆俊国，金计初：《拉丁美洲资本主义发展》，北京：人民出版社，1997 年。
118. 罗志田，葛小佳：《东风与西风》，北京：生活·读书·新知三联书店，1998 年。
119. 明安香：《全球传播格局》，北京：社会科学文献出版社，2006 年。
120. 钱明德，金计初：《拉美文化与现代化》，沈阳：辽海出版社，1999 年。
121. 苏振兴，蔡同昌：《拉丁美洲和加勒比发展报告（2009～2010）——拉美的信息产业》，北京：社会科学文献出版社，2010 年。
122. 苏振兴，宋晓平，高川：《中拉关系 60 年：回顾与思考》（上、下），北京：当代世界出版社，2010 年。
123. 苏振兴：《拉丁美洲和加勒比发展报告》（2008～2009），北京：社会科学文献出版社，2009 年。
124. 索飒：《丰饶的苦难——拉丁美洲笔记》，昆明：云南人民出版社，1998 年。
125. 王岳川，胡淼森：《文化战略》，上海：复旦大学出版社，2010 年。
126. 吴白乙：《拉丁美洲和加勒比发展报告》（2011～2012），北京：社会科学文献出版社，2012 年。
127. 徐世澄：《拉丁美洲现代思潮》，北京：当代世界出版社，2010 年。
128. 徐世澄：《美国和拉丁美洲关系史》，北京：社会科学文献出版社，1995 年。
129. 曾庆香：《新闻叙事学》，北京：中国广播电视出版社，2005 年。
130. 展江，张金玺等：《新闻舆论监督与全球政治文明：一种公民社会的进路》，北京：社会科学文献出版社，2007 年。
131. 张凡：《当代拉丁美洲政治研究》，北京：当代世界出版社，2009 年。
132. 张家哲：《拉丁美洲——从印第安文明到现代化》，北京：中国青年出版社，1999 年。
133. 张旭东：《全球化时代的文化认同——西方普遍主义话语的历史批判》，北京：北京大学出版社，2006 年。

134. 张允若：《外国新闻事业史教程》，北京：高等教育出版社，2003 年。
135. 张蕴岭：《中国与世界——新变化、新认识与新定位》，北京：中国社会科学出版社，2011 年。
136. 张志安，叶柳：《中国怎么样—驻华外国记者如何讲述中国故事》，广州：南方日报出版社，2009 年。
137. 郑超然：《外国新闻传播史》，北京：中国人民大学出版社，2000 年。
138. 郑永年：《中国民族主义的复兴：民族国家向何处去?》香港：三联书店，1998 年。
139. 周宁：《跨文化研究：以中国形象为方法》，北京：商务印书馆，2011 年。
140. 周宁：《世界之中国：域外中国形象研究》，南京：南京大学出版社，2007 年。
141. 朱鸿博，江时学，蔡同昌：《国际新格局下的拉美研究》，上海：复旦大学出版社，2007 年。
142. 朱鸿博：《冷战后美国的拉丁美洲政策》，上海：上海辞书出版社，2007 年。
143. ［哥］卡莲娜：《从拉美媒介的角度来看中国新华社的影响力——以哥斯达黎加媒体为例》【硕士学位论文】，上海：复旦大学，2012 年。
144. ［墨］罗兰多·加西亚·阿隆索（墨西哥驻上海总领事）：《美国的没落与中国拉美战略》，《东方早报》，2012－6－22，A15 版。
145. ［墨］乔西：《墨西哥记者的成名之路》，《新闻界》，2008（6）：第 167～169 页。
146. ［墨］乔西：《中国在墨西哥〈劳动报〉上的形象呈现》，《新闻传播》，2011（4）：第 201～203 页。
147. 陈菁菁：《中国形象：拉美地区跨文化传播研究——以墨西哥、古巴孔子学院为例》【硕士学位论文】，上海：复旦大学，2014 年。
148. 陈丽：《中国国家形象的塑造：南方讲话的当代启示》，《宁夏党校学报》，2012－14（4）：第 13～16 页。
149. 程洪，李岩：《试论中拉关系中的台湾因素》，《江汉大学学报》（社会科学版），2011－28（5）：第 26～31 页。
150. 崔保国：《理解媒介生态学》，《全球信息化时代的华人传播研究研讨会论文集》，2003 年。
151. 戴莹，丁梦希：《央视西语频道在秘鲁的认知度及期待度调查报告》，《电视研究》，2009（8）：第 40～41 页。
152. 顾钢：《论南欧和拉美国家的政治侍从媒体》，《辽宁行政学院学报》，2010－12（12）：第 174～176 页。
153. 郭存海：《中国的国家形象构建：拉美的视角》，《拉丁美洲研究》，2016－38（5）：第 43～58页。
154. 贺双荣：《拉丁美洲国家对外关系的变化与调整》，《拉丁美洲研究》，2010－32（1）：第

16～19页。

155. 贺双荣：《文化产业与国际形象：中拉合作的可能性——以影视产业合作为例》，《拉丁美洲研究》，2015－37（4）：第40～44页。

156. 洪国起：《“拉美人民将一起创造新的历史”——对墨西哥“团结峰会”发出时代强音的历史解读》，中国拉丁美洲史研究会第17届年会暨“纪念拉美独立200周年”学术讨论会论文集，2010－10－16。

157. 洪文军：《〈纽约时报〉（2000－2009）中国军事报道与解放军形象塑造研究》【博士学位论文】，北京：中国传媒大学，2010年。

158. 李菡：《浅析拉美的另类媒体：以南方电视台为例》，《拉丁美洲研究》，2011－33（3）：第49～53页。

159. 李黎丹：《西班牙语电视市场的巨擘：行进中的墨西哥Televisa集团》，《中国电视》，2007（11）：第72～75页。

160. 李五洲：《贴近彼此、减少误读》，《对外传播》，2009（12）：第27～28页。

161. 李阳：《拉美媒体在社会发展中的作用及中拉媒体合作》，《拉丁美洲研究》，2016－38（3）：第129～140页。

162. 李紫莹：《奥巴马政府拉美政策评析》，《国际问题研究》，2010（6）：第53～57页。

163. 刘晓陆：《墨西哥报业概况》，《国际新闻界》，1984（1）：第33～36页。

164. 栾昀：《中国电影跨文化传播对国家形象建设的作用——以拉美市场为例》，《徐州工程学院学报（社会科学版）》，2017－32（1）：第89～93页。

165. 马洪超，郭存海：《中国在拉美的软实力：汉语传播视角》，《拉丁美洲研究》，2014－36（6）：第48～54页。

166. 闵勤勤：《试论拉美媒体在反腐败中的作用及其局限性》，《拉丁美洲研究》，2007－29（6）：第29～36页。

167. 冉继军：《中国在拉丁美洲的软实力建设》，《拉丁美洲研究》，2014－36（3）：第35～39，55页。

168. 任道远：《加拿大、墨西哥新闻出版业印象》，《出版发行研究》，2004（11）：第70～75页。

169. 邵培仁：《传播生态规律与媒介生存策略》，《新闻界》，2001（5）：第26～29页。

170. 邵培仁：《论媒介生态的五大观念》，《新闻大学》，2001（冬）：第20～22页。

171. 佘家金：《管窥墨西哥媒体》，《新闻战线》，2009（6）：第94～96页。

172. 施芝鸿：《憧憬与奋斗：关于新中国的国家形象》，《人民日报》，2009－7－16（7）。

173. 宋晓丽，韩召颖：《中国对拉美公共外交的演进、活动与效果》，《拉丁美洲研究》，2017－39（3）：第123～139页。

174. 童兵：《入世一年的中国传媒市场新格局》，《新闻记者》，2003（1）：第16～17页。

175. 王现江：《中国在非洲的国家形象：现状、问题与构建》【硕士学位论文】，武汉：华中师范大学，2011 年。
176. 王晓德：《关于拉美历史上“考迪罗”统治形式的文化思考》，《政治学研究》，2004（3）：第 31 ~ 40 页。
177. 魏红霞，杨志敏：《中拉关系的发展对中美关系的影响——从美国政策的角度分析》，《拉丁美洲研究》，2007 - 29（6）：第 50 ~ 55 页。
178. 吴洪英：《“拉美成为中国后院论”辨析》，《现代国际关系》，2009（3）：第 36 ~ 42 页。
179. 吴立斌：《中国媒体的国际传播及其影响力研究》【博士学位论文】，北京：中共中央党校，2011 年。
180. 徐世澄：《墨西哥革命制度党为何能东山再起》，《拉丁美洲研究》，2012. 10 - 34（5）：第 12 ~ 16 页。
181. 俞可平：《当代中国政治的分析框架》，《中国政治学年鉴 2002》，北京：中国大百科全书出版社，2002 年，第 370 ~ 372 页。
182. 詹成大：《媒介形象的塑造与经营》，《当代传播》，2005（3）：第 68 ~ 69 页。
183. 张建中：《政治、权力与选举：大众媒介与墨西哥的民主转型》【博士学位论文】，北京：中国传媒大学，2009 年。
184. 张文峰：《从门罗宣言到“睦邻政策”——兼论美国对拉丁美洲政策的指导思想》，《拉丁美洲研究》，1986（4）：第 58 ~ 63 页。
185. 赵绍龙：《拉美新闻界掠影》，《新闻通讯》，1995（11）：第 58 ~ 59 页。
186. 郑必坚：《中国的和平崛起有三大趋势》，《中国企业家》，2005（24）：第 80 ~ 82 页。
187. 郑秉文，孙洪波，岳云霞：《中国与拉美关系 60 年——总结与思考》，《拉丁美洲研究》，2009 - 31（增 2）：第 3 ~ 17 页。
188. 朱泓博：《中、美、拉三边关系互动与中国的拉美政策》，《拉丁美洲研究》，2010. 8 - 32（4）：第 59 ~ 64 页。
189. 朱金平：《记者需要不停地战斗》，《军事记者》，2009（2）：第 22 ~ 24 页。
190. 朱振明：《拉美报纸媒体中的“钓鱼岛”：谈中国的形象》，《国际新闻界》，2014（09）：第 92 ~ 107 页。

附　录

附录 1　联合国世界发展指数 2012——拉美国家

Information Society

	Dily Newspapers	Households with TV	personal Computer and the Internet							Information and communications Techonology Trade		
			Use		Quality		Affordability	Application	Goods		Services
			per100 people		Fixed broadband Inernets ubs criptions	International Internet brandwidth	Fixed Broadband internet	Secure internet servers	Exports	Imports	Services Exports
	per 1000 people	%	computer users	internet users	per100 people	bits per sec per capita	Internet tariff $ per	permillion people	% of total	% of total	% of total
Country	2000－5b	2010	2010	2010	2010	2010	2010	Dec,2011	2010	2010	2010
Argentina	36	..	..	36.0	9.56	9898	26	34	0.1	9.1	11.7
Bolivia	..	69	..	20.0	0.97	854	35	10	0.0	3.4	11.8
Brazil	36	98	44.1	40.7	6.81	5130	17	54	1.0	9.5	2
Chile	51	..	42.8	45.0	10.45	8613	39	67	0.4	8.2	2.2
Colombia	23	91	43.1	36.5	5.60	3739	35	21	0.1	9.6	6.2
Costa Rico	65	96	42.6	36.5	6.19	4630	7	111	19.9	17.7	26.6
Cuba	65	..	..	15.9	0.03	35	1753	0	..	..	..
Dominican Rep	39	86	..	39.5	3.63	4029	19	20	2.3	4.8	4.5
Ecuador	99	85	37.5	29.0	1.37	2394	20	20	0.1	6.3	..
El Salvador	38	83	21.0	15.9	2.83	242	25	17	0.3	5.6	17.7
Guatemala	..	71	..	10.5	1.80	417	33	14	0.9	6.8	14.3
Haiti	..	..	..	8.4	0.00	9	..	1	..	..	..
Honduras	..	69	..	11.1	1.00	658	22	8	0.1	6.3	25.2
Jamaica	..	88	..	26.5	4.32	5551	25	48	0.4	3.9	6.4
Mexico	93	95	40.1	31.1	9.98	2272	17	27	20.2	19.2	..
Nicaragua	..	66	..	10.0	0.82	864	34	10	0.1	4.8	..
Panama	65	92	..	42.7	7.84	9096	17	143	9.6	9.6	4.8
Paraguay	..	88	..	19.8	0.44	1644	19	10	0.1	27.0	1.4
Peru	..	77	..	34.3	3.14	2911	42	19	0.1	7.4	3.1
Puerto Rico	..	..	61.3	42.7	13.86	57818	..	98	..	..	..
Trinidad & Tobago	149	..	..	48.5	10.81	8656	13	85	0.2	3.0	..
Uraguay	..	94	49.1	47.9	10.95	11004	19	70	0.1	6.4	8.2
Venezuela	93	96	..	35.9	5.40	2428	16	8	0.0	7.6	8.2
Latin America & Carribean	64	87	..	34.0	6.59	4062	23	36	10.3	14.0	..

* 2012 World Development Indicators

附录2 拉美媒体驻华机构

国家	媒体	记者
巴西	圣保罗页报 Folha De Sao Paulo	法比亚诺·麦索纳维
	圣保罗州报 Estado De S. Paulo	柯迪娅
	环球电视台 TV Globo Brazil	艾德·阿伦卡尔
	旗手新闻集团 Grupo Bandeirantes	（暂无）
智利	智利国家电视台 TVN	博尔克斯
哥伦比亚	哥伦比亚《证券报》Portafolio	仝泰丽
古巴	拉丁美洲通讯社 Prensa Latina	梅利安；比维斯；卡多萨
墨西哥	墨西哥频道电视台 Mexicanal	史蒂文
	改革报 Reforma Cmexican Newspaper	比利亚里诺
秘鲁	秘鲁《商报》El Comercio Newspaper	柯裴
6	10	11

来源：外交部新闻司外国记者中心。

附录3　参考编码表

Original Dimensions	Categories
Civil Rights	Liberal Democracy
Democracy	
Freedom of press	
Human Rights	
Economic development	Domestic Development
Political development	
Social development	
Cultural power	Political Power
Diplomatic power	
Military power	
Regional power	
World power	
BRIC	Economic Power
Economic power	
Trade partner	
Environment	Environment
Chinese migration	Miscellaneous
Copyrights	
Natural disasters	

来源：Ariel C. Armony：A View from Afar：How Colombia Sees China. *The China Quarterly*：2012. 209（1），P197.

附录 4 《改革报》广告版面标准图示

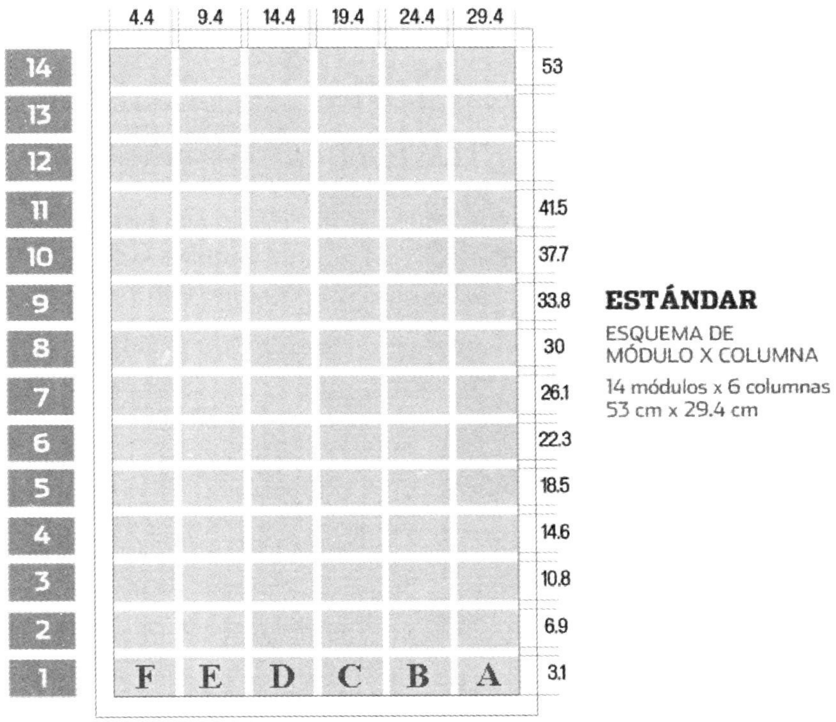

来源：改革新闻网

http：//comercial. reforma. com/libre/comercial/publicidad/internacional. asp? item = internacional

附录 5　2012 年 6 月 17 日，胡锦涛专访报道版面

Domingo 17 de Junio del 2012 · REFORMA NACIONAL 11

Hu Jintao: Presidente de China

'Contribuye China a la recuperación'

Ángel Villarino

› Hu Jintao, Presidente de China, llamó a la cooperación de los países para consolidar y reforzar el proceso de recuperación económica.

Conózcalo

Ponen atención de Cumbre G20 en crisis europea

› Piden panelistas a Felipe Calderón dar prioridad a tema financiero

Mayolo López

› El Presidente Felipe Calderón inauguró ayer el Centro de Convenciones donde se realizarán las reuniones de la Cumbre del G20.

Prevén última reunión

Despliega PF tecnología para vigilar cumbre

Haydee Ramírez

Plantea Indonesia tratado con México

Silvia Garduño

来源：改革新闻网 www. reforma. com

附录6　2012年12月27日，高速列车开通报道版面

› El tren hará paradas en las ciudades y provincias más habitadas de China.

Tiene China súper ruta de tren bala

BEIJING.- China inauguró ayer la línea de tren de alta velocidad más larga del mundo, la cual mide 2 mil 298 kilómetros y va de Beijing a Guangzhou.

La línea fue inaugurada cuando el primer "tren bala" partió a las 9:00 horas locales de la capital rumbo al gran polo económico del sur. El viaje duró ocho horas, 12 horas menos de lo que hace un tren convencional.

Los trenes, que viajan a una velocidad promedio de 300 kilómetros por hora, tienen paradas en las principales ciudades de China, entre ellas Shijiazhuang, Zhengzhou, Wuhan y Changsha.

Más de 150 pares de "trenes bala" correrán en la nueva línea cada día.

Con este estreno, el gigante asiático se afianza como el líder mundial en la alta velocidad ferroviaria, con más de 9 mil 300 kilómetros de vías en funcionamiento en todo el país. Para 2015 aspiran al doble.

China escogió el 26 de diciembre para la inauguración por tratarse del 119 aniversario del nacimiento del líder comunista Mao Tse-tung.

Agencias

REFORMA.COM fotogalería

› El servicio en los trenes es de primera calidad.

› China es líder en "trenes bala".

12 HORAS	se ahorrarán los chinos con la nueva línea.
150 PARES DE 'TRENES BALA'	correrán en la línea cada día.
300 KM/HR	es la velocidad de los trenes.

De norte a sur

La nueva línea recorre 2 mil 298 km, casi la distancia en ruta de Ciudad Juárez a Oaxaca.

来源：改革新闻网 www. reforma. com

附录7　2012 年 3 月 17 日，中国引领世界艺术品市场报道版面

18 CULTURA REFORMA · Sábado 17 de Marzo del 2012

CULTURA

reforma.com/cultura cultura@reforma.com / Tel. 5628 7170 / Editoras: Ana Luisa Garcés / Begoña Urquidi

AMOR Y TRAICIÓN

(!) Un triángulo amoroso formado por dos amigos y la esposa de uno de ellos, desemboca en "Traición", puesta en escena de la obra de Harold Pinter. Hoy a las 18:00 hrs. Teatro Helénico.

Encabezan las subastas internacionales

Lideran chinos el arte mundial

› Vive país asiático 'boom' de ventas; relegan sus artistas a Picasso y Warhol

› "Lotus and Mandarin Ducks" (1947), del pintor chino Zhang Daqian, que alcanzó los 87.43 millones de dólares en una subasta reciente de Sotheby's.

ASÍ LO DIJO

El arte chino actual no me resulta para nada interesante. No tiene nada que ver con lo que está pasando en el país. Es más comercial.

Ai Wei Wei
Artista chino

Dominio chino

El país asiático aumentó su participación en el mercado del arte por encima de tradicionales potencias del sector como EU y Gran Bretaña.

CHINA 30%
19% Resto del Mundo
22% Reino Unido
29% Estados Unidos

Revela informe ranking

› La Encargada de Negocios, Francisca Méndez, recibió la escritura en Madrid. A su derecha, Jaime del Arenal, director del Instituto de México.

Dan a México la escritura de Palacio

› Entregan documento que se encontró en el Archivo de Protocolos de Madrid

Luis Méndez
CORRESPONSAL

› Copia certificada de la escritura del Palacio Nacional

ASÍ LO DIJO

Es un terreno enorme, de varias manzanas, que hoy ocupa el Palacio Nacional, edificio que ha sido sucesivamente Palacio de los Virreyes durante la etapa colonial y Palacio Imperial luego de la Independencia.

Jaime del Arenal
Director del Instituto de México en España

Lanza Vargas Llosa pistas de nueva obra

REFORMA / Staff

› Mario Vargas Llosa

来源：改革新闻网 www. reforma. com

后 记

这份书稿草成于四年前，是我的博士学位论文。选题源于我与《改革报》亚太分社首席驻华记者安赫尔的结识，尤其是之后四年中建立的深厚友谊。我与安赫尔相识于2008年秋天，是他初到北京开始驻华记者生涯认识的第一个中国朋友。在一起工作、共同探讨的过程中，他那满腔理解中国、说明中国的热忱之情，深深撼动了我对于外国媒体和国际新闻的认识。通过在《改革报》亚太分社的数次访谈、长期调研，本文的研究主体才能得以成型。

在毕业之后的几年中，一直希望可以进一步扩充本书的研究，不论是在所涉国家、媒体的广度，还是在研究覆盖历时范围的纵深上，本文都体现出明显的局限性。然而，一方面身陷烦琐的具体工作当中，难以集中精力专注于著；另一方面也确实受限于对这一题目展开进一步研究的较高难度，始终未能落于实处。历经数年，尝试再次对相关研究文献、数据信息进行增补，才发现仍有很多所需的信息、资料依然难以企及，对这一研究题目的进一步深耕发掘仍然任重而道远。

在本书的写作过程中受到了众多学界前辈的帮助和指导——特别感谢刘笑盈教授，作为我的学术导师和人生导师，多年来蒙恩师的教导与关爱，满怀倾仰与感激之情，无有言辞能以相托！同时，还要对朱英璜、展江、何兰三位老师在博士论文写作期间给予的支持和指导致以感谢！在研究展开的过程中，美国迈阿密大学的 Ariel C. Armony 教授与我分享了他在相关研究中得出的分析框架，厦门大学的周宁教授在对“中国形象”的研究视域分析方面对我予以悉心指点，社科院拉美研究所的徐世澄研究员也数次与我通话就“中国的拉美研究”展开讨论。得蒙三位学者的指点和帮助，荣幸之至，不胜感激。此外，时任外交部新闻司外国记者中心主任的刘航先生以及驻华外国记者协会 FCCC 时任负责人

Theresa Geissler 女士等相关业界人士，也对本文的研究工作给予帮助，在此一并致谢。

最后还要感谢中国广播影视出版社的贺明老师，始终没有放弃我这个拖沓的后进生，在她的督促之下才能使这份书稿以现在的面貌呈现出来。

学识有限，文中难免疏漏不足之处，望各位有识之士不吝赐教。

2017 年 9 月于定福庄

图书在版编目（CIP）数据

拉美媒体看中国：墨西哥《改革报》中国报道研究 / 康秋洁著. --北京：中国广播影视出版社，2018. 1
（国际新闻书系）
ISBN 978-7-5043-8029-6

Ⅰ. ①拉… Ⅱ. ①康… Ⅲ. ①新闻报道—研究—墨西哥 ②发展战略—研究—中国 Ⅳ. ①G219. 731 ②D6

中国版本图书馆CIP数据核字(2017)第264487号

拉美媒体看中国

——墨西哥《改革报》中国报道研究

康秋洁 著

责任编辑 贺 明
封面设计 嘉信一丁
责任校对 谭 霞

出版发行 中国广播影视出版社
电　　话 010-86093580 010-86093583
社　　址 北京市西城区真武庙二条9号
邮　　编 100045
网　　址 www. crtp. com. cn
电子信箱 crtp8@ sina. com

经　　销 全国各地新华书店
印　　刷 三河市人民印务有限公司

开　　本 710毫米×1000毫米 1/16
字　　数 239(千)字
印　　张 14. 5
版　　次 2018年1月第1版 2018年1月第1次印刷

书　　号 ISBN 978-7-5043-8029-6
定　　价 36. 00元